# L'ÉVÉNEMENT 68

*Du même auteur*

*Histoire culturelle de la France de la Belle Époque à nos jours*, avec Pascale Goetschel, Armand Colin, 1994 ; 2005 (3e édition revue et augmentée).

*Le Théâtre citoyen de Jean Vilar. Une utopie d'après-guerre*, PUF, 1997.

*Paris à New York. Intellectuels et artistes français en exil (1940-1947)*, Grasset, 2005 ; Hachette, « Pluriel », 2007.

*Histoire du Festival d'Avignon*, avec Antoine de Baecque, Gallimard, 2007 ; rééd. 2016.

*Claude Lévi-Strauss*, Flammarion, 2015 – Prix Femina essai.

*Une brève histoire culturelle de l'Europe*, Flammarion, « Champs », 2017.

Emmanuelle Loyer

# L'ÉVÉNEMENT 68

Champs histoire

Première parution aux Éditions Complexe, 2008,
sous le titre *Mai 68 dans le texte*.

ISBN : 978-2-0814-2771-6

# Mot de l'auteur

J'ai écrit ce livre il y a dix ans pour une collection, « De source sûre » (Complexe), qui reprenait le principe de sa prestigieuse aînée « Archives » (Gallimard/Julliard) : faire découvrir le matériau de la fabrique de l'histoire, et en contrebande, la beauté, parfois, des textes surgis du passé et tressées à une prose historienne marchant sur la pointe des pieds.

De mon point de vue, c'est dans la forme même de cet ouvrage qu'en résident le sens et l'originalité : penser l'événement 68 en lui-même, c'est à dire faire abstraction de ce qui allait advenir de lui (et d'autres choses) et constituer notre présent. Cette conviction rencontrait les évolutions historiographiques représentées par un collectif de chercheurs en 2008. Elles ne me semblent pas avoir fondamentalement changé, de telle sorte que, la collection ayant été interrompue et l'éditeur mis en sommeil, je n'ai vu aucun inconvénient à republier cet ouvrage. Peut-être saura-t-il captiver de jeunes esprits pour qui Mai 68 est de l'histoire ancienne.

# Introduction

Pourquoi un nouveau livre sur 68 ? Et pourquoi celui-ci ? Il y a dans le flot des ouvrages qui déferlent chaque année en « 8 » l'abondance inquiétante des anniversaires fêtés sans joie. Et pourtant, le flot de papier avait commencé dès l'automne 1968, marqué par une production éditoriale – une soixantaine d'ouvrages déjà – proprement stupéfiante. Au flux de la parole répondait le reflux de l'écrit, manière peut-être de la dompter, de lui donner du sens, de se retrouver dans une forme privée de lecture intime après les agoras du mois de mai.

Dans la volonté de redonner à lire Mai 68 par quelques-unes de ses archives, de ses traces écrites, il faut distinguer deux ambitions qui sont aussi deux refus. D'abord, le refus d'être sommée de répondre aux sempiternels débats sur les héritages de 1968, aux questions formatées dans une logique médiatique plus qu'intellectuelle : « Que reste-t-il de 1968 ? », « Faut-il liquider 1968 ? », etc. Pour revenir à l'événement. « Le sens de ce qui s'est passé, il faut s'efforcer de le saisir dans l'événement lui-même [1] », écrivait en 1968

Michel de Certeau, historien, jésuite, observateur attentif, regard à la fois empathique et aigu. Mettre à distance la question des conséquences, implicites ou explicites, des effets, jugés néfastes ou bénéfiques, pour en revenir à l'événement dans sa matérialité. Car étrangement, Mai 68 a cristallisé des strates de lectures interprétatives et mémorielles tout à fait impressionnantes. En 1993 encore, Michelle Perrot nous exhortait à « savoir, savoir plus : sur les acteurs en présence, le contenu de leurs discours, la nature de leurs démarches, la réalité de leurs réseaux et de leurs contacts, leurs rapports avec les institutions d'État, sur l'intensité du mouvement ouvrier et des grèves, la présence des étrangers et celle des femmes, les relations vraies entre centre et périphérie[2] ». Histoire à faire donc qui, depuis le début des années 1990, commence véritablement à être écrite, collectivement souvent, anciens et nouveaux historiens mêlés. Les notes de ce livre témoignent de ce renouveau, de l'objet comme du regard[3].

Le deuxième parti pris est en effet une question de regard. Choisir de présenter des textes, tous écrits, à quelques exceptions près[4], en mai, juin ou juillet 1968, en s'interdisant le recours aux mémoires, témoignages et autres écrits *a posteriori*, c'est choisir de faire l'histoire avec tous les sens aux aguets. Savoir écouter les différentes voix de 1968, entrer dans la textualité de l'archive : qui parle ? Quels sont les types d'énonciation ? Le style ? La typographie et l'aspect proprement scripturaire, essentiels pour les tracts, n'ont pas pu être entièrement restitués *. Il s'agit donc de faire comprendre ce qui s'est passé, mais en laissant la parole aux textes. Nous revendiquons cette posture « modeste » qui, par sa forme même, comporte une homologie réjouissante avec un mouvement très soucieux de ne pas se laisser « récupérer », endiguer, spolier par les « spécialistes ». Bien sûr, toute l'oralité expressive de Mai 68 s'est évanouie. « La révolution culturelle s'étale sur les murs. Elle ne s'entasse pas dans les dossiers [5]. » Et pourtant, de cette beauté évanescente à laquelle nombre d'acteurs pas franchement révolutionnaires furent si sensibles, il reste des fulgurances, des images, des mots. Car ces voix résonnent. Elles résonnent pour nous d'une façon bizarrement proche et lointaine.

Proche, parce que l'on y parle de choses qui sont familières à n'importe quel étudiant d'aujourd'hui : manque de salles, manque de profs, facultés bondées, professeurs inaccessibles, critique de l'inertie gouvernementale, mots d'ordre des syndicats d'enseignants, manifestations, tracts, meetings et aussi, plus étonnant : peur du chômage, problème de débouchés des nouvelles filières. Mais à bien tendre l'oreille, c'est le sentiment de la distance qui prévaut, de l'étrangeté des voix, de la langue, des références. Non, les étudiants de 1968 ne ressemblent pas à ceux du XXI$^{e}$ siècle et l'on pressent que, pour les ouvriers et toute la société,

* Dans les documents cités, en particulier les tracts, les lettres en capitales ont été, pour des commodités de lecture, transformées en caractère italique.

c'est la même chose. Quelques indices : d'abord, cet enchevêtrement de sigles dans lequel se meuvent aisément les étudiants formés par une éducation politique souvent communiste. Le monde étudiant, politique et syndical, c'est l'empire du sigle ! L'UNEF (Union nationale des étudiants de France) et ses AGE locales (associations générales des étudiants), la FGEL (Fédération des groupes d'études de lettres) et autres MAU (Mouvement d'action universitaire), et puis les officines politiques, les ESU (Étudiants socialistes unifiés), JCR (Jeunesses communistes révolutionnaires), UJCml (Union des jeunesses communistes marxistes-léninistes), mais aussi la FER (Fédération des étudiants révolutionnaires) ou le CLER (Comité de liaison des étudiants révolutionnaires). C'est un monde mimé des anciens, la fascination du syndicalisme étudiant pour le syndicalisme ouvrier est intacte ; l'art de retourner une assemblée, la stratégie de la motion et la tactique de l'alliance, tout cela n'est pas neuf en 1968 et n'a pas disparu aujourd'hui, mais en entendant Alain Geismar négocier avec le vice-doyen Chalin à la radio le 10 mai au soir, on mesure le professionnalisme du premier – malgré sa voix éraillée. Et puis, pensons à ces foules étudiantes pétries de culture politique : « CRS-SS », « Nouveau Charonne à Paris », le mur des Fédérés, tout cela appartient à leur histoire intime autant qu'à l'histoire française. Chaque slogan fait mouche. Le 21 février, depuis 1967, était une journée consacrée à l'anti-impérialisme, en référence à l'exécution, le

21 février 1944, de Missak Manouchian et de ses camarades FTP-MOI (Francs-tireurs et partisans-Main-d'œuvre immigrée) de l'Affiche rouge, héros de l'imaginaire politique de bien des manifestants du printemps 1968. Ce foisonnement imaginaire historique ne nous ressemble plus. Proche et lointain : c'est peut-être la bonne temporalité pour faire de l'histoire.

Le livre est divisé en deux parties. La première reprend en charge, documents à l'appui, le nécessaire récit, jour après jour et parfois même heure après heure, des événements imprévisibles du mois de mai. Pour des raisons de place, le mois de juin, durant lequel se poursuivent les grèves, les occupations, les affrontements, est seulement évoqué à la fin. Cette chronologie est plutôt une histoire vue « d'en haut », celle des acteurs sociaux et politiques traditionnels, syndicats, partis, gouvernement, police et autres « haut-parleurs ». On voit à quel point ils furent littéralement dépassés par les événements. Cette façon très rapide qu'a eu le mouvement de 1968, embrayé par les étudiants, de disqualifier les voix qualifiées et de faire dérailler les processus de règlement de crise trop évidents (tel le protocole de Grenelle), désigne une conjoncture révolutionnaire, même si ce n'était pas la prise du palais d'Hiver. Les éléments révolutionnaires eux-mêmes, gauchistes labellisés ou anarchistes-situationnistes de tout poil, apparaissent souvent déconcertés par la tournure que prennent les choses : elle ne correspond pas au scénario héroïque qu'ils ont en tête, dans le magasin pourtant fourni de leurs références historiques.

Néanmoins, comme l'avait déjà vu Pierre Vidal-Naquet (après Tocqueville) dans sa belle préface au *Journal de la Commune étudiante*, tout révolutionnaire qu'il soit peut-être, le mouvement de Mai ressemble à son temps [6]. La temporalité du mouvement oppose en effet des journées d'émeutes et de violences, trois fois de suite le vendredi soir, les 3, 10 et 24 mai et les week-ends, généralement calmes, comme une trêve que tous auraient naturellement respectée, hommage involontaire de ses opposants à la société de consommation qu'ils abhorraient. Jusqu'au week-end de la Pentecôte (les 1er et 2 juin), où l'essence de nouveau disponible permet le départ des villes et entraîne des dizaines de morts – morts de la modernité routière, que les affrontements n'ont pas ou peu causés [7].

La deuxième partie, qui reprend l'expression de Jean-Paul Sartre, intitulée « l'extension du champ des possibles [8] », est un arrêt sur image, arrêt sur un moment exceptionnel de l'histoire française, durant lequel, pendant environ un mois, parfois plus, parfois moins, toute une société a voulu prendre le temps de réfléchir sur elle-même, sur ses ambitions, ses espoirs, ses attentes. En rupture avec l'expérience ordinaire du temps, vécu dans une certaine festivité, ce travail d'autoréflexion est un moment d'utopie sociale [9]. Nous avons voulu l'appréhender en plusieurs coupes transversales à travers quelques milieux : les étudiants, les ouvriers et paysans, les milieux de la culture. Par rapport aux voix qualifiées de la première partie, ce sont des voix ordinaires. Cette histoire « d'en bas » permet de renouer avec des acteurs qui sont rarement au premier plan et des préoccupations pas toujours évoquées. Le changement d'échelle est productif en termes de connaissances. Du monde étudiant, nous voyons émerger, à côté des gauchistes dont le regard est pointé vers les usines, des acteurs qui fournissent un gros travail critique dans l'examen des structures universitaires, des découpages et contenus disciplinaires, des usages sociaux de la langue, des impensés du savoir, etc. Très souvent, et cela est valable dans d'autres milieux, un double refus émerge, particulièrement visible chez les élèves-architectes par exemple [10] : le refus de parvenir, de s'intégrer dans les rails de la vie adulte, de rejoindre la place que la société vous destine et, en même temps, le refus du déclassement, de la disqualification de telle ou telle profession. Si bien que, paradoxalement, 1968 est une borne dans l'histoire des professions et n'est pas toujours exempt d'un certain corporatisme.

Dans le monde ouvrier, massivement en grève à partir du 20 mai 1968, les traces sont plus difficiles à trouver ; elles émanent souvent de sources syndicales, mais on y perçoit bien l'apprentissage d'un nouveau lexique de la protestation qui inaugure un cycle que l'historien Xavier Vigna qualifie d'« insubordination ouvrière [11] ». Celle-ci ne peut être confondue avec l'activité syndicale. Les femmes et les ouvriers étrangers étaient peu intégrés dans la vie syndicale des entreprises. Ils sont de nouveaux acteurs de la scène gréviste en 1968, et le mouvement, quelle qu'en soit l'issue, crée une forme d'irréversible dans leurs biographies. Soudain, les usines, bourdonnant du bruit habituel des machines, sont silencieuses. Ce silence institue la « brèche[12] », dont certains sociologues ont parlé dès 1968, qui explique le caractère douloureux de la reprise en juin, symbolisé par l'ouvrière des usines Wonder de Saint-Ouen qui ne voulait pas « retourner dans cette taule[13] ». La confrontation avec certaines archives de 1968 nous permet aussi de rentrer plus finement dans la réalité sociale des années 1960 caractérisées, on l'a sans doute trop oublié, par des rapports hiérarchiques parfois violents. Dans un document qui laisse songeur, le docteur Z., pratiquant depuis quinze ans dans le service de cardiologie de l'hôpital Broussais, parle du « climat de terreur[14] » que faisait régner le chef de service sur ses adjoints. Tout se passe comme si une partie de la violence symbolique accumulée dans les relations professionnelles éclatait à l'occasion de Mai 68, « réglant des comptes », pour reprendre la formule de Georges Séguy, pas seulement en termes salariaux.

Les milieux de la culture se voient consacrer un chapitre à eux seuls. Peut-être s'en étonnera-t-on. En fait, ils furent particulièrement chahutés, bouleversés par une contestation qui fut d'abord, rappelons-le, une contestation des savoirs, de la culture. C'est pourquoi Mai 68 correspond, dans l'histoire culturelle du siècle, à une date charnière. Enterrant les idéologies de la démocratisation culturelle qui ont fondé la politique de la culture depuis 1945, et surtout depuis qu'André Malraux est devenu le premier ministre en titre des Affaires culturelles, en 1959, la contestation en 1968 cristallise des critiques exprimées quelques années auparavant, lance des mots d'ordre, invente des notions : la « créativité », le « non-public », la « création collective ». Certains appellent à plus de médiation, d'autres à moins : comme ailleurs, l'héritage de 1968 en matière culturelle est ambivalent.

Il reste beaucoup à explorer et l'on trouvera, dans le présent ouvrage, trop peu de documents sur certains milieux pourtant essentiels : songeons par exemple à l'Église, violemment remise en cause comme institution par une partie du monde chrétien, qui accueille 1968 comme une expérience religieuse et le prolongement d'une contestation interne ébauchée avec le concile de Vatican II [15]. Il y a aussi la police, qui demeure mal connue, et plus largement l'histoire de l'hostilité à 1968 en 1968, tous ceux qui vécurent ces semaines de mai et juin comme un complot, dans la peur et parfois dans la colère, et qui, finalement, redeviennent visibles en manifestant le 30 mai, avant de s'exprimer par les élections de juin [16].

C'est une histoire nationale sans doute majoritairement parisienne que l'on va lire à travers ces archives. Mais elle s'échappe assez souvent en province, à des moments-clés : le 8 mai, pour la grande journée d'action de l'Ouest français, durant laquelle certains thèmes soixante-huitards se mêlent à d'autres plus traditionnels, et où l'on voit étudiants, ouvriers et paysans défiler côte à côte, comme à Rennes ; le 9 mai, lorsque c'est de l'université de Strasbourg que viennent les premiers appels à former des conseils étudiants ; le 14 mai, avec la première grève déclenchée à Sud-Aviation dans la banlieue de Nantes. Ironiquement, le caractère national de la grève est favorisé par la politique de décentralisation menée par l'État dans les années 1960 et qui a doté l'Ouest, peu industrialisé, de quelques entreprises haut de gamme, comme la CSF à Brest, vitrine de l'autogestion en Mai 68. Et puis, toute nationale qu'elle soit dans son style et dans l'articulation unique (et encore assez mystérieuse) entre insurrection étudiante et mouvement ouvrier, cette histoire déborde évidemment le cadre hexagonal. Les vecteurs de politisation dans les années 1960 (notamment la lutte contre la guerre du Vietnam) sont communs à toute la jeunesse contestataire, ainsi que le nouveau répertoire d'action qui circule entre Berkeley, Berlin et Paris. C'est ce transnationalisme de la parole critique en 1968 qui fait dire à François Mitterrand, dans son discours du 28 mai où il se déclare disponible pour la nation : « Il dépend de notre imagination et de notre volonté que la question posée à Prague en ce printemps trouve sa réponse à Paris [17]. » L'espace de Mai 68 est donc à géométrie variable : les échos et les références d'une géographie contestataire mondiale interviennent significativement ; l'échelon national est celui de la politique mais aussi de la grève bientôt étendue à tout le pays. Le local est également très important : les émeutes du quartier Latin et les techniques de guérilla urbaine, c'est du moins ainsi qu'elles sont ressenties dans leur nouveauté, mais aussi les occupations d'usines ravivent un sens très fort du territoire. La capitale elle-même est un espace multiforme. Le mouvement ne prend pas tout de suite possession de l'ensemble de la ville – et ne le prendra jamais, du reste. Le 10 mai, alors qu'au soir, forces de police et étudiants s'affrontent violemment dans des rues hérissées de barricades, un peu plus loin dans le calme de l'avenue Kléber se sont ouverts officiellement les pourparlers de paix rassemblant les Américains (Harriman) et les Nord-Vietnamiens (Xuan Thuy).

Un espace à échelle multiple et un temps multidimensionnel ; des acteurs pluriels, souvent anonymes, et un foisonnement de scènes, un langage politique qui exhume de l'ancien – la barricade, l'usage forcené du symbolisme révolutionnaire, les références historiques –, mais invente de nouvelles formes, qui n'apparaîtront que plus tard, comme véritablement nouvelles : on aimerait que le recul dans le temps accompagné d'une certaine myopie volontaire permettent de lire à nouveaux frais ce qui s'est passé au printemps 1968 – sans prétendre savoir déjà, ni brandir victorieusement la clé après avoir conçu l'événement et son texte en forme de serrures, comme Julien Gracq en fit jadis le reproche à certains critiques [18]. Tendre l'oreille donc.

# I

# L'irruption

# 1

# Prolégomènes

Comment expliquer sans réduire ? Comme l'a saisi Michel de Certeau, les événements de mai-juin 1968 interrogent le rapport entre théorie et innovation, compréhension et irruption [1]. Dans ce premier chapitre, il ne s'agit donc pas de gommer l'inédit, l'imprévisible, l'inattendu dans les rets d'explications causales, même plurielles. Il ne s'agit pas non plus de céder trop facilement à la métaphore théâtrale en frappant les trois coups du brigadier avant l'ouverture du rideau. Non, plus modestement, on voudrait déceler ce qui s'est déjà dit, ce qui s'est déjà fait avant 1968 ; rassembler un faisceau de discours, de lectures, d'actions, de luttes qui, dans les années 1960, commencent à élargir la gamme des possibles dans une société française prospère – mais moins qu'on ne le croit, et pas pour tout le monde –, prête à une modernité qu'on lui vante et, en même temps, rattrapée par son histoire.

Ainsi donc, les textes proposés balisent une cartographie (parmi d'autres) de cette France surtout étudiante, ici, qui s'agite au diapason de la jeunesse mondiale, mais selon des formes spécifiques au contexte national :

les difficultés et les lieux de la mobilisation syndicale étudiante, transformée par son irruption oppositionnelle dans la guerre d'Algérie ; la vulgarisation rapide de références théoriques qui pénètrent une partie du monde étudiant et le politisent radicalement ; le vecteur efficace de cette politisation en acte qu'est la lutte contre la guerre du Vietnam ; ce qu'on a appelé l'« affaire Langlois » qui, en février et mars 1968, fait entendre la langue de mai-juin ; enfin, Nanterre, lieu de cristallisation et de politisation de toutes les tensions précédentes.

### *Syndicalisme étudiant et mobilisation résidente*

Le syndicalisme étudiant s'est structuré en France à la fin du XIX^e siècle. L'UNEF (Union nationale des étudiants de France) est donc déjà une dame d'un certain âge lorsqu'en 1946 la charte de Grenoble redéfinit l'étudiant comme « un jeune travailleur intellectuel » qui a des « droits » (le travail et le repos dans l'indépendance matérielle) et des devoirs (« chercher, propager, défendre la vérité, ce qui implique le devoir de faire partager et progresser la culture et de dégager le sens de l'histoire »). Ce portrait matutinal et plein d'allégresse est en phase avec les espoirs de la Résistance et la volonté de refondation sociale de l'après-guerre ; l'apport différé à la production qui caractérise le travail étudiant justifie une allocation d'études qui restera une revendication phare du syndicalisme étudiant, dont le modèle est clairement le syndicalisme ouvrier, fondé quarante ans auparavant par la charte d'Amiens, en 1906.

L'UNEF a beaucoup de difficultés à se remobiliser après les heures glorieuses de la lutte contre la guerre d'Algérie : c'est le syndicat étudiant qui, le 27 octobre 1960, est à l'initiative de la première grande manifestation de masse contre la « pacification ». De cette capacité à doubler le Parti communiste et à s'organiser en dehors des structures partisanes de la gauche classique, l'UNEF tire un profit symbolique qu'elle ne réussit pas à sauvegarder après 1962. En panne de cause à défendre et en proie à la division, elle voit ses effectifs diminuer : en 1968, il n'y a plus que 45 000 adhérents (soit un dixième des étudiants) contre 100 000 en 1960 (un tiers des étudiants). L'affaiblissement quantitatif, et donc financier, se double d'une paralysie de sa stratégie. L'UNEF voit fleurir à côté d'elle, mais en dehors d'elle, des groupes qualifiés de « gauchistes » issus – et exclus – de l'Union des étudiants communistes (UEC) à partir de 1966, qui ne croient pas en l'action syndicale. À l'UNEF, le contraste est fort entre des équipes dirigeantes très politisées, partisanes de l'action minoritaire, et une base d'étudiants davantage préoccupée par des questions concrètes. Bref, l'UNEF hésite entre intégration et contestation, jusqu'à l'impasse, qui renvoie à une interrogation latente depuis 1946 sur l'identité étudiante et sa place dans la société [2].

C'est dans la revue sartrienne *Les Temps modernes* que Marc Kravetz et Antoine Griset publient un long texte, dense et argumenté, sur les alternatives possibles pour l'UNEF. Responsables de la FGEL (Fédération des groupes d'études de lettres), c'est-à-dire de la section UNEF des étudiants en lettres de la Sorbonne, ils incarnent un style et une posture, révolutionnaires, pour diagnostiquer en 1965 la crise du syndicalisme étudiant.

> Les termes du débat ont été suffisamment publics pour que nous ne les rappelions pas longuement. À la suite de la promulgation de la réforme Fouchet, la majorité du bureau de l'UNEF, s'estimant confirmée dans son analyse, et de l'orientation universitaire dans son ensemble, décide de proposer au mouvement une plate-forme revendicative essentiellement centrée sur des réformes de structures alternatives aux propositions gouvernementales, en se donnant comme axe stratégique la lutte contre la technocratisation de l'Université [...].
>
> À cette orientation, l'autre courant de la gauche, qui fait la même analyse des projets gouvernementaux, oppose une double critique, politique et organisationnelle. Il n'est pas possible, selon lui, à moins de céder complètement à la tentation réformiste, de sauvegarder l'autonomie syndicale en se bornant à des revendications partielles. Pour lui, la réforme de l'Université, visant à réadapter les structures de celle-ci à des fonctions nouvelles (imposées par les modifications de l'infrastructure et l'évolution de la division technique du travail), est fondamentalement marquée du sceau de la classe dirigeante [...].
>
> De fait, ce qui est en cause, c'est la possibilité même de constituer un syndicalisme étudiant à

partir du seul projet syndical possible dans les conditions présentes : cohérent en lui-même, adapté à la réalité, ce projet semble ne pas pouvoir être traduit en une praxis syndicale de masse. Il rencontre une limite infranchissable dans le *milieu* qu'il vise à mobiliser (et qui est lui-même un produit médiat de la société dans laquelle il baigne et qu'il reflète à sa manière spécifique), et dans lequel, malgré son sens explicitement politique, il induit une pratique qui reste corporatiste. D'où finalement la coupure entre l'appareil et sa base : il ne semble plus, comme en 1960 ou en 1962, que la revendication étudiante puisse être traduite en action syndicale, ni que le milieu conserve une « vocation » à être syndicalisable. L'impasse est là.

C'est donc le milieu étudiant qu'il s'agit de prendre pour objet de notre analyse, non pas « en lui-même » et dans ses déterminations *internes* seulement, mais en tant aussi que ses contradictions propres sont des manifestations spécifiques de contradictions de classe qui le travaillent du dehors *.

Crise donc, au moment où l'université française change : elle se massifie, elle se ramifie aussi. Croissance démographique, prolongation de la scolarisation et demande sociale expliquent l'afflux de nouveaux étudiants des classes moyennes qui viennent encombrer une université peu armée pour les recevoir :

* Antoine Griset et Marc Kravetz, « De l'Algérie à la réforme Fouchet : critique du syndicalisme étudiant », *Les Temps modernes*, avril-mai 1965 (I, II), p. 1888-1890.

280 000 en 1962, 605 000 en 1968. Pourtant, les autorités réagissent face à cet afflux par une volonté affichée de modernisation des installations et des cursus. La réforme du ministre de l'Éducation nationale Christian Fouchet a lancé les instituts universitaires de technologie (IUT) en 1966. Les formations longues sont réorganisées autour d'un premier cycle et d'un deuxième cycle d'études lancés à partir de la rentrée 1966. La rentrée est agitée – les étudiants craignent la mise en place larvée d'un système de sélection – et, le 9 novembre 1967, a lieu une manifestation qui renoue avec l'activité syndicale, un peu atone depuis 1964. Pour accueillir ces nouveaux étudiants, des « campus », édifiés sur le modèle américain, renouvellent la géographie universitaire française au détriment de Paris : une quinzaine de villes de province sont ou seront dotées d'un campus, toujours aux marges de l'agglomération, dans un geste d'utopie modernisatrice et, en même temps, d'exclusion de l'urbanité. Partout est ressenti le besoin de nouvelles infrastructures. C'est l'une des revendications qui permettent l'unité syndicale entre étudiants (UNEF) et enseignants (SNES et SNESup notamment).

> Pour accueillir davantage d'étudiants.
>
> Pour créer des enseignements nouveaux.
>
> De nouvelles constructions universitaires.
>
> La croissance et les transformations de la région parisienne appellent des constructions universitaires importantes dont la réalisation doit commencer immédiatement.

Les facultés parisiennes, les grands établissements, les centres de formation des maîtres, les ensembles sportifs débordent : les tâches de l'enseignement et de la recherche se heurtent constamment au manque de place, les transformations de l'université et la création d'enseignements nouveaux ne peuvent s'effectuer normalement. Le retard des programmes de construction est énorme ; les facultés de Verrières et de Villetaneuse, promises formellement, sont encore à l'état de projet. La pénurie sera-t-elle un prétexte pour éliminer les étudiants ?

L'avenir de la région parisienne se joue cependant en partie sur la capacité de formation intellectuelle qu'elle détiendra ; quelles que soient les formes prises par l'urbanisation en France, Paris restera pour longtemps une supermétropole où les enseignants, les chercheurs, les techniciens hautement qualifiés tiendront une place très importante. Il est nécessaire de les former massivement, dans des centres où l'enseignement et la recherche soient étroitement associés. Une politique d'expansion et de création permettra seule des conditions de travail décentes pour les universitaires et les étudiants. Elle contribuera au développement équilibré de la région.

Pour des constructions universitaires nouvelles dans la région parisienne (facultés, IUT, laboratoires, bibliothèques, grands établissements, ensembles sportifs).

Pour le démarrage immédiat des travaux à Verrières, Villetaneuse et Créteil.

Pour l'équipement des Écoles normales supérieures et la construction d'une nouvelle École normale nationale d'apprentissage.

Manifestation au quartier Latin
28 mars 1968
Rendez-vous à 17 h 45 à la Halle aux Vins
(9, quai Saint-Bernard, Paris-5e)
SNESup, SNES, SNB, SNETAA, SNEP,
SNEEPS, SNETP-CGT,
UNEF, FEN *.

Ces campus intégrés comprennent des résidences universitaires, lieux de vie et de socialisation des nouvelles populations étudiantes. Depuis novembre 1965 et les troubles à la cité universitaire d'Antony, les résidences sont des terrains de lutte pour les 60 000 étudiants qui y habitent. La révolte sourd contre des statuts d'internat jugés médiévaux : les garçons ont le droit de recevoir les jeunes filles mais l'inverse n'est pas vrai ! Les questions des règlements intérieurs, de la liberté de circulation, condition de la liberté sexuelle [3], mais aussi de la liberté de réunion politique constituent les enjeux essentiels d'un mouvement revendicatif spécifiquement « résident », comme à Nanterre.

Ce que n'est pas une vie normale

Avoir 20 ans et vivre en potache.

Ne pas pouvoir recevoir son père ou son frère dans sa chambre mais dans un foyer totalement impersonnel.

---

* Tract « De nouvelles constructions universitaires » (mars 1968), cité dans *La Sorbonne par elle-même*, dossier réuni et commenté par Michelle et Jean-Claude Perrot, Jean Maitron et Made-

Demander l'autorisation pour danser dans un foyer qui nous est réservé.

Vivre dans une ambiance malsaine parce que la société qui veille sur nous a peur des « abus » de la jeunesse.

Enregistrer bêtement et passivement la culture imposée.

Mener une vie misérable dans tous les sens du terme, faire un travail au noir pour payer ses études ou sa piaule.

Abandonner ses études après trois ans en cité parce qu'on est incapable de les payer.

Ce qu'est une vie normale

Vivre libre et être responsable.

Être respecté au même titre que n'importe quel citoyen.

Avoir les mêmes droits et les mêmes responsabilités, que l'on soit un garçon ou une fille.

Faire de la cité un lieu d'animation culturelle et de création artistique qui soit le fait des étudiants.

Pouvoir arriver au terme de ses études sans être aidé financièrement par papa.

Pouvoir discuter sur un pied d'égalité avec l'administration et ne pas recevoir de bonbons pour nous faire plaisir.

Si vous contestez ou si vous approuvez la politique menée, manifestez-vous, exprimez-vous.

---

leine Rebérioux, *Le Mouvement social*, numéro spécial, n° 64, juillet-septembre 1968, p. 30-31.

Réunion d'information avec un délégué
de la MNEF
au foyer F jeudi 8 février à 20 h 30 *

À Rennes également, la révolte gronde…

La campagne des résidents continue.

Ignorant une pétition signée par près de 1 300 résidentes, l'administration a entamé une campagne dite d'« information objective » auprès des jeunes filles.

Il s'agit en fait de tentatives d'intimidation, de menaces, de pressions diverses sur les résidentes prises une à une. [...]

Passons outre ces menaces individuelles que la solidarité des étudiants voue à l'échec.

Maintenons les libertés individuelles et collectives dans les cités, poursuivons les visites **.

## *Références théoriques*

S'il n'y a pas une pensée unifiée de la contestation, il existe bien, dans l'imaginaire et la culture des étudiants les plus agissants, un courant foisonnant qui réexamine en particulier les dogmes marxistes en les

---

* Tract ARCUN (février 1967, Nanterre), cité dans Jean-Pierre Duteuil, *Nanterre 68. 1965-66-67. Vers le Mouvement du 22 mars*, Paris, Mauléon, Acratie, 1988, p. 134.

** Tract distribué en avril 1968, émanant de l'association de la cité universitaire de Rennes (ACUR) issue de la Fédération des résidents universitaires de France (FRUF) fondée en 1963, fonds « Tracts 1968 », Archives départementales d'Ille-et-Vilaine).

soumettant à la critique antistalinienne. Parmi les références théoriques de ce corpus, en voici quelques-unes qui paraissent exemplaires, mais d'autres (Louis Althusser notamment) se seraient aussi bien imposées. Pas d'école mais des livres et des articles qui circulent de main en main, souvent au-delà des frontières. Fruit de la lecture d'auteurs secrets ou de figures cultes, un nouveau « stock lexical [4] » se constitue progressivement à partir d'une langue néo-marxiste, contestataire, mâtinée d'irrévérence situationniste : un discours disponible, déjà là, qui inspire et éclate en mai 1968. Petit parcours dans une bibliothèque militante des années 1960.

Le texte de Cornelius Castoriadis, « Le mouvement révolutionnaire sous le capitalisme moderne » (1960), émane de la galaxie *Socialisme ou Barbarie*, une revue à la fois confidentielle et centrale dans le champ intellectuel de l'après-guerre : révolutionnaire mais antistalinienne, elle tente de mener la critique rigoureuse des apories du communisme et de déboulonner les discours rituels des organisations labellisées révolutionnaires pour examiner la réalité du capitalisme moderne, les faibles oppositions qu'il suscite même parmi les prolétaires, et l'émergence de nouveaux acteurs sur la scène sociale. Cette analyse conduit à renouveler les horizons de l'activité révolutionnaire [5].

> Personne ne peut se dire marxiste ou socialiste révolutionnaire s'il refuse de répondre à cette question : que devient aujourd'hui le prolétariat comme

classe révolutionnaire, là où ce prolétariat existe *effectivement* ? [...]

L'élévation des taux de salaire et la quasi-disparition du chômage ont conduit à une progression régulière du niveau de vie ouvrier, mesuré en termes de marchandises consommées. À long terme, et abstraction faite des fluctuations conjoncturelles et des situations locales ou professionnelles, cette progression tend à être parallèle à celle de la production globale. Ce phénomène n'est pas seulement *irréversible* (hors cataclysme mondial) ; il résulte d'un processus que rien ne pourra plus arrêter, car il est inscrit désormais dans l'anatomie, dans l'ossature physique du capital [...].

Les syndicats, devenus des rouages du système, négocient la docilité des ouvriers contre des augmentations de salaires [...].

Le prolétariat n'apparaît plus par son attitude effective et explicite, dans les sociétés capitalistes modernes, comme une classe qui tend à agir pour renverser cette société ou même pour la réformer d'après une conception qui lui serait propre [...].

La critique révolutionnaire doit en premier lieu dénoncer le caractère inhumain et absurde du travail contemporain sous tous ses aspects. Elle doit dévoiler l'arbitraire et la monstruosité de la hiérarchie dans la production et dans la société, son absence totale de justification, l'énorme gaspillage et les antagonismes qu'elle suscite, l'incapacité totale des dirigeants, les contradictions et l'irrationalité de la gestion bureaucratique de l'entreprise, de l'économie, de l'État, de la société. Elle doit montrer que, quelle que soit l'élévation du « niveau de vie », le problème des besoins des hommes n'est pas résolu même dans les sociétés les plus riches, que la consommation capitaliste est pleine de contradictions et finalement absurde. Elle doit enfin s'élargir à tous les aspects de la vie, dénoncer le délabrement des communautés, la déshumanisation des rapports entre individus, le contenu et les méthodes de l'éducation capitaliste, la monstruosité des villes modernes la double oppression imposée aux femmes et aux jeunes *.

Pierre Bourdieu et Jean-Claude Passeron publient en 1964 un ouvrage au ton tranchant et bardé de statistiques : la revendication d'un travail empirique (mené parmi les étudiants de lettres de l'université de Lille et de la Sorbonne) y côtoie un théoricisme affiché. *Les Héritiers* est animé de l'inflexible volonté de démasquer les obstacles culturels cachés qui contrarient l'accession et la réussite des classes populaires à l'université. La radicalité du ton – le « taux de mortalité scolaire » – s'allie au paradigme scientiste pour percer l'opacité impitoyablement sélective de l'univers social. La lecture de Bourdieu et Passeron inculque un lexique importé de Max Weber que l'on retrouve dans les tracts de Mai 68 : la « bonne volonté culturelle »,

---

* Cornelius Castoriadis, « Le mouvement révolutionnaire sous le capitalisme moderne », *Socialisme ou Barbarie*, n° 31, décembre 1960-février 1961, cité par Philippe Gottraux, *« Socialisme ou Barbarie » : un engagement politique et intellectuel dans la France de l'après-guerre*, Lausanne, Payot, 1997, p. 135 et p. 138.

l'« idéologie charismatique du don » contre la « marque roturière de l'effort ».

Tout enseignement, et plus particulièrement l'enseignement de culture (même scientifique), présuppose implicitement un corps de savoirs, de savoir-faire et surtout de savoir-dire qui constitue le patrimoine des classes cultivées. Éducation *ad usum delphini*, l'enseignement secondaire classique véhicule des significations au second degré, se donnant pour acquis tout un trésor d'expériences au premier degré, lectures suscitées autant qu'autorisées par la bibliothèque paternelle, spectacles de choix que l'on n'a pas à choisir, voyages en forme de pèlerinage culturel, conversations allusives qui n'éclairent que les gens déjà éclairés. N'en résulte-t-il pas une inégalité fondamentale devant ce jeu de privilégiés où tous doivent entrer puisqu'il se présente à eux paré des valeurs de l'universalité ? Si les enfants des classes défavorisées perçoivent souvent l'initiation scolaire comme apprentissage de l'artifice et du discours-à-l'usage-des-professeurs, n'est-ce pas précisément parce que la réflexion savante doit précéder pour eux l'expérience directe ? Il leur faut apprendre en détail le plan du Parthénon sans être jamais sortis de leur province et disserter tout au long de leurs études, avec la même insincérité obligée, sur les je-ne-sais-quoi et les litotes de la passion classique ou sur les nuances infinies et infinitésimales du bon goût. Répéter que le contenu de l'enseignement traditionnel ôte la réalité à tout ce qu'il transmet, c'est taire que le sentiment de l'irréalité est très inégalement ressenti par les étudiants des différents milieux.

Croire que l'on donne à tous des chances égales d'accéder à l'enseignement le plus élevé et à la culture la plus haute lorsqu'on assure les mêmes moyens économiques à tous ceux qui ont les « dons » indispensables, c'est rester à mi-chemin dans l'analyse des obstacles et ignorer que les aptitudes mesurées au critère scolaire tiennent, plus qu'à des « dons » naturels (qui restent hypothétiques tant qu'on peut imputer à d'autres causes les inégalités scolaires), à la plus ou moins grande affinité entre les habitudes culturelles d'une classe et les exigences du système d'enseignement ou les critères qui y définissent la réussite. Lorsqu'ils s'orientent vers les enseignements dits de culture qui contribuent pour une part toujours très importante à déterminer les chances de faire des études « nobles » (l'ENA ou Polytechnique tout autant que l'agrégation de lettres), les élèves doivent assimiler tout un ensemble de connaissances et de techniques qui ne sont jamais complètement dissociables de valeurs sociales, souvent opposées à celles de leur classe d'origine. Pour les fils de paysans, d'ouvriers, d'employés ou de petits commerçants, l'acquisition de la culture scolaire est acculturation *.

L'itinéraire de Régis Debray, jeune normalien, philosophe, parti épouser la révolution guévariste dans les

* Pierre Bourdieu et Jean-Claude Passeron, *Les Héritiers*, Paris, Minuit, 1964, p. 36-37.

maquis latino-américains, a surpris et ému ses contemporains. Il a fait des émules. La « zone des tempêtes », là où semble se passer le présent de l'histoire révolutionnaire, attire et fascine. Emprisonné dans les geôles colombiennes, Debray passe Mai 68 loin du théâtre parisien. En 1967, il avait publié *Révolution dans la révolution* chez François Maspero où, tel un Clausewitz des latitudes sud, il théorise l'art de la guérilla à partir de l'exemple cubain.

> La lutte guérillera a des mobiles et des fins politiques. Elle doit s'appuyer sur les masses ou disparaître ; convaincre les masses de son bien-fondé, avant de les enrôler directement, afin que la « rébellion » devienne réellement, c'est-à-dire de par son recrutement et l'origine de ses combattants, « guerre du peuple ». Pour convaincre les masses, il faut s'adresser à elles, c'est-à-dire leur adresser des discours, proclamations, explications, bref, réaliser un travail politique, « un travail de masses ». Le premier noyau de combattants se divisera donc en petites patrouilles de propagandistes et parcourra, séparément, la montagne, pénétrant dans les villages, tenant des « meetings », prenant la parole ici et là pour exposer les buts sociaux de la Révolution, dénoncer les ennemis de classe du paysan, promettre la réforme agraire, le châtiment des traîtres, etc. Si les paysans sont incrédules, il faut leur rendre confiance en eux-mêmes en leur inculquant la foi révolutionnaire : la foi dans les révolutionnaires qui leur parlent. On créera des cellules dans les villages,

clandestines ou publiques ; on soutiendra ou fomentera les luttes syndicales, répétant sans se lasser le programme de la Révolution. C'est seulement à la fin de cette étape, quand on aura acquis le soutien actif des masses, une arrière-garde solide, un ravitaillement assuré, une information multipliée, un courrier rapide et une base de recrutement, qu'on passera à l'action directe sur l'ennemi.

Telle est semble-t-il la ligne de la *propagande armée* [...].

La révolution latino-américaine et son avant-garde la révolution cubaine font ainsi un apport décisif à l'expérience révolutionnaire internationale et au marxisme-léninisme : *dans certaines conditions, l'instance politique ne se sépare pas de l'instance militaire, elles forment un seul tout organique. Cette organisation, c'est celle de l'Armée populaire dont le noyau est l'armée guérillera. Le Parti d'avant-garde peut exister sous la forme propre du foyer guérillero. La guérilla est le Parti en gestation.*

Cela, c'est la bouleversante nouveauté inaugurée par la révolution cubaine *.

Dans la proto-histoire de Mai, parmi les références les plus actives, il y a celle du président Mao et de la Grande Révolution culturelle prolétarienne (GRCP pour les initiés). Le milieu des années 1960 voit s'exacerber le conflit entre le Parti communiste et sa filiale étudiante, l'UEC (Union des étudiants communistes),

---

* Régis Debray, *Révolution dans la révolution*, Paris, François Maspero, 1967, p. 45-46 et p. 113-114.

particulièrement les secteurs littéraires (Sorbonne Lettres, ENS Ulm). La résolution du Comité central du PC sur les problèmes idéologiques et culturels, au congrès d'Argenteuil en mars 1966, accélère le processus de lutte interne puis de rupture qui aboutit, fin 1966, à la création de l'Union des jeunesses communistes marxistes-léninistes (UJCml). Avec les Jeunesses communistes révolutionnaires (JCR) d'essence trotskyste, nées également de cette crise de l'UEC, l'UJCml maoïste constitue l'autre pôle du gauchisme militant. L'attrait quasi mythologique de la GRCP, que retravaille à sa façon *La Chinoise* de Jean-Luc Godard (1967), fait de la référence maoïste l'un des cadres du mouvement de Mai 68, même si les maos y furent finalement peu présents.

Le peuple, le peuple seul, est la force motrice, le créateur de l'histoire universelle (« Du gouvernement de coalition », 24 avril 1945, *Œuvres choisies de Mao Tsé-toung*, t. III).

Les masses sont les véritables héros, alors que nous sommes souvent d'une naïveté ridicule. Faute de comprendre cela, il nous sera impossible d'acquérir les connaissances même les plus élémentaires (« Préface et postface aux *Enquêtes à la campagne* », mars et avril 1941, *Œuvres choisies de Mao Tsé-toung*, t. III).

Les masses populaires sont douées d'une puissance créatrice illimitée. Elles sont capables de s'organiser et de diriger leurs efforts vers tous les domaines et toutes les branches dans lesquels elles peuvent déployer leur énergie ; elles peuvent s'attaquer à la tâche de la production, en largeur comme en profondeur, et créer un nombre croissant d'œuvres pour leur bien-être (note sur l'article : « Une solution au problème de la main-d'œuvre excédentaire », 1955, *L'Essor du socialisme dans les campagnes chinoises*).

La révolution n'est pas un dîner de gala ; elle ne se fait pas comme une œuvre littéraire, un dessin ou une broderie ; elle ne peut s'accomplir avec autant d'élégance, de tranquillité et de délicatesse, ou avec autant de douceur, d'amabilité, de courtoisie, de retenue et de générosité d'âme. La révolution, c'est un soulèvement, un acte de violence par lequel une classe en renverse une autre (« Rapport sur l'enquête menée dans le Hounan à propos du mouvement paysan », mars 1927, *Œuvres choisies de Mao Tsé-toung*, t. I).

La philosophie marxiste estime que l'essentiel, ce n'est pas de comprendre les lois du monde objectif pour être en état de l'expliquer, mais c'est d'utiliser la connaissance de ces lois pour transformer activement le monde. (« De la pratique », juillet 1937, *Œuvres choisies de Mao Tsé-toung*, t. I).

D'où viennent les idées justes ? Tombent-elles du ciel ? Non. Sont-elles innées ? Non. Elles ne peuvent venir que de la pratique sociale, de trois sortes de pratique sociale : la lutte pour la production, la lutte de classes et l'expérimentation scientifique (« D'où viennent les idées justes ? », mai 1963) *.

---

* Extraits du *Petit Livre rouge. Citations du président Mao Tsé-toung*, Paris, Le Seuil, 1967, p. 74, p. 12, p. 123.

Le rôle de l'avant-garde culturelle, l'Internationale situationniste (IS), sur les slogans et la thermodynamique de Mai 68 est évident et pourtant difficile à établir tant la posture de père spirituel s'accorde mal avec l'esprit du mouvement. Fondée en 1957 par des proches du surréalisme, l'IS livre une critique radicale de ce qu'elle définit comme l'aliénation culturelle de la société des loisirs (la « société du spectacle » de Guy Debord). Qu'elle opère dans une société capitaliste ou socialiste, la fonction idéologique de la marchandise culturelle reste la même : collaboration/récupération avec le pouvoir en place.

Fin 1966, la brochure de Mustapha Khayati, *De la misère en milieu étudiant*, provoque le scandale en reprenant les arguments de l'IS. Ce texte est très largement diffusé (plusieurs dizaines de milliers d'exemplaires, en France et à l'étranger) ; ses thèses mais aussi son style – provocation, terrorisme verbal – alimentent l'imaginaire et la pratique des « enragés » de Nanterre. Plus généralement, la poétique contestataire et l'invention verbale qui se lisent sur les murs de Paris ou de province en mai-juin sont les héritiers d'une dizaine d'années d'activités situationnistes.

> Mais la misère réelle de la vie quotidienne étudiante trouve sa compensation immédiate, fantastique, dans son principal opium : la marchandise culturelle. Dans le spectacle culturel, l'étudiant retrouve naturellement sa place de disciple respectueux. Proche du lieu de production sans jamais y accéder – le Sanctuaire lui reste interdit –, l'étudiant découvre la « culture moderne »

en spectateur admiratif. À une époque où *l'art est mort*, il reste le principal fidèle des théâtres et des ciné-clubs, et le plus avide consommateur de son cadavre congelé et diffusé sous cellophane dans les supermarchés, pour les ménagères de l'abondance. Il y participe sans réserve, sans arrière-pensée et sans distance. C'est son élément naturel. Si les « maisons de la culture » n'existaient pas, l'étudiant les aurait inventées. Il vérifie parfaitement les analyses les plus banales de la sociologie américaine du marketing : consommation ostentatoire, établissement d'une différenciation publicitaire entre produits identiques dans la nullité (Perec ou Robbe-Grillet, Godard ou Lelouch).

Et, dès que les « dieux » qui produisent ou organisent son spectacle culturel s'incarnent sur scène, il est leur principal public, leur fidèle rêvé. Ainsi assiste-t-il en masse à leurs démonstrations les plus obscènes ; qui d'autre que lui peuplerait les salles quand, par exemple, les curés des différentes églises viennent exposer publiquement leurs dialogues sans rivages (semaines de la pensée dite « marxiste », réunions d'intellectuels catholiques) ou quand les débris de la littérature viennent constater leur impuissance (cinq mille étudiants à « Que peut la littérature ? »).

Incapable de passions réelles, il fait ses délices des polémiques sans passion entre les vedettes de l'Inintelligence, sur de faux problèmes dont la fonction est de masquer les vrais : Althusser, Garaudy, Sartre, Barthes, Picard, Lefebvre, Lévi-Strauss, Halliday, Châtelet, Antoine. Humanisme, existentialisme, structuralisme, scientisme, nouveau criticisme, dialecto-naturalisme, cybernétisme, planétisme, métaphilosophisme.

Dans son application, il se croit d'avant-garde parce qu'il a vu le dernier Godard, acheté le dernier livre argumentiste, participé au dernier happening de Lapassade, ce con. Cet ignorant prend pour des nouveautés « révolutionnaires », garanties par label, les plus pâles ersatz d'anciennes recherches effectivement importantes en leur temps, édulcorées à l'intention du marché. La question est de toujours préserver son standing culturel. L'étudiant est fier d'acheter, comme tout le monde, les rééditions en livre de poche d'une série de textes importants et difficiles que la « culture de masse » répand à une cadence accélérée. Seulement, il ne sait pas lire. Il se contente de les consommer du regard.

Ses lectures préférées restent la presse spécialisée qui orchestre la consommation délirante des gadgets culturels ; docilement, il accepte ses oukases publicitaires et en fait la référence standard de ses goûts. Il fait encore ses délices de *L'Express* et de *L'Observateur*, ou bien il croit que *Le Monde*, dont le style est déjà trop difficile pour lui, est vraiment un journal « objectif » qui reflète l'actualité. Pour approfondir ses connaissances générales, il s'abreuve de *Planète*, la revue magique qui enlève les rides et les points noirs des vieilles idées. C'est avec de tels guides qu'il croit participer au monde moderne et s'initier à la politique *.

---

* Mustapha Khayati, « De la misère en milieu étudiant, considérée sous ses aspects économique, politique, psychologique, sexuel et notamment intellectuel et de quelques moyens pour y

Contrairement à ce que prétend Georges Marchais et à ce que l'on pourrait croire, Herbert Marcuse, à l'inverse des figures précédentes, ne fait pas partie de ceux qui inspirèrent les étudiants français. Peu ou pas traduit, il était inconnu de la majorité d'entre eux. « L'idole des étudiants rebelles », comme le qualifiera *Le Nouvel Observateur*, est en fait une invention de Mai 68 [6]. C'est le 28 avril qu'est publiée en France la traduction de *L'Homme unidimensionnel* aux éditions de Minuit. Il s'en vendra des milliers d'exemplaires dans les semaines qui suivent (durant lesquelles on a beaucoup lu). Si les étudiants allemands et américains connaissaient cet homme à la longue carrière, au confluent de différentes générations intellectuelles (l'École de Francfort notamment), les Français vécurent en la pratiquant sa thématique du « grand refus » de la civilisation technicienne. Cas étonnant de réception/réutilisation immédiate [7].

Qui est Herbert Marcuse ? « Un professeur que Rudi Dutschke a sorti de l'ombre », assurait André François-Poncet dans *Le Figaro* du 17 avril. Un philosophe « qui ne laissera peut-être pas plus de trace dans l'histoire que Charles Fourier, auquel il fait parfois penser », écrivait Françoise Giroud dans *L'Express* du 22 avril. « Un des maîtres à penser des gauchistes », selon Georges Marchais dans *L'Humanité* du 3 mai, qui ajoutait que leurs thèses « prêtaient

remédier » (brochure UNEF, 1966), brochure citée en annexe par Patrick Combes, *La Littérature et le mouvement de Mai 68 : écriture, mythes, critique, écrivains : 1968-1981*, Paris, Seghers, 1984.

à rire ». « L'idole des étudiants rebelles », proclame *Le Nouvel Observateur* de cette semaine dès sa couverture et dans un important article de Serge Mallet. Un des « trois M ». « Marx, Mao, Marcuse », lisait-on sur une banderole brandie par les étudiants berlinois dans leurs manifestations. « Marx est le prophète, Marcuse son interprète, Mao son glaive », complètent les étudiants italiens. Rien de moins.

L'homme est sympathique, ouvert, plein d'humour. Avec lui, on se sent tout de suite de plain-pied, en confiance. À soixante-dix ans, professeur de sciences politiques à l'université de Californie, à San Diego, après avoir travaillé ou enseigné à Columbia, à Harvard et à Brandeis (Boston), il possède au plus haut degré cette sorte d'assurance souveraine et de paisible fermeté que donne un destin désormais accompli. Issu de la bourgeoisie juive cultivée de Berlin peu avant le siècle, il a intensément vécu, étudiant, la révolution allemande de 1918, militant ardemment dans le parti social-démocrate. Il a été l'élève d'Edmond Husserl, fondateur de la phénoménologie, a fait sa thèse de doctorat sur Hegel à Fribourg-en-Brisgau sous la direction de Martin Heidegger, père de l'existentialisme.

Il avait cessé depuis plus de dix ans déjà de militer quand il a vu la révolution allemande de son adolescence déboucher froidement sur le nazisme, et la voie communiste, qu'il avait un moment hésité à choisir, conduire au stalinisme. Réfugié quelques mois en Suisse – et non en France, comme on l'a écrit –, il a gagné alors en 1933 les États-Unis, où il a parcouru le « *cursus honorum* » universitaire, construisant pierre à pierre des thèses qui vont lui valoir une notoriété mondiale, exprimées dans une dizaine d'ouvrages écrits tantôt en allemand, tantôt en anglais. Il maîtrise également le français, le russe, l'italien et l'espagnol.

Ce sont surtout deux de ses livres, *Éros et Civilisation* – paru en 1955 à Boston puis à Berlin et en 1963 en traduction française – et *L'Homme unidimensionnel*, publié aux États-Unis et en Allemagne en 1964, et qui vient d'être traduit ici, qui ont établi son influence. Le premier, réconciliant Marx et Freud, fait la liaison de la libération sexuelle apportée par la psychanalyse avec le marxisme révolutionnaire. Le second, vigoureux réquisitoire contre l'idéologie de la société industrielle avancée, conclut sur cette formule de Walter Benjamin : « C'est seulement à cause de ceux qui sont sans espoir que l'espoir nous est donné *. »

## *L'opposition à la guerre du Vietnam, 1966-1968*

Étrangement, l'opposition à une guerre lointaine menée par les États-Unis (mais commencée par la France) va catalyser l'énergie et l'invention militantes et servir de vecteur de politisation pour une révolte locale. La lutte, qui aux États-Unis commence dès 1964, s'internationalise. C'est en 1966 que se forment en France les premiers comités contre la guerre et pour

* Pierre Viansson-Ponté, « Un philosophe qui réconcilie Marx et Freud », *Le Monde*, 11 mai 1968.

le soutien du Vietnam nord, fondés par le Parti communiste ou en dehors de lui, notamment par les groupes gauchistes en voie de constitution (comités Vietnam de base créés par les maoïstes) [8] qui se font, sur ce terrain comme ailleurs, une concurrence acharnée.

À l'initiative de Madeleine Rebérioux, membre du PC, mais pas en odeur de sainteté place du Colonel-Fabien, est organisée la manifestation « Six heures pour le Vietnam », prévue le 26 mai 1966 à la Mutualité, de 18 heures à minuit.

> La guerre faite au peuple vietnamien ne cesse de s'aggraver. L'occupation américaine au Sud-Vietnam fait de plus en plus appel à des moyens inhumains (tortures, massacres de prisonniers et de civils, anéantissements de villages, napalm) pour se maintenir malgré l'opposition populaire. Au nord, la reprise et l'intensification des bombardements, l'escalade conçue par le Pentagone, risquent de conduire l'humanité vers une guerre généralisée. Nous ne pouvons rester silencieux, nous sommes tous concernés par la lutte que mène un peuple pour choisir lui-même son destin. Nous souhaitons l'union de toutes les forces qui, en France et dans le monde, notamment aux États-Unis, luttent contre la guerre au Vietnam et soutiennent le combat que mène le peuple sud-vietnamien pour son indépendance sous la direction du Front national de libération *.

* Affiche des « Six heures pour le Vietnam », 26 mai 1966, *Le Monde*, 25 mai 1966.

Au-delà de l'argumentaire antiguerre, la forme est originale et cherche à renouveler les modes d'action traditionnels des intellectuels : colloques, projection de films, exposition de tableaux. « Comme dans les *teach-in* américains, ces six heures ont une signification symbolique : elles veulent exprimer notre sens aigu de la durée du conflit et de la continuité de l'action que nous voulons mener [9] », explique l'organisatrice, qui est ici pleinement historienne. Films, peintures mais aussi chansons – la renommée de Joan Baez a exporté le mouvement en Europe – avec Colette Magny, la chanteuse *blues* engagée qui acquiert la notoriété dans la variété française grâce à son répertoire rebelle et son allure d'insoumise.

Vietnam 67.
Je ne m'interroge plus
sur le sexe des anges
Vietnam 67.
Van Phan Dong m'a dit :
« Viens, donne-moi la main.
Tu verras, ici, c'est la guerre des vélos. »
Alors, camarade, ton vélo est renforcé
alors, camarade, avec 300 kg de vivres et de munitions,
tu vas pouvoir nous ravitailler.
Mais, camarade, tous les ponts sont coupés
oui mais camarade, la nuit dernière,
on les a tous remplacés
nous ne nous laisserons pas intimider.
Il y a bien longtemps, pour les hersages du matin
il y a bien longtemps, pour les repiquages du soir

nous étions deux dans la rizière
mais une nuit mon mari fut emmené.
Avec 400 000 hommes et leurs bombardiers
Avec 400 000 hommes et leurs gaz toxiques
la défaite militaire suivra l'échec politique.
Nos paysans dressaient les abeilles sauvages au combat
nous sommes toujours là
alors MacNamara, les accords de Genève
alors MacNamara, vous n'en avez donc rien à en faire
Ho Chi Minh vous l'a dit
Nous ne nous laisserons pas intimider : Vietnam 67
Longue vie au peuple vietnamien *.

Le 26 octobre 1966, un appel à la création d'un Comité Vietnam national est diffusé. L'objectif est d'unir tous les groupes déjà existants afin de conjuguer les forces ; signé par cinq autorités morales du monde savant et intellectuel, dont Jean-Paul Sartre, l'historien Pierre Vidal-Naquet et le mathématicien Laurent Schwartz, membres du comité Audin, ce texte nous rappelle comment la lutte contre la guerre du Vietnam a réactivé des solidarités datant du combat contre la guerre d'Algérie. Par ailleurs, la multiplication des comités de soutien préfigure celle des comités d'action en mai-juin 1968.

---

* Colette Magny, « Vietnam 1967 », chanson citée en annexe par Nicolas Pas, *Sortir de l'ombre du Parti communiste français. Histoire de l'engagement de l'extrême gauche française sur la guerre du Vietnam, 1965-1968*, mémoire de DEA sous la direction de Jean-François Sirinelli, IEP de Paris, 1998, p. 317.

## Appel à la création d'un Comité Vietnam national (1966)

À des milliers de kilomètres de l'Europe un peuple dont rien ne peut venir à bout combat pour sa liberté.

Il combat aussi pour la nôtre : en essayant le Vietnam, le gouvernement des États-Unis entend nous prouver qu'étant le plus fort il peut imposer partout sa loi ; il poursuit impunément une escalade dont l'aboutissement logique serait la troisième guerre mondiale.

Nous réunir pour proclamer notre admiration ou notre solidarité avec les combattants du Nord-Vietnam et du FNL n'est plus suffisant. Tous ceux qui dans ce pays soutiennent leur lutte doivent s'engager sans réserves pour que le peuple vietnamien gagne enfin la paix et l'indépendance.

C'est pourquoi nous appelons à la constitution d'un *Comité Vietnam national.*

Partout doivent naître des comités de base dont le comité national sera la réunion et dès aujourd'hui, nous demandons aux groupes existants d'y adhérer. Plusieurs comités, nés indépendamment dans des milieux différents, œuvrent déjà pour la paix au Vietnam. La plupart nous ont donné leur accord. Aujourd'hui la dispersion nuit à l'efficacité et, devant la gravité des événements, nous nous sentons le devoir, dans la lutte aux côtés du peuple vietnamien, d'appeler immédiatement à l'unité. Nous appelons à venir à la manifestation

Six heures du monde pour le Vietnam
Lundi 28 novembre au palais des Sports

Henri Bartoli
Alfred Kastler
Jean-Paul Sartre
Laurent Schwartz
Pierre Vidal-Naquet

Nous soutenons dès maintenant les initiatives telles que la campagne du milliard pour le Vietnam, la journée internationale contre la guerre du Vietnam (10 décembre 1966), le tribunal organisé par Bertrand Russell pour juger les crimes de guerre du gouvernement des États-Unis, la campagne pour la constitution d'un corps de volontaires civils à la disposition du gouvernement du Nord-Vietnam.

Les personnes et les comités de base peuvent envoyer leur adhésion ou demander du matériel de préparation à l'adresse suivante :

Comité Vietnam national
30, rue Gay-Lussac
75 - Paris 5e *.

Depuis 1967, le mois de février est consacré à la lutte anti-impérialiste par les étudiants gauchistes, mais aussi par les syndicats enseignants. À Berlin, les étudiants du SDS (*Sozialistischer Deutscher Studentenbund*, Union socialiste allemande des étudiants) organisent une manifestation internationale contre la guerre les 17 et 18 février 1968. Des « journées anticolonialistes » sont

* « Appel à la création d'un Comité Vietnam national » (26 octobre 1966), cité par Nicolas Pas, *Sortir de l'ombre du Parti communiste français…*, *op. cit.*, p. 305.

prévues par l'UNEF et le SNESup auxquels se joint le Collectif intersyndical universitaire d'action pour la paix au Vietnam au moment où l'offensive du Têt donne une actualité dramatique à la mobilisation.

Le peuple vietnamien redouble d'héroïsme dans la lutte pour son indépendance ; l'armée américaine bombarde les villes, massacre les populations et menace d'employer des armes atomiques.

Les journées anticolonialistes seront donc cette année une importante occasion de nous mobiliser pour soutenir la juste cause du peuple vietnamien.

Le Syndicat national de l'enseignement supérieur et l'UNEF organisent ces journées, qui se dérouleront du 19 au 21 février 1968. Les syndicats du collectif appellent tous leurs adhérents à prendre une part active aux meetings prévus dans ce cadre, notamment à Paris, le 20 février.

Le Collectif intersyndical universitaire : Syndicat national des chercheurs scientifiques (FEN), Syndicat des personnels techniques et administratifs du CNRS (CGT), Syndicat national des bibliothèques (FEN), Syndicat national de l'enseignement supérieur (FEN), Syndicat national du personnel de l'INRA (CGT), Union nationale des étudiants de France (UNEF).

*P.S.* Le Syndicat national des chercheurs scientifiques (FEN) demande également à ses membres de se mettre comme collecteurs à la disposition du SNESup pour la collecte qui se fera dans les établissements universitaires, auprès des enseignants et des étudiants *.

Par ailleurs, le 21 février, le Comité Vietnam national ainsi que l'UNEF et le SNESup appellent à une manifestation au quartier Latin, tandis qu'au même moment les comités Vietnam de base ont donné rendez-vous à leurs militants devant l'ambassade américaine. Ce même jour, le boulevard Saint-Michel est rebaptisé par les étudiants « boulevard du Vietnam héroïque ».

### *L'affaire Langlois*

À un moment où le quartier Latin est investi par des milliers de manifestants, la rive droite est la scène de heurts dont elle n'est pas coutumière. Tout a commencé par un conseil d'administration historique, le 9 février 1968, qui exclut de fait Henri Langlois de la gestion de la Cinémathèque française. Il était en délicatesse avec l'État depuis longtemps. On lui reproche ses faibles talents de conservateur et sa posture d'autocrate. Les bobines s'abîment, les films se perdent. L'État tente maladroitement de se débarrasser de lui sans comprendre la faiblesse de l'argument technique contre la stature historique et même mythique

* Collectif intersyndical universitaire d'action pour la paix au Vietnam (19-21 février 1968), cité dans *La Sorbonne par elle-même*, *op. cit.*, p. 17-18.

de Langlois. Une campagne de presse est immédiatement orchestrée par Henry Chapier dans *Combat* et organisée avec énergie par François Truffaut. Un déluge de télégrammes de réalisateurs du monde entier, retirant l'usage de leur copie si Langlois n'est pas réintégré, arrive à la Cinémathèque [10].

Le 12 février 1968, à l'entrée de la salle de la rue d'Ulm, Michel Simon, Claude Berri, Jean-Luc Godard et toute la Nouvelle Vague, munis de pancartes « Non à la Cinémathèque UNR », distribuent le tract suivant :

> Obéissant à une obscure coalition d'intérêts inavouables, le ministère Malraux a fait chasser Henri Langlois de la Cinémathèque française.
>
> Étudiants, rue d'Ulm à Chaillot, vous avez pu vérifier ce qu'était une conception libre et juste de la culture cinématographique.
>
> Sous des prétextes bureaucratiques, les pires ennemis de la culture ont reconquis ce bastion de la liberté.
>
> Ne vous laissez pas faire. La liberté ne se reçoit pas, elle se prend. Tous ceux qui aiment le cinéma en France et dans le monde sont avec vous, sont avec Henri Langlois.
>
> Il vous appartient de mettre en échec cette manœuvre.
>
> Manifestez votre indignation. Troublez systématiquement les séances de la Cinémathèque française, obligez la Culture qu'on veut vous imposer à révéler

son véritable visage et son appareil de soutien : le service d'« ordre * ».

Comme l'a noté Pierre Vidal-Naquet, « La liberté ne se reçoit pas, elle se prend », c'est déjà la langue de l'insurrection [11]. Ce qui suit, à savoir la journée des matraques, le 14 février, durant laquelle la police charge contre toute la fine fleur du cinéma français réunie sur l'esplanade du Trocadéro, est également à noter. C'est une borne. Le cycle de violences est entamé et fixé dans les journaux par l'image d'un Jean-Luc Godard au visage hagard et aux lunettes cassées. « Le plus con des Suisses prochinois », comme on l'appellera quelques mois plus tard par dérision, est devenu un cinéphile martyr…

## *Nanterre : la cristallisation*

Nanterre, 1968 : 11 000 étudiants dans une université « moderne », conçue comme un campus, et qui ménage les mêmes contrastes sociaux que ses compères américains, puisque l'université modèle, inaugurée en 1964, côtoie un bidonville et n'est toujours pas reliée à Paris par des moyens de transport rapides. C'est une faculté libérale animée par le progressiste doyen Pierre Grappin, un ancien résistant, qui entend instaurer des

* Tract « Non à la culture UNR » (12 février 1968), cité par Laurent Mannoni, *Histoire de la Cinémathèque française*, Paris, Gallimard, 2006, p. 376.

rapports détendus avec les étudiants. Mais, comme le rappelle Alain Touraine, professeur de sociologie à Nanterre en 1968, reprenant une loi énoncée par Tocqueville, c'est une « faculté assez libérale pour affaiblir le vieux système et pas assez pour le transformer [12] ». C'est un endroit bouillonnant où les étudiants entendent être les maîtres chez eux : le 26 janvier 1968, ils ont rossé la police appelée à la rescousse par Grappin. La contestation s'y déploie dans toute sa diversité, y compris sur le plan intellectuel, par une violente remise en cause du contenu des enseignements, en psychologie et en sociologie notamment : il y a 700 apprentis sociologues à Nanterre, dont on a largement souligné le rôle moteur. La prise de conscience des potentialités critiques ou intégratrices de la sociologie et des sciences sociales dans leur ensemble explique la centralité de ces disciplines dans tout le mouvement de Mai 68. La sociologie est l'un des lieux originels de la crise. Ce texte a été écrit par quatre étudiants sociologues de Nanterre et diffusé dans le département en mars 1968.

### Pourquoi des sociologues ?

Deux faits s'imposent tout de suite : les départements de sciences humaines sont surpeuplés relativement aux débouchés disponibles à l'heure actuelle, et cela même en tenant compte des taux d'échecs élevés qui seront appliqués lors des examens. Cette incertitude des étudiants par rapport aux métiers futurs a pour symétrique l'incertitude théorique au niveau professoral où les invocations à la science ne font qu'éclairer davantage, par contraste, la confusion des doctrines diverses qui nous sont enseignées.

D'autre part, l'agitation universitaire s'est développée depuis 1960 à l'étranger comme en France chez les sociologues plus encore que chez les psychologues ou les philosophes (comme c'était le cas depuis 1945), tandis que les autres sections de lettres, sans parler des facultés scientifiques, se signalaient souvent par une passivité remarquable [...].

La sociologie industrielle recherche avant tout l'adaptation du travailleur à son travail : la perspective inverse est très limitée puisque le sociologue salarié de la direction doit respecter le but du système économique : produire le plus possible pour faire le plus d'argent possible. La sociologie politique préconise de vastes enquêtes, le plus souvent mystificatrices, qui présupposent que le choix électoral est aujourd'hui le lien de la politique, sans jamais se demander si elle ne se situerait pas ailleurs que sur ce terrain [...].

On retrouve les sociologues dans la publicité, les mille formes de conditionnement du consommateur, dans l'étude expérimentale des média, là aussi sans chercher à critiquer la fonction sociale de ces média, etc. [...].

Et en France ? La rationalisation du capitalisme débuta certes après la guerre (création du plan), mais ne devint effective qu'avec le gaullisme et ses structures autoritaires. Or, ce n'est pas un hasard si la licence de sociologie est instituée en 1958. L'inégal développement du capitalisme français par rapport au capitalisme américain se retrouve sur le plan des idées : toute notre sociologie actuelle est importée d'outre-Atlantique avec quelques années de retard ; chacun sait que les sociologues les plus cotés sont ceux qui suivent le plus attentivement les publications américaines [...].

Ces considérations nous amènent à conclure simplement que le malaise des étudiants en sociologie ne peut se comprendre qu'en interrogeant la sociologie sur sa fonction sociale. Il est apparu que, dans les conflits actuels, les sociologues ont choisi leur camp, celui des directions d'entreprises et de l'État qui les assiste. Que signifie, dans ces conditions, la défense de la sociologie préconisée par certaine * ?

Le mouvement des résidents avait déjà pointé le problème de la liberté de circulation entre garçons et filles, mais c'est Nanterre qui, par différents incidents, réussit à politiser les questions sexuelles. En revendiquant une sexualité majeure, les étudiants font exploser tout le modèle d'hypocrisie bourgeoise qui structure la société de leurs pères (et de leurs mères).

Conférence par Madame Revault d'Allonnes
jeudi 21 mars 20 h 30 au foyer F

Ce qu'est le chaos sexuel ?

– C'est faire appel dans le lit conjugal à la loi du devoir conjugal.

* Texte écrit par quatre sociologues de Nanterre, diffusé à la mi-mars 1968, à Nanterre. « Pourquoi la sociologie ? » (mars

– C'est contracter une liaison sexuelle à vie sans avoir connu sexuellement auparavant le partenaire.

– C'est coucher avec une fille prolétarienne parce qu'elle ne vaut guère mieux et en même temps ne pas exiger la même chose d'une fille convenable.

– C'est la lubricité d'une vie de prostitution sordide ou l'attente, par suite d'abstinence, de la nuit de noces.

– C'est faire culminer la puissance virile dans la défloration.

– C'est à 14 ans peloter mentalement avec avidité de haut en bas toute image de femme à moitié nue et ensuite à 20 ans entrer en lice comme nationaliste pour la pureté et l'honneur de la femme.

– C'est tolérer l'industrie pornographique, c'est exciter les adolescents par des films érotiques.

Ce que n'est pas le chaos sexuel.

– C'est désirer par amour réciproque l'abandon sexuel sans tenir compte des lois établies, des préceptes moraux et agir en conséquence.

– C'est ne mettre au monde des enfants que lorsqu'on les désire et peut les élever.

– C'est ne pas avoir de rapports avec des prostituées.

– C'est ne pas se marier ou se lier durablement sans avoir connu directement le partenaire sur le plan sexuel.

---

1968), cité dans Daniel Cohn-Bendit, *Le Gauchisme, remède à la maladie sénile du communisme*, Paris, Le Seuil, 1968, p. 34-36.

– C'est ne pas réclamer de quelqu'un un droit à l'amour et à l'abandon sexuel.

Manifeste de W. Reich, 1936.
Foyer F, 20 h 30, jeudi 21 mars *.

Le 22 mars, la tour du bâtiment administratif de la faculté de Nanterre est occupée par 142 étudiants protestant contre l'arrestation d'un militant nanterrois à l'occasion d'une manifestation anti-Vietnam. Ils votent un texte-manifeste, fondateur du Mouvement du 22 mars. Cet épisode n'apparaît dans sa pleine signification qu'à la fin du mois, lorsque la faculté de Nanterre est finalement fermée le 3 mai. Ceux du 22 mars, un groupe hétéroclite de gauchistes (surtout JCR), d'anarchistes et de situationnistes, détonnent dans le paysage politique existant par des thèmes nouveaux et, surtout, un style, une volonté d'en découdre, des références exotiques – les Black Panthers –, un sens de l'action et de l'improvisation tactiques.

À la suite d'une manifestation organisée par le Comité Vietnam national, pour la victoire du peuple vietnamien contre l'impérialisme américain, *des militants de cette organisation ont été arrêtés dans la rue ou à leur domicile par la police*.

Le prétexte invoqué était les attentats qui eurent lieu contre certains édifices américains à Paris.

---

* Tract « Sexualité et répression. Conférence de madame Revault d'Allonnes » distribué par l'association des résidents de la cité universitaire de Nanterre (21 mars 1968), cité dans Jean-Pierre Duteuil, *Nanterre 68*, *op. cit.*, p. 147.

Le problème de la répression policière contre toute forme d'action politique se repose à nouveau.

Après :

– les flics en civil à Nanterre et à Nantes ;

– les listes noires ;

– la trentaine d'ouvriers et d'étudiants emprisonnés à Caen, et dont certains sont encore en prison ;

– les perquisitions et arrestations continuelles contre les étudiants de Nantes qui mirent à sac le rectorat...

Le gouvernement a franchi un nouveau pas. Ce n'est pas aux manifestations que l'on prend les militants, *mais chez eux.*

Pour nous ces phénomènes ne sont pas un hasard ; ils correspondent à une offensive du capitalisme en mal de modernisation et de rationalisation. Pour réaliser ce but, la classe dominante doit exercer une répression à tous les niveaux :

– la remise en cause du droit d'association pour les travailleurs ;

– l'intégration de la sécurité sociale ;

– l'automation et la cybernétisation de notre société ;

– une introduction des techniques psychosociologiques dans les entreprises pour aplanir les conflits de classe (on prépare certains d'entre nous à ce métier).

Le capitalisme ne peut plus finasser.

*Nous devons rompre avec des techniques de contestation qui ne peuvent plus rien.*

Le socialiste Wilson impose à l'Angleterre ce que de Gaulle nous impose. L'heure n'est plus aux défilés pacifiques comme celui organisé par le SNESup jeudi prochain sur des objectifs qui ne remettent rien en cause dans notre société.

Pour nous l'important est de pouvoir discuter de ces problèmes à l'Université et d'y développer notre action.

*Nous vous appelons à transformer la journée du vendredi 29 en un vaste débat sur* :

- le capitalisme en 68 et les luttes ouvrières ;
- Université et Université critique ;
- la lutte anti-impérialiste ;
- les pays de l'Est et les luttes ouvrières et étudiantes dans ces pays.

*Pour cela nous occuperons toute la journée le bâtiment C pour discuter de ces problèmes par petits groupes dans différentes salles.*

À chaque étape de la répression nous riposterons d'une manière de plus en plus radicale et nous préparerons dès maintenant une manifestation devant la préfecture des Hauts-de-Seine *.

Néanmoins, pour déjouer les sortilèges d'un déterminisme trop évident, la lecture de l'analyse d'un observateur attentif de la vie politique française se révèle un bon antidote. Le texte est resté célèbre comme exemple du ridicule des « Pythies » médiatiques qui ne comprennent rien à rien. On peut le lire plus simplement comme un hommage à l'infinie difficulté de pénétrer son présent.

* Tract du 22 mars 1968 (Nanterre), cité dans Jean-Pierre Duteuil, *Nanterre 68, op. cit.*, p. 165.

Ce qui caractérise actuellement notre vie publique, c'est l'ennui. Les Français s'ennuient. Ils ne participent ni de près ni de loin aux grandes convulsions qui secouent le monde. La guerre du Vietnam les émeut, mais elle ne les touche pas vraiment. Invités à réunir « un milliard pour le Vietnam », 20 francs par tête, 33 francs par adulte, ils sont, après plus d'un an de collectes, bien loin du compte [...].

Les guérillas d'Amérique latine et l'effervescence cubaine ont été, un temps, à la mode ; elles ne sont plus guère qu'un sujet de travaux pratiques pour sociologues de gauche et l'objet de motions pour intellectuels [...].

La jeunesse s'ennuie. Les étudiants manifestent, bougent, se battent en Espagne, en Italie, en Belgique, en Algérie, au Japon, en Amérique, en Égypte, en Allemagne, en Pologne même. Ils ont l'impression qu'ils ont des conquêtes à entreprendre, une protestation à faire entendre, au moins un sentiment de l'absurde à opposer à l'absurdité. Les étudiants français se préoccupent de savoir si les filles de Nanterre et d'Antony pourront accéder librement aux chambres des garçons, conception malgré tout limitée des droits de l'homme. Quant aux jeunes ouvriers, ils cherchent du travail et n'en trouvent pas [...].

Le général de Gaulle s'ennuie. Il s'était bien juré de ne plus inaugurer les chrysanthèmes et il continue d'aller, officiel et bonhomme, du Salon de l'agriculture à la foire de Lyon. Que faire d'autre ? Il s'efforce parfois, sans grand succès, de dramatiser la vie quotidienne en s'exagérant à haute voix les dangers extérieurs et les périls intérieurs. À voix basse, il soupire de découragement devant la « vachardise » de ses compatriotes, qui, pourtant, s'en sont remis à lui une fois pour toutes de leurs affaires [...].

Dans une petite France presque réduite à l'Hexagone, qui n'est pas vraiment malheureuse ni vraiment prospère, en paix avec tout le monde, sans grande prise sur les événements mondiaux, l'ardeur et l'imagination sont aussi nécessaires que le bien-être et l'expansion... *

* Pierre Viansson-Ponté, « La France s'ennuie », *Le Monde*, 15 mars 1968.

## 2

## Le viol de l'événement

La temporalité du mois de mai est un feuilleté d'expériences contradictoires de la durée : il y a d'abord le tempo saccadé, accéléré, l'intrigue événementielle, jour après jour de nouveaux acteurs, des rebondissements, le poids des mots, les effets d'annonce, les communiqués, les actions/réactions, les offensives, les replis ; la guérilla des tracts, la multiplicité des scènes – étudiante, syndicale, ouvrière, politique, le Palais-Bourbon ou l'usine Sud-Aviation de Bouguenais – donnent à ces semaines le rythme haletant que les contemporains ont parfois vécu avec ivresse. Et puis, au sein de cette accélération un peu folle, des moments d'atermoiement proprement dramatiques, où tout peut basculer, où soudainement dans le silence de l'attente, on s'interroge sur l'avenir et on imagine, avec un peu d'angoisse, que tout est possible. L'un de ces moments a lieu le vendredi 10 mai au soir, avant que ne se déclenche la première nuit des barricades. Un autre, quelques minutes avant l'exposé du secrétaire général de la Confédération générale du travail (CGT), Georges Séguy, rendant compte du « constat » de Grenelle devant les ouvriers de Renault-Billancourt, le 27 mai à 8 h 30 du matin. Enfin, un troisième rapport au temps existe durant ces mois de mai et de juin : c'est une forme de suspension étonnante, un travail de reconsidération de toute une société qui décide de s'offrir le luxe d'un vrai moment critique. Arrêt – pouce ! – pour réfléchir, pour parler. C'est ce qui nous occupera dans la seconde partie de ce volume.

### *L'insurrection étudiante*

UNEF, FGEL

*Jeudi 2 mai à 7 h 45*, profitant de l'absence d'étudiants dans la faculté, *les fascistes incendient et saccagent les locaux de la FGEL*.

Après l'attaque :

– de la librairie Gît-le-Cœur,

– du bureau national du Comité Vietnam national,

– du bureau national de l'Union nationale des étudiants de France (UNEF).

Après celle de la dernière assemblée générale de l'UNEF,

*c'est le tour de la Sorbonne !*

*Après une mise à sac en règle, deux bombes ont incendié le local de la FGEL* (UNEF-Sorbonne).

Voilà l'application du communiqué d'« Occident », mais seulement partielle : ils ont bien pris soin de venir à une heure où la Sorbonne est vide, de peur d'avoir à se frotter aux étudiants. Sans doute, est-ce là un premier pas vers l'élimination de la « vermine bolchevique » à l'Université.

Pour ce faire, les fascistes ont la prétention de vouloir *tenir un meeting*, vendredi 3 mai, *à Nanterre et à la Sorbonne.*

*Allons-nous les laisser continuer ?*

Allons-nous *laisser passer toutes leurs agressions ?*

Alors que se déclenche dans la presse une violente campagne contre les « enragés de Nanterre », tendant à faire croire que ce sont les militants antifascistes qui sont à l'origine des troubles.

*L'ouverture d'une information judiciaire contre Daniel Cohn-Bendit* arrêté samedi dernier et relâché faute de preuves.

*Mais qui, avec 24 de ses camarades, doit passer lundi 6 mai en conseil de discipline*, est bien dans la tendance de cette politique.

*Il faut que le conseil de discipline et l'opinion publique sachent que jamais les étudiants ne permettront que la répression policière s'abatte sur l'un des leurs par le biais d'un « tribunal universitaire ».*

*Rejoignez vos groupes d'études.*

*Tenez-vous mobilisés pour riposter à toute agression fasciste.*

*Refusons et la terreur fasciste*

*Et la répression policière à l'université !*

*Tous vendredi 3 mai, à midi, dans la cour de la Sorbonne* *.

* Tract de l'UNEF, diffusé le vendredi 3 mai au matin, cité dans *La Sorbonne par elle-même, op. cit.*, p. 44.

Le sac des locaux de la FGEL (Fédération des groupes d'études de lettres, émanant de l'UNEF) par le groupe d'extrême droite Occident le jeudi 2 mai a servi de détonateur. La faculté de Nanterre fermée, ses étudiants rejoignent les sorbonnards dans la cour d'honneur, d'où ils sont délogés par la police de façon musclée, puis interpellés le vendredi 3 mai après-midi, sur ordre du recteur Jean Roche. Cette incursion de la police dans l'enceinte universitaire n'est pas la première, mais cette fois – Sorbonne oblige – elle est ressentie comme une violation, un symbole qui lance la dynamique du mouvement étudiant dans un contexte de territorialisation forte de la lutte dans le quartier Latin. Le soir, les premiers heurts violents ont lieu avec les forces de l'ordre.

> Le quartier Latin est occupé par une armée étrangère : l'armée permanente de tous les pouvoirs de répression. La justice marche du même pas : des dizaines d'étudiants, de lycéens, de jeunes travailleurs pris en flagrant délit… de légitime défense, se font condamner sur la seule foi des flics comme des criminels.
>
> *Aujourd'hui lundi, les étudiants répondent déjà aux mensonges les plus éhontés.*
>
> La résistance de masse s'organise à Paris, mais aussi en province : occupations des facultés, grèves des cours, manifestations se multiplient à Marseille, Bordeaux, Grenoble, Montpellier, Caen, etc.
>
> À l'étranger, les étudiants manifestent leur solidarité : à Berlin, manifestation devant l'ambassade de

France, à Amsterdam, à Turin, ont lieu également des manifestations de solidarité.

La démonstration est faite qu'il ne s'agit pas d'une petite minorité d'enragés, mais bien d'une résistance de masse.

Les étudiants ont des divergences politiques (comme tout le monde), mais ils se sentent tous solidaires et sont prêts à lutter ensemble contre l'autoritarisme généralisé de l'Université, contre l'exploitation des travailleurs, contre la répression policière, administrative, judiciaire.

La Sorbonne, depuis vendredi, montre ce qu'elle est en dernière analyse : une entreprise de conditionnement afin que les étudiants soient les fidèles (petits) cadres de l'ordre établi. Quand les étudiants s'opposent à cette entreprise, alors toutes les forces de l'ordre passent à l'attaque directe, l'autorité répressive à la petite semaine fait place aux coups de matraque, à l'emprisonnement, à l'exclusion de l'Université.

Étudiants, organisez-vous dans les comités d'action qui se forment dans les facultés, dans les instituts. Discutez, faites discuter autour de vous. Prenez des initiatives : tracts, affiches, réunions, propositions d'action...

*Il faut imposer* dans *toutes les facultés, lycées, grandes écoles le droit à la liberté d'expression, le droit à la critique permanente de l'université et de la société.*

*Face à la répression.*

*Il faut imposer nos revendications immédiates :*

– démission du « recteur » J. Roche !

– pas d'examens pendant le *lock-out* !

– *annulation des peines prononcées par les tribunaux !*
– *abrogation du conseil de discipline !*
– *dehors les flics !*
*Tel est l'enjeu de la grève qui ne doit pas rester une grève de simple protestation.*
Étudiants, lycéens, enseignants, *résistons* * !

Le lundi 6 mai, tout le quartier est en état de guerre. La métaphore de la Seconde Guerre mondiale, si prégnante, est déjà là, dans l'association entre la présence de la police et celle d'une armée étrangère dans le tract du MAU, le Mouvement d'action universitaire créé en mars 1968 par des militants de la FGEL, qui veut rénover les structures jugées désuètes de l'UNEF. Plusieurs étudiants ont été condamnés par la justice. Les revendications relayées par l'UNEF resteront les mêmes toute la semaine : l'annulation des peines prononcées, la libération de la Sorbonne par les forces de police et la réouverture des universités. Le 6 mai au soir, Paris découvre ses premières barricades, avec une certaine stupeur, exprimée dans les journaux du lendemain.

L'essentiel va se passer entre Mabillon et la place Saint-Germain-des-Prés. Le flot des manifestants bloqués rue du Four s'engage dans le boulevard Saint-Germain et est stoppé à la hauteur de la « Rhumerie martiniquaise ». Sur leur bref parcours, les manifestants ont déjà retourné des voitures et

* Tract du MAU (Mouvement d'action universitaire), diffusé le lundi 6 mai, cité dans *La Sorbonne par elle-même, op. cit.*, p. 54-55.

arraché des pavés. Ils refluent jusqu'à la hauteur de la statue de Diderot, en protégeant leur retraite par des tirs de projectiles de toute sorte.

Si jusqu'à présent les barricades qui avaient été élevées, tant à Maubert qu'en divers endroits du quartier Latin, n'ont jamais qu'une apparence de barricades, celle qui se dresse maintenant sur le boulevard présente plus que les apparences d'un bric-à-brac accumulé. Des chaînes de jeunes gens survoltés se passent les pavés et les amoncellent entre les voitures renversées. À chaque charge des forces de l'ordre, une pluie de pierres s'abat et décime les rangs des policiers.

Devant cette incroyable résistance, deux autopompes font mouvement sur le boulevard et avec leur lance cinglent les manifestants qui, sans presque se protéger, assaillent les conducteurs, brisent les vitres des véhicules qui n'ont bientôt plus que leurs grillages de protection. Ils devront même, suivis en cela par une centaine de policiers, reculer sur plusieurs dizaines de mètres, abandonnant le terrain et pourchassés par leurs adversaires.

Cet endroit où les « combats » se poursuivent encore près d'une heure sera finalement investi par les forces de l'ordre à la faveur d'un mouvement tournant qui avait pris naissance à la hauteur du drugstore.

La manifestation est désormais brisée, mais pas terminée pour autant. Rue Bonaparte, rue de Sèvres, rue Médicis, le feu est mis à des voitures, des groupes continuent de se former jusqu'au haut de la rue de Rennes et à harceler ses gendarmes mobiles qui, à leur tour, tentent de les disperser.

À la Sorbonne aussi, mais à une moins grande échelle, des étudiants ont tenu tête aux policiers.

Jusqu'à 1 heure du matin, des accrochages sporadiques vont se poursuivre dans le quartier Latin qui ne connaîtra véritablement le calme que dans le milieu de la nuit. Les services de voirie avaient commencé dès minuit à dégager les chaussées, à ranger les voitures et les autobus renversés, à emporter les pavés arrachés, les grilles d'arbres et tout ce qui avait pu servir, durant cette journée, de projectiles, d'armes ou de protection.

Ce mardi, en fin de matinée, les traces des émeutes étaient à peu près complètement effacées boulevard Saint-Germain et boulevard Saint-Michel. Des ouvriers achevaient de remettre en place les pavés sur la chaussée. Mais l'odeur sucrée des gaz lacrymogènes persistait dans l'atmosphère.

L'accès de la Sorbonne, aux extrémités de la rue Victor-Cousin et place de la Sorbonne, demeurait interdit par les forces de police *.

Le 7 mai, une grande manifestation organisée par l'UNEF et le SNESup se déroule dans l'ordre, même si elle déborde les itinéraires habituels en passant le pont de la Concorde, poussant par les Champs-Élysées jusqu'à l'arc de Triomphe, où des drapeaux rouges et noirs sont hissés, au grand scandale des badauds de la rive droite. Puis, c'est le retour vers la terre natale du quartier Latin, en ignorant le Palais-Bourbon.

---

* « Un combat de rue dans le quartier Latin », *Le Monde*, 8 mai 1968.

Le Palais-Bourbon ne représente plus rien pour nous. Pour nous, c'est du théâtre, c'est du cinéma. C'est un vide complet. Ce n'est plus quelque chose de représentatif. Quant à l'Élysée, n'en parlons pas. Pour nous, c'est un monument des temps passés *.

Parmi les manifestants, les maoïstes de l'Union des jeunesses communistes marxistes-léninistes (UJCml) font entendre un style bien particulier. Leur ouvriérisme fiévreux les éloigne cependant rapidement des luttes étudiantes. On les voit encore le 13 mai, puis ils disparaîtront du quartier Latin pour investir des champs d'action qui leur semblent plus essentiels : les usines.

Et maintenant, aux usines !

La colère gronde parmi les masses populaires. Un million de sans-travail. Des salaires de misère. La répression fasciste chez Dassault, Citroën, Simca et dans bien d'autres usines. Les CRS contre les manifestations d'ouvriers et de paysans au Mans, à Redon, à Caen.

Depuis plusieurs mois, des révoltes populaires ont éclaté contre le patronat et le gaullisme.

Partout, les appareils réformistes, la direction révisionniste du PCF, la direction bureaucratique de la CGT, se sont efforcés de briser le mouvement des masses à Rhodiacéta, à Schwartz-Hautmont, à Aluvac, à la Céramique d'Alès, et en bien d'autres

---

* Jacques Sauvageot, sur RTL, le soir du 7 mai 1968, transcription d'archive radiophonique, collection privée.

endroits. Mais, de plus en plus, les permanents de la CGT et du PCF sont mis en échec et démasqués par le mouvement des masses. De plus en plus, les masses prennent conscience de leurs manœuvres visant à briser la lutte de classes dans l'usine, afin de canaliser l'action vers des objectifs réformistes et surtout vers les joutes parlementaires.

À l'occasion des manifestations d'étudiants et de la violente répression policière, une poussée populaire est apparue dans la rue : lundi et surtout mardi des ouvriers, des jeunes travailleurs sont venus manifester dans la rue avec les étudiants. Cette participation des ouvriers reflète la colère qui gronde parmi les larges masses de la classe ouvrière contre le gaullisme, régime de chômage et de misère, et le révisionnisme, appareil réactionnaire de démobilisation des masses.

Les masses veulent lutter contre le gaullisme.

Sur la question des manifestations de rue, de leurs mots d'ordre et de leur parcours, il faut désormais engager la lutte contre les obstacles que tentent d'opposer les réformistes, aider les masses à les rompre et à se frayer une voie vers la lutte révolutionnaire de classe.

Trois forces réactionnaires se sont liguées pour réprimer ou freiner le mouvement révolutionnaire des masses [...].

Balayons les mots d'ordre réformistes, purement universitaires, et les petits groupes révisionnistes et sociaux-démocrates qui se liguent pour tenter de nous barrer la voie des masses populaires, la voie de la révolution !

Quittons les quartiers bourgeois où nous n'avons que faire. Allons aux usines et aux quartiers populaires nous unir aux ouvriers.

*À bas le gaullisme !*

*Liberté pour les masses populaires* * !

Le 8 mai, le ministre de l'Éducation nationale, Alain Peyrefitte, en l'absence de Georges Pompidou, en voyage officiel en Iran, doit répondre au feu des questions de l'opposition. Il prononce un discours qui se veut d'apaisement et laisse espérer la réouverture prochaine des universités fermées.

M. Alain Peyrefitte, ministre de l'Éducation nationale, déclare tout d'abord que le gouvernement estime souhaitable « une large information du Parlement et de l'opinion publique dans une affaire dont bien des aspects sont obscurs ou ambigus et qui recèle quelques malentendus ».

Après avoir indiqué que la situation a été préoccupante à la faculté des lettres de Nanterre dès le début de l'année universitaire, il précise que l'effort tenté, « dans un esprit d'extrême libéralisme », par le doyen et le corps professoral pour établir le contact avec les étudiants et « instaurer un dialogue permanent à tous les niveaux n'a pas été couronné de succès [...]. Il est apparu, ajoute-t-il, que le fonctionnement régulier du complexe de Nanterre ne pouvait plus être assuré, en dépit du sérieux et du calme de la grosse majorité des étudiants de lettres et de la

* Tract de l'UJCml, cercles « Servir le peuple », 7 mai 1968.

totalité des étudiants en droit. Ce désordre, c'était le résultat cherché par ceux qui s'appellent eux-mêmes les enragés. Leur idéologie est confuse. Anarchisme, castrisme, maoïsme, tout s'y mêle, et ce qui surnage, c'est le nihilisme, sans doctrine, ni foi, ni loi.

« Peu à peu l'enseignement sans cesse perturbé devenait impossible. Des examens furent sabotés. On en vint au point où les professeurs devaient négocier avec les enragés sur l'utilisation des salles et sur les programmes, en attendant d'avoir à les consulter, sans doute, sur les résultats des examens [...].

« C'est dans cette conjoncture que le recteur a été amené à la décision de faire évacuer la cour par les gardiens de la paix. Je sais que cette décision a été ressentie par beaucoup comme une atteinte intolérable aux privilèges universitaires. Cette façon de sentir, j'ai pu éprouver à quel point elle est répandue chez les étudiants et chez les professeurs. Elle a vraiment tous les caractères d'un tabou. Mais je note que si le tabou a été, en la circonstance, violé, il l'avait d'abord été quand des groupes armés avaient occupé la cour de la Sorbonne. Sous prétexte de ne jamais laisser pénétrer la force publique dans les enceintes universitaires, doit-on livrer celles-ci aux milices de toutes les factions ? [...]

« La réponse de la tradition est formelle, ajoute l'orateur. N'en déplaise à M. Estier et à M. Sudreau, la police est entrée à la Sorbonne à maintes reprises, et sous toutes les Républiques [...]. »

M. Fernand Dupuy (communiste) demande alors la parole et indique qu'il vient de recevoir des professeurs de la faculté des sciences, conduits par

MM. Kastler et Monod qui, redoutant des graves affrontements ce mercredi soir, sont prêts à servir d'intermédiaires entre les étudiants et le gouvernement. « Si vous ne répondez pas à cet appel, s'écrie M. Dupuy, vous risquez de porter une lourde responsabilité. » *(Applaudissements sur les bancs du groupe communiste et de la Fédération de la gauche.)*

M. Peyrefitte réplique : « Je ne vous ai pas attendu pour recevoir des délégations », puis estime qu'il est urgent « de procéder à une désescalade », l'objectif du gouvernement étant la reprise des cours. « Une telle mesure, ajoute-t-il, n'est pas concevable dans un climat de désordre. Elle suppose que professeurs et étudiants soient capables de maintenir l'ordre contre d'éventuels agitateurs. La reprise des cours interviendra dès que les doyens estimeront ces conditions remplies, c'est-à-dire, je l'espère, dès demain après-midi. » *(Applaudissements sur les bancs de l'UD V^e République et des républicains indépendants.)*

M. Peyrefitte répète ce qu'il a dit à M. Dupuy et poursuit : « Je ne peux en dire plus : si l'ordre est rétabli, tout est possible ; s'il ne l'est pas, rien n'est possible. » [...] *.

Le 8 mai est également marqué par une grande journée d'action intersyndicale, prévue depuis longtemps, qui entrechoque la chronologie de l'insurrection étudiante. L'Ouest se met en grève et les

*. Extraits du débat en séance de l'Assemblée nationale, 8 mai 1968, « M. Peyrefitte : si l'ordre est rétabli tout est possible ; s'il ne l'est pas, rien n'est possible », *Le Monde,* 10 mai 1968.

manifestants font entendre des mots d'ordre qui portent essentiellement sur la question de l'emploi – sentiment d'être des oubliés de la croissance –, des salaires – bien moins élevés qu'en région parisienne, à travail égal – et sur la politique agricole commune. La Confédération des jeunes agriculteurs (CDJA) est particulièrement active. L'alliance avec les étudiants se fait dans le contexte de cette démarche régionale, comme le montre ce tract émanant de l'association des résidences universitaires de Rennes appelant à la solidarité avec les travailleurs.

*Résidents solidaires des travailleurs*

Actuellement les travailleurs ont à faire face à une détérioration de leurs conditions d'existence :

– *montée du chômage :* 500 000 chômeurs inscrits sans compter les jeunes et paysans inemployés : plus d'un million de chômeurs réels ;

– *durcissement de la répression anti-syndicale :* chez Citroën à Rennes, 15 ouvriers ont été licenciés pour avoir osé lire dans la rue des tracts distribués à la sortie de l'usine ;

– *aggravation des salaires de misère :* à Redon, des manœuvres gagnent couramment moins de 400 francs par mois. Des ouvrières titulaires d'un CAP de couture gagnent 9 francs par jour ;

– *les paysans* aussi sont durement touchés. Ceux qui ne sont pas chassés de leurs terres voient leur situation se dégrader.

Face à ces faits, les travailleurs se révoltent. Le 8 mai, les ouvriers et paysans de l'Ouest se dresseront en masse :

– contre le chômage
– contre les salaires de misère
– contre le démantèlement de la Sécurité sociale.
8 mai, Champ-de-Mars, 10 h *.

Et pendant ce temps, l'agrégation a commencé et les agrégatifs, du moins ceux qui ont décidé de jouer le jeu du concours, transpirent sur des sujets scabreux.

*M. Dominique Fernandez, professeur d'italien à la faculté des lettres et sciences humaines de Rennes, nous adresse la lettre suivante :*

Les candidats à l'agrégation d'italien ont eu à discuter le premier jour (composition pendant sept heures) le jugement suivant : « Dans le personnage pirandellien, l'intolérable prison des formes se dramatise dans la souffrance de la forme la plus intimement inutile mais pourtant la plus constitutionnelle de son chaos intérieur, la raison ; et entre ses illusions grotesques affleure la plus risible et la plus pénible de ses illusions, la vaine logique. Dans ces moments, qui couvrent en grande partie la soi-disant surface rationnelle, le soi-disant artifice de la dramaturgie de Pirandello, la raison est passion et condamnation de l'homme, cri de l'existence qui invoque l'essence : contemplation et poésie et en définitive pirandelliennement théâtre. »

Ce galimatias imbécile décidera donc de la carrière des candidats. Il serait ridicule, s'il n'était odieux, que les autorités ferment la Sorbonne et

* Tract de la cité universitaire de Rennes, 8 mai 1968, fonds « Tracts 1968 », Archives départementales d'Ille-et-Vilaine.

l'entourent de mille policiers pour assurer le déroulement d'épreuves qui discréditent à ce point les jurys. Les autorités devraient songer maintenant à faire protéger par la police ces jurys contre la juste colère des candidats. De tels sujets, laissés à l'arbitraire des professeurs, sont des provocations : qu'on ne s'étonne pas que les étudiants contestent la notion même d'examen, de concours *.

On a noté que le 8 mai, c'est la province, en l'occurrence l'Ouest, qui a étrenné la « solidarité des étudiants avec les travailleurs ». Le 9 mai, c'est également de la province, de l'Est cette fois, plus précisément de Strasbourg, que provient un « appel historique », demandant la formation de « conseils étudiants ». L'université de Strasbourg, marquée par la présence d'un fort bataillon de situationnistes qui ont pris le pouvoir à l'UNEF en mai 1966, se révèle ultrasensible à l'air du temps et devance les mots d'ordre de la semaine suivante.

* Dominique Fernandez, « Un sujet pirandellien », *Le Monde*, 10 mai 1968.

Pour la première fois dans leur histoire
les étudiants réunis en *conseil étudiant* le 9 mai
1968 dans l'enceinte de la faculté décident :

1. D'engager les débats pour les étendre dans toutes les facultés de Strasbourg et de France afin de rendre la grève et l'occupation des locaux effectives.

2. De poursuivre la grève illimitée à l'appel de l'UNEF.

*a*) Jusqu'à la libération de nos camarades emprisonnés avec amnistie totale.

*b*) Jusqu'à la reconnaissance effective de notre existence en tant que conseil étudiant avec tous les pouvoirs qui sont les nôtres désormais : c'est avec nous que les pouvoirs actuels devront compter pour tout ce qui concerne notre avenir ; celui de l'Université. Nos conseils seront vigilants pour éviter toutes les tentatives de récupération des transformations profondes que notre mouvement – par son existence même – commence à opérer.

3. Nous lançons un appel à nos camarades de toutes les universités de France.

*a*) Afin qu'ils se constituent eux aussi en conseils étudiants.

*b*) Afin qu'ils entreprennent une critique radicale et constructive de l'Université et de la société dans laquelle elle s'insère : en particulier réflexion sur le système des examens pouvant aboutir éventuellement au boycott pour obtenir satisfaction dans nos revendications immédiates.

4. Nous appelons les centrales syndicales d'enseignants et de la classe ouvrière à se joindre à notre action *.

Pendant ce temps, à Paris, les étudiants attendent la réouverture de la Sorbonne annoncée par le ministre la veille. À cette date, tout aurait pu se calmer. Mais les portes restent fermées. Un rassemblement se constitue place de la Sorbonne et un échange improvisé commence entre Daniel Cohn-Bendit et Louis Aragon venu, au nom des communistes et en son nom propre, témoigner de sa solidarité avec les étudiants.

Un dialogue assez violent oppose un moment M. Louis Aragon et Daniel Cohn-Bendit. Le jeune leader anarchiste demande à l'écrivain communiste des explications sur les articles hostiles au « mouvement du 22 mars », parus dans *L'Humanité*, et lui demande « pourquoi, s'il est d'accord avec les étudiants, il n'est pas venu avec eux dans la rue ». Hué par certains étudiants, applaudis par d'autres, M. Aragon réplique en annonçant qu'il consacrera un numéro des *Lettres françaises* aux étudiants, et en affirmant qu'« il fera

* Appel du conseil étudiant de l'université de Strasbourg, 9 mai 1968, cité dans le *Journal de la Commune étudiante*, textes choisis et présentés par Alain Schnapp et Pierre Vidal-Naquet, Paris, Le Seuil, 1969, p. 218.

tout pour amener le maximum d'alliés aux étudiants * ».

Aragon a bien du mal à convaincre. Le chahut qui l'accueille témoigne du fort discrédit d'un Parti communiste hostile depuis les premiers jours aux « gauchistes », stigmatisés en des termes qui rappellent d'anciens temps. Le 3 mai, c'est Georges Marchais qui s'exprimait dans *L'Humanité*, donnant une soudaine célébrité au vocable nouveau et péjoratif de « groupuscule ».

> Malgré leurs contradictions, ces groupuscules – quelques centaines d'étudiants – se sont unifiés dans ce qu'ils appellent le « Mouvement du 22 mars Nanterre » dirigé par l'anarchiste allemand Cohn-Bendit.
>
> Non satisfaits de l'agitation qu'ils mènent dans les milieux étudiants – agitation qui va à l'encontre des intérêts de la masse des étudiants et favorise les provocations fascistes – voilà que ces pseudo-révolutionnaires émettent maintenant la prétention de donner des leçons au mouvement ouvrier **.

Le 6 mai, la cellule Sorbonne-Lettres du PCF diffusait ce tract :

*Les enseignants communistes de la Sorbonne donnent leur opinion*

Ils protestent contre l'entrée de la police à la Sorbonne et s'élèvent avec vigueur contre le déchaînement

---

* « Devant la Sorbonne fermée », *Le Monde*, 11 mai 1968.

** Georges Marchais, *L'Humanité*, 3 mai 1968.

répressif qui a suivi, vendredi et les jours suivants. Ils demandent la libération des étudiants emprisonnés et la réouverture de la Sorbonne. Les enseignants communistes soucieux de leur responsabilité précisent que cette solidarité ne signifie pas l'identité du point de vue ou l'accord avec les mots d'ordre émanant de certaines organisations étudiantes. Ils désapprouvent les mots d'ordre irréalistes, démagogiques et anticommunistes et les méthodes d'action injustifiées préconisées par les divers groupes gauchistes.

Les universitaires communistes de la Sorbonne appellent étudiants et enseignants au renforcement de leur organisation syndicale. Ils souhaitent qu'un grand nombre d'entre eux rejoignent les rangs du Parti communiste français *.

Enfin, le 7 mai, la conférence de presse de la CGT mettait les points sur les « i ».

La solidarité entre les étudiants, les enseignants et la classe ouvrière dans leur lutte commune pour le progrès social, la démocratie et la paix est une notion bien connue de tous les militants de la CGT. Elle repose sur des principes et sur une longue tradition qui nous incitent justement à n'avoir aucune complaisance envers les éléments troubles et provocateurs qui dénigrent la classe ouvrière, l'accusant d'être « embourgeoisée » et ont l'outrancière prétention de venir lui inculquer la « théorie révolutionnaire » et diriger son combat.

* Communiqué, cellule Sorbonne Lettres du Parti communiste français, 6 mai 1968, cité dans *La Sorbonne par elle-même*, *op. cit.*, p. 60-61.

Avec d'autres gauchistes, ces éléments s'emploient à vider le syndicalisme étudiant de son contenu revendicatif, démocratique et de masse, au préjudice de l'UNEF, mais à la grande satisfaction du pouvoir et des cercles réactionnaires qu'il entretient dans les milieux universitaires dans le but de s'emparer de la direction du mouvement étudiant.

Pour ce qui est du mouvement ouvrier français, riche d'une longue expérience de lutte de classes qui a déterminé sa maturité, il n'a nul besoin d'encadrement petit-bourgeois ; il est solidement implanté au cœur de la classe ouvrière ; il trouve en lui ses cadres expérimentés et ses dirigeants responsables *.

Le vendredi 10 mai, alors que la Sorbonne et Nanterre restent fermés, la tension monte d'un cran. Le hasard des dates fait que c'est aussi la journée d'ouverture officielle de la conférence internationale de la paix sur le Vietnam : Américains et Nord-Vietnamiens investissent la capitale parisienne bientôt en pleine insurrection pour des pourparlers de paix !

Un rassemblement est prévu à 18 h 30 place Denfert-Rochereau. Le soir, près du Lion de Belfort, ce sont environ 30 000 étudiants qui sont présents, avec des enseignants et les premiers lycéens des comités d'action lycéens (CAL) organisés notamment par les trotskystes des Jeunesses communistes révolutionnaires (JCR). Après un tour du quartier Latin ceinturé par

* Conférence de presse de la CGT, 7 mai 1968, citée dans Georges Séguy, *Le Mai de la CGT*, Paris, Julliard, 1972, p. 205.

les forces de l'ordre, les manifestants se retrouvent face à la police municipale, renforcée par les CRS et des contingents de gendarmes mobiles. Quelques groupes commencent à arracher les grilles des arbres et à dépaver. C'est alors que, grâce aux camions techniques de RTL où ont pris place les leaders de la manifestation, Alain Geismar pour le SNESup et Jacques Sauvageot pour l'UNEF, un dialogue s'amorce entre Claude Chalin, vice-recteur de la Sorbonne, et Alain Geismar. Parmi les manifestants et sur les balcons, des transistors vont diffuser à pleine puissance la conversation entre les deux hommes, qui passe en direct sur les ondes nationales. La radio, considérée comme un média moribond, connaît une forme de résurrection historique en mai 1968. Dans un climat de stéréophonie totale, les manifestants font irruption comme les sujets de l'événement et forgent ce qu'Évelyne Sullerot a nommé des « auditeurs-acteurs [1] ». Il est 22 h 10. Il faut imaginer la voix posée, très maîtrisée et courtoise, du vice-recteur Chalin, et celle, totalement cassée mais ferme, de Geismar.

> *Chalin* : M. Geismar, je suis tout prêt personnellement à me rendre à l'endroit où vous vous trouvez actuellement afin d'avoir une conversation avec vous. Est-ce que cela est possible ?
>
> *Geismar* : Cela est possible certainement, mais le problème est le suivant. Il y a un point sur lequel personne ne peut transiger et quand nous avons annoncé au début de la manifestation depuis le Lion de Belfort à tous les gens qui étaient rassemblés

qu'on était prêts à nous donner les deux derniers mais que, sur l'amnistie, il n'y avait pas de déclaration, la réponse des manifestants a été dans un cri unanime : « Libérons nos camarades. » Alors, si là-dessus, il n'y a rien de nouveau, ce n'est pas la peine que vous vous dérangiez, monsieur le recteur.

*Chalin* : M. Geismar, vous comprenez bien que je ne puis personnellement prendre un engagement là-dessus. Ce que je peux faire, c'est prendre contact avec M. le ministre qui lui, au nom du gouvernement, peut prendre cette décision.

*Geismar* : Absolument. Si le ministre prend cette décision, il sait qu'il peut communiquer directement avec tous les manifestants sur les antennes de radio.

*C.* : Oui.

*G.* : Si nous avons une déclaration ferme là-dessus.

*C.* : Oui...

*G.* : ... il est évident que nous sommes prêts immédiatement à entamer un débat.

*C.* : Je dois pour cela prendre l'avis du ministre. Je pense pouvoir le faire très rapidement.

*G.* : Je suis disponible et prêt à rester là, seulement, je vous précise que ça risque d'être une question de minutes parce que, autant que je le sache, il y a certains endroits où il y a vraiment des manifestants et des policiers face à face et des barricades entre eux deux. Et à partir du moment où la première matraque, où la première pierre est jetée, d'ici, je ne peux pas être en chaque coin où il y a une barricade et expliquer ce qui se passe.

*C* : M. Geismar, dans ces conditions, je crois qu'il convient de ne pas perdre de temps...

*G.* : Absolument...

*C.* : ... et je vais essayer d'atteindre M. le ministre immédiatement *.

Dans un calme étouffant, l'attente dure quarante minutes. Les premières barricades sont déjà édifiées lorsque Claude Chalin reprend le micro à 22 h 50.

*Chalin* : Je suis autorisé à répéter le communiqué qui a été déjà passé sur les ondes et ceci d'une manière officielle par le recteur Roche. Il est prêt à recevoir les représentants des étudiants pour examiner avec eux, en accord avec les doyens, les conditions dans lesquelles pourra être assurée dans le calme une reprise des cours à la Sorbonne.

*Geismar* : Nous avons posé, devant l'ensemble de la population qui doit être aux écoutes, une question. Si le gouvernement n'est pas capable de prendre ses responsabilités sur cette question, c'est la population qui doit prendre cette responsabilité. C'est clair pour nous.

Le gouvernement, en l'absence de Georges Pompidou, a donc choisi de ne pas céder aux exigences des étudiants. Dès lors, c'est l'épreuve de force. À 2 heures du matin, Louis Joxe, garde des Sceaux, qui assure l'intérim, donne l'ordre de dégager les barricades. Il y en a une soixantaine dans un périmètre serré qui prend rapidement un aspect insurrectionnel. C'est la première nuit des barricades. L'atmosphère est celle du

* Conversation Chalin-Geismar, 10 mai, 22 h 10, archive radiophonique, collection privée.

Paris révolutionnaire du XIXe siècle, à la différence près que, de part et d'autre, il semble y avoir un pacte : ne pas tuer – ce qui n'exclut nullement la violence qui va se déployer sous les yeux des Parisiens du 5e arrondissement, ébahis et solidaires, dans leur majorité, des jeunes qui se font matraquer. Côté police, c'est la première fois que les forces de maintien de l'ordre affrontent une forme de guérilla urbaine, même maladroite, qui n'a plus grand-chose à voir avec les manifestations classiques. Ce sont les premières barricades depuis la Libération de Paris et le jet de pavés est une arme nouvelle. Le commissaire Soreau, en charge de la deuxième division qui couvre le périmètre de la Sorbonne, fait un rapport détaillé de la nuit qui vient de s'écouler au préfet de police Maurice Grimaud. Ses unités ont enlevé les premières barricades. Cela se passe entre la rue Auguste-Comte et la place Edmond-Rostand.

> Lorsque le mouvement fut entrepris sur vos ordres (2 h 5), une première sommation par mégaphone fut faite à l'angle de la rue Auguste-Comte et renouvelée boulevard Saint-Michel, devant la première barricade. Les sifflets et les cris hostiles y répondirent seuls. J'ai alors donné l'ordre de lancer une fusée rouge et les cris hostiles redoublèrent. Aussi, pour déloger les défenseurs de la première barricade, avons-nous dû utiliser les grenades lacrymogènes et plus spécialement celles projetées par fusil, en raison de leur plus longue portée. Cette première barricade enlevée, notre progression fut

rendue difficile par la présence de manifestants placés derrière une autre barricade, rue Royer-Collard, et qui prenaient nos effectifs de flanc. De longues traînées d'essence avaient été disposées sur le sol et étaient enflammées lorsque les éléments du service d'ordre arrivaient à leur hauteur, des objets pesants étaient jetés des fenêtres. Il a fallu réduire cette barricade pour poursuivre notre progression, mais, en quittant la rue Royer-Collard, les manifestants enflammèrent plusieurs voitures et en poussaient de nouvelles dans le brasier de temps en temps pour empêcher notre accès à la rue. Rien qu'à cet endroit, une demi-douzaine de voitures furent incendiées [...]. La jonction opérée place Edmond-Rostand avec les formations de mes collègues, j'ai procédé à un regroupement avant d'entreprendre de dégager la rue Gay-Lussac. Au demeurant, les formations se trouvaient à court de grenades lacrymogènes et les manifestants avaient enflammé rue Gay-Lussac, rue Le Goff, rue Saint-Jacques, et dans tout le périmètre, un nombre considérable de voitures automobiles. Les incendies s'allumaient au fur et à mesure de la retraite des participants, et c'est pour cela que j'ai demandé que d'autres forces viennent les prendre à revers. Le mouvement de mes formations, rue Gay-Lussac, s'est situé vers 4 h 30, et j'y rencontrai les forces placées sous les ordres de mon collègue Gravaud *.

---

* Compte rendu du commissaire Soreau sur la nuit du 10 mai 1968, cité dans Maurice Grimaud, *En mai fais ce qu'il te plaît*, Paris, Stock, 1977, p. 157-158.

Dans *Le Nouvel Observateur* du 15 mai, le journaliste René Backmann analyse les règles qui président au fonctionnement des services d'ordre étudiants et des forces de police et décrit les avantages comparatifs tactiques des uns et des autres.

> [...]. La préparation et la répression des manifestations se font selon des règles bien définies. Du côté des étudiants : les groupes de choc et le service d'ordre, en général casqué de blanc, muni de lunettes, de mouchoirs imbibés de jus de citron, les yeux protégés des gaz lacrymogènes par du bicarbonate de soude, sont placés en première ligne. Derrière viennent les porteurs de banderoles puis la foule des manifestants.
>
> Du côté des policiers : devant, les porteurs de boucliers, armés de grenades. Derrière, une seconde vague armée de matraques. Parfois cette seconde vague, chargée de donner l'assaut, est composée de membres des sections spéciales de la préfecture de police. Les hommes sont bien connus des étudiants et sont facilement repérables : ils portent un treillis kaki. Tous sont moniteurs à la préfecture de police, assez jeunes, bien entraînés et solides. Lorsqu'il s'agit de poursuivre les manifestants ce sont eux les plus dangereux : ils savent parfaitement où et comment porter des coups douloureux. Quant aux CRS, jusqu'à vendredi, leur rôle avait été plus réduit : c'est qu'ils sont un peu lourds. Or, d'un côté comme de l'autre, la mobilité est capitale. Ainsi les gardiens de la paix, avec leur équipement encombrant, ne peuvent pas charger sur plus de cinquante mètres.

Lorsque les deux groupes sont face à face en terrain découvert, ce qui, pratiquement, a toujours été le cas avant la nuit du 10 au 11 mai, l'arrière du cortège commence à dépaver les rues. Là encore, il s'agit d'une technique simple et nouvelle. L'outil, on le trouve sur place : c'est le plus souvent, un morceau de grille d'arbre. Lorsque les pavés sont descellés, on fait la chaîne pour les faire passer à l'avant de la manifestation. L'utilisation du pavé est une nouveauté et se révèle très efficace : d'abord parce qu'il peut causer des blessures graves, ensuite parce que les policiers peuvent difficilement s'en protéger puisqu'ils n'ont ni le droit ni, lorsqu'ils sont adossés à leurs cars, la possibilité de reculer.

La riposte des policiers est aussi simple. Ils lancent à la main une première volée de grenades lacrymogènes, pour former un écran sur toute la largeur de la rue. Une seconde volée est envoyée, une dizaine de mètres plus loin, au lance-grenades, pour séparer l'avant de la manifestation du gros du cortège. Pendant ce temps, les étudiants ont pu lancer plusieurs salves de pavés.

C'est en général à ce moment que démarre la première charge. L'attaque des ailes est, en principe, réservée aux sections spéciales qui ont pour mission de briser le front. C'est là qu'ont lieu, en général, les matraquages les plus aveugles et les plus violents.

Dans la nuit du 10 au 11, les consignes des policiers étaient différentes : ils devaient, dans la mesure du possible, éviter le corps-à-corps et préférer l'action lente à l'action rapide. C'est pour cette raison que les CRS, qui constituaient ce soir-là le gros des forces d'assaut (on en avait fait venir 10 000 de la province), ont fait tomber sur les étudiants, retranchés derrière leurs barricades, une véritable pluie de grenades : plus de 5 000 en trois heures.

Après cette « préparation d'artillerie », il restait à nettoyer le terrain. Cela n'a pas été facile. Certaines barricades ont tenu très longtemps. Une arme ou plutôt un outil a manqué aux policiers : le bulldozer. M. Grimaud en a cherché en vain pendant la nuit de vendredi à samedi. Mais, samedi après-midi, trois énormes Scrappers jaunes étaient alignés à côté des cars des gendarmes mobiles, devant le Panthéon.

On comprend le rôle que les bulldozers de M. Grimaud auraient pu jouer le vendredi soir. On comprend aussi pourquoi l'assaut a été si dur *.

Le lendemain, avec les premières images, arrivent les premières réactions. De nombreux blessés, les voitures brûlées, le sang sur la chaussée alimentent un courant de réprobation scandalisée de l'opinion publique, choquée que la police matraque sa jeunesse, ses enfants parfois. Le thème de la répression policière unit les centrales syndicales, qui décident alors d'avancer une manifestation unitaire prévue pour le 14 mai au lundi 13 mai : une date anniversaire du gaullisme que la CGT, la CFDT, la FEN, l'UNEF, la CGC et FO se promettent de fêter à leur manière, par une ample action de protestation [2].

---

* René Backmann, « Les techniques des manifestations », *Le Nouvel Observateur*, 15 mai 1968.

Toute l'opinion est bouleversée par la répression policière sauvage qui s'est abattue sur les étudiants et les universitaires au quartier Latin. Cette répression a provoqué une vive indignation contre le régime. Les organisations syndicales CFDT, CGT, FEN, CGT-FO et CGC ont proclamé la grève générale de vingt-quatre heures pour le lundi 13 mai 1968. L'UNEF, l'UGE et le SNESup poursuivent leur grève.

C'est l'action déterminée des étudiants et des enseignants du supérieur, puis l'ordre de grève générale et l'émotion exprimée par une grande partie de l'opinion et des groupements qui ont contraint le pouvoir à reculer. Au nom de la solidarité qui unit les étudiants, les enseignants et l'ensemble des travailleurs contre la répression policière, pour l'amnistie des manifestants condamnés et la renonciation à toute poursuite judiciaire, administrative ou universitaire, pour les libertés syndicales et politiques et pour l'aboutissement de leurs aspirations communes : réforme démocratique de l'enseignement au service des travailleurs, plein-emploi, transformation du système économique par et pour le peuple, les organisations syndicales de la région parisienne UNEF, UGE, SNESup, FEN et CFDT appellent les étudiants, les enseignants, les travailleurs, toute la population, à manifester en masse lundi 13 mai 1968, dans l'après-midi, de la place de la République à la place Denfert-Rochereau *.

* Appel intersyndical à la grève du 13 mai, communiqué du 11 mai au matin, cité dans *Le Monde*, 15 mai 1968.

En province aussi, on s'indigne de la « boucherie ». À Marseille, un tract du 11 mai, émanant de l'UNEF et du SNESup, reprend un slogan qui commence à faire florès : CRS = SS. Emblème du mouvement de mai-juin 1968, il n'a pas été inventé par lui : la première occurrence date des grandes grèves de l'automne 1947 au cours desquelles certains mineurs cégétistes, anciens résistants, utilisèrent spontanément la référence à la répression la plus inique de leur expérience récente, celle des nazis. La rime fait le reste. On l'entend de nouveau pendant les manifestations contre la guerre d'Algérie, autre moment-clé de la mémoire militante de l'UNEF, remobilisée ici par la référence à Charonne [3].

CRS = SS
Nouveau Charonne à Paris

Cette nuit, alors que le recteur Roche recevait une délégation d'étudiants et d'enseignants, pour tenter de négocier les conditions d'un retour au calme, 50 000 manifestants étudiants, instituteurs, lycéens et travailleurs occupaient le quartier Latin.

Jusqu'à 2 h 15, la manifestation s'était déroulée sans aucun incident. C'est à 2 h 17, avant même la fin des négociations, que le pouvoir a décidé de « nettoyer » le quartier Latin.

Ce fut alors une attaque généralisée, délibérée de la police :

– des milliers de blessés, dont une dizaine dans un état désespéré,

– les secouristes systématiquement attaqués par la police,

– les blessés restant des heures entières sans soins : la police en interdisant l'évacuation.

Ces méthodes relèvent de la répression de la guerre civile.

La population parisienne a déjà montré qu'elle était du côté des étudiants.

Les professeurs Schwartz et Cartan démissionnent de l'Université française.

Travailleurs, étudiants, enseignants, lycéens

manifestons tous notre solidarité contre le massacre des manifestants parisiens.

À partir de 12 heures

Tous à la Canebière devant l'AGEM

N'écoutez pas les mensonges de la radio du pouvoir

SNESup, UNEF (Marseille, 11 mai *).

Pendant et après cette nuit stupéfiante, les rumeurs les plus folles vont parcourir tout le quartier assiégé : de nombreux morts, des mains arrachées, des femmes enceintes tabassées. La fumée, les explosions, les gaz réenclenchent chez les adultes un imaginaire de la guerre qu'ils ont connue. Face aux grenades lacrymogènes, que faire ? Conseils à usage des combattants :

---

* « CRS = SS. Nouveau Charonne à Paris », tract du 11 mai, Marseille, cité dans le *Journal de la Commune étudiante*, *op. cit.*, p. 230-231.

### Quelques trucs contre les grenades

Deux types de grenades :

- grenades lacrymogènes peu dangereuses,
- grenades à petits éclats, au soufre, au chlore...

*Rumicine*

• 1 comprimé au début de la manifestation.
• 1 comprimé quand les grenades sont lancées.

*Citron*

• en imbiber un mouchoir,
• en avoir à sucer.

*Bicarbonate*

• autour des yeux,
• à diluer sur un mouchoir.

*Lunettes* de moto ou de haute montagne (fermées sur les côtés) ou masques aquatiques.

*Protections diverses*

• gants et casques (les casquettes rembourrées sont plus à conseiller, en effet les porteurs de casques sont les premiers pourchassés),
• journaux sur le corps,
• couvercle de poubelles comme bouclier,
• chaussures montantes ou baskets.

*Les flics envoient des jets de liquides acides brûlant les poumons et le visage* *.

---

* « Quelques trucs contre les grenades », tract du 7 mai 1968, cité dans *La Sorbonne par elle-même, op. cit.*, p. 63.

Le dimanche 12 mai, le professeur Kahn, appelé à témoigner par l'UNEF, fait le point sur les gaz utilisés par la police. La comparaison avec l'usage d'armes chimiques et biologiques par l'armée américaine au Vietnam dramatise la conférence de presse.

Dans la nuit de vendredi à samedi, différents gaz ont été employés. Il s'agit d'abord des gaz lacrymogènes classiques aux effets suivants constatés sur quantité de malades : brûlures graves de l'œil et de la cornée dont les suites sont jusqu'ici imprévisibles ; cependant certains malades sont toujours atteints de cécité complète.

D'autre part, le nouvel entourage plastique a provoqué de très nombreuses brûlures.

Niés par les autorités, des gaz CN (chloroacétophenol) dans des grenades avec détonateur à cuillère ont provoqué, par explosion, des amputations de membres (*sic*). Ces gaz provoquent des vomissements incoercibles, brûlures des yeux, douleurs thoraciques, état de torpeur et d'anéantissement se prolongeant des dizaines d'heures.

Niés par les autorités, des gaz dits CS ou CB (1,5 % de chlorobene zalmalonitrile, et 37,5 % de perchlorate d'ammonium) : corps très toxiques utilisés en France pour la première fois et par les Américains contre les Noirs et les Vietnamiens (*sic*).

Les experts internationaux du tribunal Russell ont reconnu ces gaz comme mortels à très forte concentration (30 mg par $m^3$) ou du moins provoquant de très graves lésions hépatiques et rénales [...].

C'est pourquoi l'UNEF vous demande de suivre ses mots d'ordre réclamant la démission des principaux responsables de cette répression sauvage : *Fouchet* et *Grimaud* *.

La nuit du 10 mai vue par Jacques Prévert après le communiqué de Maurice Grimaud, félicitant la police pour avoir su garder son sang-froid :

*L'extraordinaire sang-froid*

« Paris a connu une de ses nuits les plus lamentables. »

C'est Monsieur Grimaud préfet de police de cette ville qui le dit.

Comment ne pas le croire ?

Un peu plus loin il précise : « Il a fallu un extraordinaire sang-froid aux membres du service d'ordre et à ses chefs pour que nous n'ayons pas eu des conséquences dramatiques et sanglantes. »

Sanglantes.

Comment ne pas le croire ?

Sans cet extraordinaire sang-froid, le sang aurait coulé et on aurait vu, comme le dit plus loin le préfet, « des choses comme on n'en a encore jamais vues à Paris ».

Comment ne pas le croire ?

On aurait vu alors des CRS SS arracher des blessés des mains des secouristes et ces blessés jetés dans les cars de police et à nouveau blessés et injuriés.

* Professeur Kahn, conférence de presse, 12 mai 1968, cité dans *La Sorbonne par elle-même*, *op. cit.*, p. 91-92.

On aurait vu dans des appartements des grenades éclater des gens jetés en bas du haut des escaliers des cafés envahis par des brutes acharnées, des clients asphyxiés par des gaz de combat inoffensifs défensifs et toxiques.

On aurait constaté des cas de cécité. Fort heureusement partielle auraient dit les communiqués.

On aurait vu une main arrachée et des garçons et des filles abîmés et peut-être à jamais.

Sans cet extraordinaire sang-froid, on aurait vu le sang couler, le sang rouge et chaud, le sang vivant le sang nouveau versé sur la chaussée.

La chaussée déchaussée et les pavés danser *.

Dès le 11 mai se pose une question lancinante, qui ne cessera de se reposer pendant tout le mois de mai et également en juin, dans les moments d'affrontements les plus agressifs : quelle est la marge de manœuvre de la police dans une société officiellement démocratique ? Jusqu'où peut-elle aller pour maintenir l'ordre ? La police française, à Paris et en province, s'est-elle mal comportée ou non ? Du côté des forces de l'ordre, la police urbaine (54 900 personnes) se voit renforcée par les gendarmes mobiles (16 000 hommes) et par les CRS, compagnies républicaines de sécurité fondées en 1945 par le ministre socialiste Adrien Tixier et formées au départ d'effectifs liés aux forces

* Jacques Prévert, « L'extraordinaire sang-froid », *L'Enragé*, n° 1, comité d'action, 8 rue de Nesles.

de la Résistance. En 1968, le recrutement de ces spécialistes du maintien de l'ordre a évolué, mais la récurrence des « CRS-SS » leur écorche les oreilles, comme leur syndicat le fait savoir.

> Par la voix de leur syndicat, les officiers des compagnies républicaines de sécurité protestent contre l'usage abusif du sigle CRS utilisé, de bonne ou de mauvaise foi, depuis le début des manifestations d'étudiants pour désigner tout membre des forces de police participant au rétablissement de l'ordre. En particulier, ils ne peuvent accepter qu'eux-mêmes et les fonctionnaires qu'ils commandent soient systématiquement déconsidérés par le récit d'exactions qu'ils n'ont pas commises. Si les interventions de leurs unités ont été certes énergiques lorsqu'il s'est agi de disperser des attroupements agressifs ou d'enlever des barricades, elles se sont exercées cependant sans passion, avec discipline et dans la plus grande légalité *.

À l'automne 1968, un *Livre noir de la répression* sera publié [4], mais le dossier des irrégularités de la police se constitue au fur et à mesure des événements par la publication, presque quotidienne dans les journaux, de témoignages évoquant des scènes de violence gratuite, des interpellations, des familiarités injustifiées, le racisme, la germanophobie, la haine du Rouge, des

* Communiqué du syndicat des officiers de CRS, cité dans Philippe Labro *et al.*, *« Ce n'est qu'un début… »*, Paris, Éditions et publications premières, 1968, p. 106-107.

tabassages dans les commissariats, notamment au Centre Beaujon, ancien hôpital reconverti en « centre de triage » des manifestants arrêtés.

On comprendra que nous préservions l'anonymat de la jeune femme dont nous publions ici le témoignage. Neuf metteurs en scène français qui la connaissent bien – Jacques Baratier, Claude Chabrol, Jacques Doniol-Vakroze, Robert Enrico, Pierre Kast, Louis Malle, Paul Paviot, Jean-Daniel Pollet et Jacques Rozier – déclarent qu'il s'agit d'une personne « dont l'honorabilité, le sang-froid et la respectabilité sont au-delà de toute mise en question ».

Les « états généraux du cinéma », qui viennent de se tenir à Suresnes, possèdent les références de ce témoignage et en garantissent l'authenticité.

J'ai été arrêtée par des CRS le vendredi 24 mai à minuit. J'étais à bord d'une voiture croix bleue. J'aidais une infirmière à évacuer des blessés dans les hôpitaux. J'étais donc infirmière bénévole.

Nous avons été amenées au poste de police de la rue de Grenelle. Là on nous a mises dans une cage grillagée. Nous avons attendu quatre heures. De temps en temps les CRS apportaient des blessés qu'ils rouaient de coups. Puis un car nous a emmenées à Beaujon. Le gendarme qui était dans le car nous conseilla de descendre vite une fois arrivées et de mettre les mains sur la tête.

Beaujon : c'est un centre de triage. Nous descendons du car, matraquage, puis entre deux rangées de CRS j'arrive dans un stade, entouré de barbelés. J'attends debout sous la pluie. De temps en temps des cars de CRS déversent hommes et femmes matraqués, gazés, ayant des blessures très graves à la tête, des bras cassés, etc. Les Chinois ou Vietnamiens et les Noirs sont particulièrement traités avec une grande violence. Puis on nous fait passer dans des salles, une à une, un à un. Un CRS m'interpelle : « Bouclette, viens ici que je te rase. » Matraquage. Un gradé intervient, mais la jeune fille qui est avant moi a les cheveux coupés dans tous les sens. Puis je suis parquée dans une cellule de 2,50 m sur 6. Au bout de cinq heures, nous sommes quatre-vingts. Nous pouvons seulement nous tenir debout. Depuis la grille, je peux voir la cour : un jeune homme passe à moitié nu, il a les jambes lacérées de coups de matraque, il saigne, il se tient le bas ventre, il urine partout. Un policier se vante de ce qui lui est arrivé. J'apprends par une jeune femme qui était avec lui que les CRS l'ont matraqué jusqu'à l'évanouissement, puis qu'ils l'ont déshabillé en lui matraquant le sexe jusqu'à ce que ses chairs éclatent.

Des jeunes filles arrivent, parmi elles, une jeune lycéenne de 16 ans nous raconte qu'elle s'est fait arrêter à Saint-Michel par des CRS. Ils l'ont conduite dans leur car, et là, à quatre ils l'ont violée, elle me dit qu'elle s'est laissé faire sinon ils l'auraient matraquée et tondue. Ses vêtements sont déchirés, elle est tuméfiée.

Une autre crie car elle a un doigt cassé, elle devra attendre dix-huit heures dans cette cellule avant d'être soignée dans un hôpital, puis ramenée dans la cellule.

De nouveau des arrivages. Tous sont matraqués violemment à leur arrivée, beaucoup ont de graves blessures à la tête et saignent et boitent. Vers douze heures, nous avons droit à un bout de pain et de jambon et un peu d'eau sale. Les CRS qui se relayent pour nous garder nous humilient.

D'autres jeunes filles arrivent, elles sont tuméfiées, elles sont restées enfermées quatre heures dans des cars, les CRS jetant à l'intérieur des cars des grenades lacrymogènes pour les asphyxier. Dans la cellule, une femme enceinte a été matraquée. Au bout de vingt-cinq heures nous avons des crises de nerfs, je fais partie de celles-là. On nous libère et on nous matraque à la sortie. Dans le camp barbelé, il y a encore de nombreux arrêtés qui sont là depuis vingt-cinq heures. Je ne sais pas quand ceux-là vont sortir *.

Qu'en est-il vraiment ? Il est certain que de nombreux excès de la police ont eu lieu, comme le constate simplement cette lettre du préfet Maurice Grimaud, envoyée le 29 mai 1968, à tous les fonctionnaires de la préfecture de police, soit 25 000 personnes, à leur domicile. Initiative que l'on peut juger courageuse de la part d'un préfet qui n'avertit ni sa hiérarchie ni personne pour faire comprendre à ses hommes que certaines actions n'étaient tout bonnement pas tolérables.

Je m'adresse aujourd'hui à toute la Maison : aux gardiens comme aux gradés, aux officiers comme aux patrons, et je veux leur parler d'un sujet que nous n'avons pas le droit de passer sous silence : c'est celui des excès dans l'emploi de la force.

---

* « Un témoignage », *Le Nouvel Observateur*, 20 mai 1968.

Si nous ne nous expliquons pas très clairement et très franchement sur ce point, nous gagnerons peut-être la bataille dans la rue, mais nous perdrons quelque chose de beaucoup plus précieux et à quoi vous tenez comme moi : c'est notre réputation.

Je sais, pour en avoir parlé avec beaucoup d'entre vous, que, dans votre immense majorité, vous condamnez certaines méthodes. Je sais aussi, et vous le savez avec moi, que des faits se sont produits que personne ne peut accepter.

Bien entendu, il est déplorable que, trop souvent, la presse fasse le procès de la police en citant des faits séparés de leur contexte et ne dise pas, dans le même temps, tout ce que la même police a subi d'outrages et de coups en gardant son calme et en faisant simplement son devoir.

Je suis allé toutes les fois que je l'ai pu au chevet de nos blessés, et c'est en témoin que je pourrais dire la sauvagerie de certaines agressions, qui vont du pavé lancé de plein fouet sur une troupe immobile jusqu'au jet de produits chimiques destinés à aveugler ou à brûler gravement.

Tout cela est tristement vrai et chacun de nous en a eu connaissance.

C'est pour cela que je comprends que lorsque des hommes ainsi assaillis pendant de longs moments reçoivent l'ordre de dégager la rue, leur action soit souvent violente. Mais là où nous devons bien être tous d'accord, c'est que, passé le choc inévitable du contact avec des manifestants agressifs qu'il s'agit de repousser, les hommes d'ordre que vous êtes doivent aussitôt reprendre toute leur maîtrise.

Frapper un manifestant à terre, c'est se frapper soi-même en apparaissant sous un jour qui atteint toute la fonction policière. Il est encore plus grave de frapper des manifestants après arrestation et lorsqu'ils sont conduits dans des locaux de police pour y être interrogés.

Je sais que ce que je dis là sera mal interprété par certains, mais je sais que j'ai raison et qu'au fond de vous-mêmes vous le reconnaissez.

Si je parle ainsi, c'est parce que je suis solidaire de vous. Je l'ai dit et je le répéterai : tout ce que fait la police parisienne me concerne et je ne me séparerai pas d'elle dans les responsabilités. C'est pour cela qu'il faut que nous soyons également tous solidaires dans l'application des directives que je rappelle aujourd'hui et dont dépend, j'en suis convaincu, l'avenir de la préfecture de police.

Dites-vous bien et répétez-le autour de vous : toutes les fois qu'une violence illégitime est commise contre un manifestant, ce sont des dizaines de ses camarades qui souhaitent le venger. Cette escalade n'a pas de limites.

Dites-vous aussi que lorsque vous donnez preuve de votre sang-froid et de notre courage, ceux qui sont en face de vous sont obligés de vous admirer même s'ils ne le disent pas.

Nous nous souviendrons, pour terminer, qu'être policier n'est pas un métier comme les autres ; quand on l'a choisi, on en a accepté les dures exigences mais aussi la grandeur.

Je sais les épreuves que connaissent beaucoup d'entre vous. Je sais votre amertume devant les réflexions désobligeantes ou les brimades qui s'adressent à vous ou à votre famille, mais la seule façon de redresser cet état d'esprit déplorable d'une partie de la population, c'est de vous montrer constamment sous votre vrai visage et de faire une guerre impitoyable à tous ceux, heureusement très peu nombreux, qui par leurs actes inconsidérés accréditeraient précisément cette image déplaisante que l'on cherche à donner de vous.

Je vous redis toute ma confiance et toute mon admiration pour vous avoir vus à l'œuvre pendant vingt-cinq journées exceptionnelles, et je sais que les hommes de cœur que vous êtes me soutiendront totalement dans ce que j'entreprends et qui n'a d'autre but que de défendre la police dans son honneur et devant la nation *.

Le samedi 11 mai, enfin revenu de son voyage en Iran et en Afghanistan, le Premier ministre Georges Pompidou fait une allocution télévisée à 23 h 15.

Durant le voyage officiel organisé par les gouvernements d'Iran et d'Afghanistan, et qui a révélé l'immense prestige intellectuel, politique et moral dont jouit la France actuelle dans ces pays lointains, je n'ai cessé de suivre avec une grande tristesse le développement du malaise universitaire, des manifestations auxquelles il a donné lieu et qui ont, trop souvent, dégénéré, contraignant le gouvernement, comme c'est son devoir, à rétablir l'ordre.

---

* Lettre de M. Grimaud aux agents de la préfecture de police, 29 mai 1968, citée en annexe dans Maurice Grimaud, *En mai, fais ce qu'il te plaît*, *op. cit.*, p. 341-343.

Aussi, dès mon retour, il y a à peine trois heures, j'ai réuni les ministres compétents, puis, après avoir conféré avec le président de la République, et avec son accord, j'ai décidé que la Sorbonne serait librement réouverte à partir de lundi, les cours reprenant à la diligence du recteur et des doyens.

Des mesures seront prises pour que les candidats aux examens n'aient pas à souffrir des retards pris dans leur travail.

À partir de lundi également, la cour d'appel pourra, conformément à la loi, statuer sur les demandes de libération présentées par les étudiants condamnés.

Ces décisions sont inspirées par une profonde sympathie pour les étudiants et par la confiance dans leur bon sens.

En rendant la Sorbonne à sa destination, nous la rendons aussi à sa vocation, qui est l'étude dans la discipline librement consentie et, il le faut, dans la concertation pour la rénovation de notre Université.

Cette rénovation, le gouvernement et moi-même n'avons cessé de la proclamer indispensable. Nous l'avons déjà entreprise et nous la poursuivrons en collaboration avec tous les intéressés, maîtres et étudiants.

Je demande à tous, et en particulier aux responsables des organisations représentatives d'étudiants, de rejeter les provocations de quelques agitateurs professionnels et de coopérer à un apaisement rapide et total. Cet apaisement, j'y suis pour ma part prêt.

Puisse chacun entendre mon appel ! *

---

* Allocution télévisée de Georges Pompidou, « Je demande à tous de coopérer à l'apaisement », samedi 11 mai 1968, 23 h 15.

Les réactions au discours de Georges Pompidou sont diverses, mais, à côté d'un certain soulagement, c'est la perplexité qui prime : le Premier ministre vient de lâcher en quelques minutes tout ce qui a été refusé aux étudiants la veille au soir. Il montre aussi, jusqu'à l'absurde, la profonde subordination du Parquet. En attendant, ce sont les policiers qui se sentent complètement désavoués et le font savoir.

> Face aux événements dont la capitale est le théâtre depuis plus de dix jours, l'Union interfédérale des syndicats de police (SGP, SNPT, SNIP), qui groupe 80 % des personnels en uniforme, s'est abstenue de tout communiqué afin de ne pas aggraver la passion ayant entouré ces manifestations.
>
> Elle rappelle que l'occupation de la Sorbonne par les forces de police a été faite sur la demande expresse du recteur et sur ordre du gouvernement et dégage ainsi la responsabilité des forces de l'ordre sur cette occupation qui semble être à l'origine des événements.
>
> Elle affirme que les policiers engagés ont agi sans haine à l'égard des manifestants, la violence des engagements étant rendue inévitable par le processus engagé et les conditions dans lesquelles ces manifestations se sont déroulées.
>
> Elle souligne que les membres du service d'ordre n'ont fait qu'exécuter les instructions reçues de l'autorité légitime, ceci avec patience et pondération, malgré les incessantes attaques qu'ils ont eu à supporter [...].
>
> *Elle considère la déclaration du Premier ministre comme une reconnaissance du bon droit des étudiants et*

*comme un désaveu absolu de l'action des forces de police que le gouvernement a ordonnée.*

Elle s'étonne, dans ces conditions, qu'un dialogue efficace avec les étudiants n'ait pas été recherché avant que s'engagent ces regrettables affrontements *.

Pas de commentaire officiel d'autres organisations syndicales qui, après un certain flottement, notamment à la CFDT, décident de maintenir le mot d'ordre de manifestation pour le lundi 13 mai.

## *Logiques de désectorisation et mouvement des occupations*

Avec la grande manifestation du 13 mai 1968, on entre dans une autre phase du mouvement qui va désormais s'étendre très rapidement à toute la société française, avec une fluidité inimaginable quelques mois plus tôt. Les acteurs syndicaux entrent en lice, dans une apparente unité, malgré une préparation laborieuse le dimanche tant la culture syndicale des centrales ouvrières diffère de celle des étudiants de l'UNEF. Les politiques sont silencieux, à l'image du président de la République qui n'a pas encore dit un mot. Et, si l'on identifie dans le flot des centaines de milliers de manifestants parisiens quelques figures connues, c'est à titre

* Communiqué de l'Union fédérale des syndicats de police, 13 mai 1968, cité dans Philippe Labro *et al.*, *« Ce n'est qu'un début… »*, *op. cit.*, p. 100-101.

personnel qu'elles défilent. À Paris et en province, quelque 450 meetings et manifestations rassemblent environ 450 000 personnes au total, selon la police [5]. De nombreux incidents marquent la dispersion des défilés en province, notamment au Mans. Le débrayage est important dans le Nord dès le 13 mai, contrasté dans l'Ouest et relativement atone dans le Sud et l'Est. Au total, la grève est tout de même un succès et Georges Séguy peut se réjouir de la visibilité acquise par sa confédération en son fief parisien.

> Depuis quelque temps, s'était instaurée une sorte d'émulation entre la CGT et la CFDT. C'était à qui ferait le mieux apparaître le sigle de son organisation dans les manifestations communes.
>
> Quand les responsables de la CFDT voient apparaître, place de la République, les trois immenses lettres d'or : CGT sur fond rouge, ils en restent sidérés ! Chacun doit admettre qu'il est difficile de faire plus grand. Ce succès complété par l'apparition, en nombre impressionnant, des chapeaux de papier de la *Vie ouvrière*, fort appréciés par cette journée ensoleillée, est un excellent stimulant pour nos camarades du service d'ordre qui ont fort à faire aujourd'hui.
>
> Avant le départ du cortège, deux nouveaux problèmes surgissent ; les étudiants venant de la gare de l'Est ne parviennent pas à rallier la tête de la manifestation ; la densité de la foule et l'attitude arrogante de certains d'entre eux qui marchent sous les drapeaux noirs ne facilitent pas les choses.

C'est encore le service d'ordre de la CGT qui ouvre le passage aux étudiants.

Les trois représentants de l'UNEF prévus ont triplé et, à notre surprise, ils comprennent l'anarchiste Cohn-Bendit, vedette du « Mouvement du 22 mars » né à la faculté de Nanterre et qui se trouve flatté par le surnom de leader des enragés.

Cet individu n'est pas responsable de l'UNEF. Sauvageot à qui je le fais remarquer répond que l'UNEF est libre de désigner ses représentants comme bon lui semble. Je me tourne alors vers Descamps et Marangé. Ils ne voient pas d'inconvénients à la présence de Cohn-Bendit en tête du cortège.

Afin d'éviter de nouveaux incidents, nous en restons là et Cohn-Bendit défile, goguenard, en tant que représentant de l'UNEF [...].

L'*Internationale* retentit, puissante, à chaque carrefour. Au début, nombre d'étudiants ou d'adhérents CFDT ont du mal à suivre ; ils chantent l'*Internationale* pour la première fois et n'en connaissent pas bien les paroles. Arrivés à Denfert-Rochereau, ils l'ont apprise par cœur.

Entre deux *Internationale*, un mot d'ordre issu de la finesse politique des ouvriers parisiens prédomine : « Dix ans, ça suffit ! » en ce jour anniversaire d'un autre 13 mai... Ce mot d'ordre ne pouvait manquer d'avoir une profonde résonance.

Nous savons que les groupuscules gauchistes neutralisés par notre fermeté ont imaginé d'entraîner le maximum de manifestants au Champ-de-Mars après la dislocation ; ils font circuler, sous le manteau, l'idée d'une marche sur l'Assemblée nationale.

> Nous arrivons place Denfert-Rochereau. La dispersion s'effectue sans problème. Les appels de quelques gauchistes pour rabattre les manifestants vers le Champ-de-Mars se perdent dans l'indifférence générale.
>
> Le groupe de tête se sépare. Je serre la main à Descamps, à Marangé et à Sauvageot. Cohn-Bendit s'approche, je l'ignore. Il aura droit, à son grand dépit, à la poignée de main de la CFDT et de la FEN, pas à celle de la CGT *.

À Paris, les services d'ordre, notamment celui de la CGT, ont bien tenu un énorme cortège qui s'éparpille de la République (gare de l'Est pour les étudiants) à Denfert-Rochereau. En tête, une banderole unique : « Étudiants, enseignants, travailleurs solidaires », et divers slogans dont les premiers « Dix ans de gaullisme, ça suffit ».

À partir du 13 mai, une vague de grèves sans précédent, avec occupation des lieux de travail ou d'enseignement, gagne tout le pays. Cela commence dès le soir du 13 mai, alors que la dispersion de la manifestation en laisse certains insatisfaits. Soudainement, sans que cette initiative semble avoir été annoncée ou méditée par qui que ce soit, dans le feu de l'action et de l'émotion, la Sorbonne, tout juste rouverte, est réinvestie par des groupes d'étudiants décidés à en finir avec la présence policière sur « leur » territoire.

---

* La manifestation du 13 mai 1968, selon Georges Séguy, extraits de Georges Séguy, *Le Mai de la CGT, op. cit.*, p. 27-29.

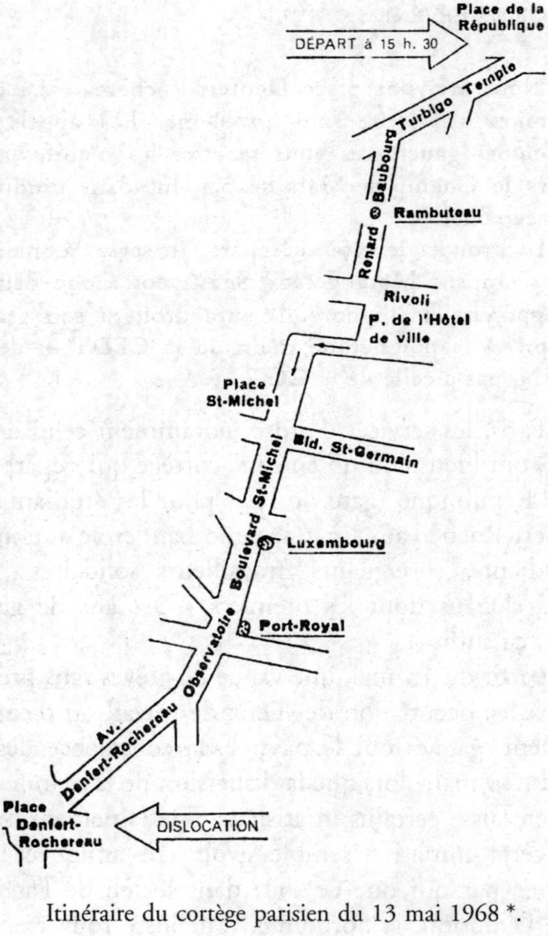


Itinéraire du cortège parisien du 13 mai 1968 *.

* Reproduit dans le *Journal de la Commune étudiante*, *op. cit.*, p. 245.

« Le quartier Latin aux étudiants ! », ce slogan lancé depuis la fermeture de la Sorbonne s'est brusquement concrétisé lundi soir. Après l'avoir complètement investie, les étudiants l'ont « ouverte » à la population, appelant les « ouvriers et les travailleurs » à venir discuter avec eux « des problèmes de l'Université ». Ce fut une extraordinaire nuit de liberté exaltée, de discussions fiévreuses pour « changer la société ». D'un coup, l'ordre paraissait avoir disparu. Tandis que des groupes déambulaient, discutant sur la chaussée du boulevard Saint-Michel, des étudiants faisaient eux-mêmes la police en détournant les voitures.

Dans la nuit chaude, des milliers de personnes allaient à la Sorbonne. Beaucoup d'entre elles pénétraient pour la première fois de leur vie dans ce temple de la culture.

Dans la cour, de petits groupes assis sur les dalles discutaient paisiblement tandis qu'un orchestre de jazz rythmait le brouhaha. Victor Hugo et Pasteur, effigies solennelles haut situées sur leur socle, portaient dans leurs bras des drapeaux rouges.

À l'intérieur, on aurait dit les assemblées révolutionnaires vues par Abel Gance. Dans des amphithéâtres combles régnait la « liberté d'expression », nouveau droit chèrement conquis sur les barricades de vendredi. On s'enivrait de paroles enthousiastes *.

* Bertrand Girod de l'Ain, « Nuit de la Liberté à la Sorbonne », *Le Monde*, 15 mai 1968.

Le lendemain soir, alors que les journaux ont chroniqué la conquête de la Sorbonne, c'est la « prise de l'Odéon », qui s'effectue là aussi dans une certaine confusion, en tout cas en dehors de toute consigne de l'UNEF, par des groupes d'artistes liés à la faculté de Censier, les milieux professionnels du spectacle ignorant tout de l'opération. La prise de l'Odéon apparaît rapidement comme une sorte d'exploit guerrier et Jean-Louis Barrault, le maître des lieux, a beau déclarer sa solidarité totale avec les jeunes, il n'obtient pas de pouvoir maintenir la programmation pour les jours suivants. L'Odéon est désormais une brèche, une agora au cœur du quartier Latin et il le restera jusqu'à l'évacuation mi-juin.

> L'occupation du quartier Latin s'étend hors des facultés. À 22 h 45, à l'issue de la représentation des ballets américains Paul Taylor, donnée dans le cycle du Théâtre des nations, l'Odéon-Théâtre de France a été envahi par un millier de manifestants porteurs de banderoles, qui proclamaient : « L'Odéon aux ouvriers ! »
>
> L'investissement du théâtre s'est fait pacifiquement et sans incident, la colonne montante des occupants croisant alors sur les marches du théâtre celles des spectateurs. En moins d'un quart d'heure, le parterre, les balcons et la scène allaient se trouver submergés par des cohortes bruyantes parmi lesquelles on reconnaissait des élèves d'écoles d'art dramatique, des étudiants, ainsi que beaucoup de badauds auxquels s'étaient joints d'authentiques « hippies » du quartier.

Cette opération, menée par des éléments gravitant dans les milieux du théâtre et par une cinquantaine d'étudiants appartenant au « groupe d'action culturelle » rattaché au « Mouvement du 22 mars », s'est faite sans l'accord de l'UNEF et du SNESup et sans que l'assemblée générale permanente de la Sorbonne ait été consultée.

Lorsque la nouvelle fut connue dans les « amphis » de la Sorbonne, de nombreux étudiants se mirent à scander : « Pourquoi ? Pourquoi ? »

Peu après minuit, Jean-Louis Barrault, qui avait quitté le théâtre à 22 h 30, est prévenu par téléphone et regagne l'Odéon. Quelque peu chahuté par l'assistance, il déclare notamment : « Je comprends vos aspirations » et ajoute que l'Odéon-Théâtre de France est aussi un théâtre international où se produisent actuellement des artistes venus de divers pays. Il souhaite que l'on laisse ces artistes s'exprimer librement et souligne que la recette leur est réservée pour régler leurs frais de voyage.

Madeleine Renaud intervient à son tour et rappelle à l'assistance que l'Odéon a joué Genet, Ionesco et Beckett. « Notre théâtre n'est pas un théâtre bourgeois, ajoute-t-elle. Vous feriez mieux de prendre d'assaut d'autres théâtres... »

Tandis que les meneurs du mouvement – parmi lesquels on remarquait Julian Beck et Judith Malina, du Living Theatre, J.-J. Lebel, spécialiste des « happenings » – se réunissaient au foyer des acteurs, quelques altercations éclataient, des comédiens exprimant leur colère de n'avoir pas été mis au courant du projet d'occupation de ce qu'ils considèrent comme leur « lieu de travail » et s'interrogeant sur la représentativité de ceux qui ont entrepris l'opération *.

La presse fait les gros titres sur ces deux conquêtes symboliques, qui sont de toute évidence les signes d'une nouvelle forme de lutte, dont la proximité et la centralité géographique font du quartier Latin une sorte de République insurgée. Mais d'autres événements surviennent au même moment, bien qu'ils n'apparaissent encore qu'en petits caractères dans la presse nationale : c'est tout d'abord, le mardi 14 mai, le vote de la grève à l'usine Sud-Aviation de Bouguenais (dans la banlieue nantaise) qui donne lieu à l'occupation de l'usine avec séquestration du patron ; le 15 mai, c'est l'usine Renault de Cléon (Seine-Maritime) qui débraye ainsi que l'usine Lockeed de Beauvais. D'après l'historien Xavier Vigna, le débrayage correspond toujours à la jonction de contentieux anciens avec la direction et de l'émulation créée chez les ouvriers, particulièrement chez les jeunes, par le mouvement général [6]. C'est au moment précis où le mouvement gagne les usines que Georges Pompidou choisit de prendre la parole à la tribune de l'Assemblée nationale, le 14 mai 1968. Dans un discours éminemment stratégique – il s'agit de resserrer la majorité autour de lui –, le Premier ministre oscille entre la vision conspirationniste et la légèreté, la dérision, pour

* « L'Odéon occupé », *Le Monde*, 17 mai 1968.

terminer en élargissant sur le thème de la crise de civilisation, repris par André Malraux dans son discours du 20 juin[7].

Mesdames et Messieurs,

Paris vient de vivre des journées graves. Si sérieuses que le président de la République s'est longuement interrogé sur la possibilité de tenir ses engagements en partant en visite officielle pour la Roumanie. Après réflexion, il a jugé que les devoirs d'État et la situation internationale de la France l'exigeaient [...].

L'origine immédiate de ces événements se trouve dans la situation créée depuis plusieurs mois à la faculté de Nanterre par un groupe – peu nombreux mais très agissant – d'étudiants érigeant en doctrine l'action directe et la violence. Sans doute se croient-ils novateurs, et cela n'est pas nouveau. Mais, s'il n'est pas étonnant qu'un certain nombre de jeunes gens se proclament en désaccord avec la société, il n'est pas admissible qu'ils prétendent faire la loi dans la société qu'ils renient [...].

Les dirigeants des organisations représentatives d'étudiants, et de l'UNEF en particulier, ont cherché, au plus fort de cette crise, à écarter les provocations des extrémistes. C'est donc aussi grâce à eux que nous pouvons aujourd'hui faire de ces nuits d'émeute un bilan qui ne soit pas trop lourd. Mais il n'y avait pas là que les étudiants de l'UNEF. Il y avait aussi ces anarchistes dont je parlais tout à l'heure et qui ne sauraient s'étonner que la société et l'État qu'ils prétendent détruire cherchent à se défendre.

Il y avait encore – et ceci est plus grave – des individus déterminés, munis de moyens financiers importants, d'un matériel adapté aux combats de rue, dépendant à l'évidence d'une organisation internationale et dont je ne crois pas m'aventurer en pensant qu'elle vise, non seulement à créer la subversion dans les pays occidentaux, mais à troubler Paris au moment même où notre capitale est devenue le rendez-vous de la paix en Extrême-Orient. Nous aurons à nous préoccuper de cette organisation, pour veiller à ce qu'elle ne puisse nuire à la Nation et à la République [...].

Mesdames et Messieurs, rien ne serait plus illusoire que de croire que les événements que nous venons de vivre constituent une flambée sans lendemain. Rien ne serait plus illusoire également que de croire qu'une solution valable et durable puisse naître du désordre et de la précipitation. La route est longue et difficile. Il ne sera pas trop de la collaboration de tous pour atteindre le but. Le gouvernement, pour sa part, est prêt à recueillir les avis, à étudier les suggestions, à en tirer les conséquences pour ses décisions. Mais il demande qu'on veuille bien mesurer les difficultés de la tâche.

C'est qu'il ne s'agit pas simplement de réformer l'Université. À travers les étudiants, c'est le problème même de la jeunesse qui est posé, de sa place dans la société, de ses obligations et de ses droits, de son équilibre moral même. Traditionnellement, la jeunesse était vouée à la discipline et à l'effort, au nom d'un idéal, d'une conception morale en tout cas.

La discipline a en grande partie disparu. L'intrusion de la radio et de la télévision a mis les jeunes dès l'enfance au contact de la vie extérieure. L'évolution des mœurs a transformé les rapports entre parents et enfants comme entre maîtres et élèves. Les progrès de la technique et du niveau de vie ont, pour beaucoup, supprimé le sens de l'effort. Quoi d'étonnant enfin si le besoin de l'homme de croire à quelque chose, d'avoir solidement ancrés en soi quelques principes fondamentaux, se trouve contrarié par la remise en cause constante de tout ce sur quoi l'humanité s'est appuyée pendant des siècles : la famille est souvent dissoute, ou relâchée, la patrie discutée, souvent niée, Dieu est mort pour beaucoup et l'Église elle-même s'interroge sur les voies à suivre et bouleverse ses traditions.

Dans ces conditions, la jeunesse, non pas tant peut-être la jeunesse ouvrière ou paysanne qui connaît le prix du pain et la rude nécessité de l'effort, mais qui est plus inquiète que d'autres aussi pour son avenir professionnel, la jeunesse universitaire en tout cas, se trouve désemparée. Les meilleurs s'interrogent, cherchent, s'angoissent, réclament un but et des responsabilités. D'autres, et qui ne sont pas toujours les pires, se tournent vers la négation, le refus total et le goût de détruire.

Détruire quoi ? Ce qu'ils ont sous la main d'abord, et, pour les étudiants, c'est l'Université. Et puis la société, non pas la société capitaliste comme le croit M. Juquin (qu'il demande donc l'avis des étudiants de Varsovie, de Prague ou même de Moscou), mais la société tout court, la société moderne, matérialiste et sans âme.

Je ne vois de précédent dans notre histoire qu'en cette période désespérée que fut le XV$^{e}$ siècle, où

> s'effondraient les structures du Moyen Âge et où, déjà, les étudiants se révoltaient en Sorbonne.
>
> À ce stade, ce n'est plus, croyez-moi, le gouvernement qui est en cause, ni les institutions, ni même la France. C'est notre civilisation elle-même. Tous les adultes et tous les responsables, tous ceux qui prétendent guider les hommes se doivent d'y songer, parents, maîtres, dirigeants professionnels ou syndicaux, écrivains et journalistes, prêtres et laïcs.
>
> Il s'agit de recréer un cadre de vie accepté de tous, de concilier ordre et liberté, esprit critique et conviction, civilisation urbaine et personnalité, progrès matériel et sens de l'effort, libre concurrence et justice, individualisme et solidarité [...] *.

Le 16 mai, les occupations de Renault-Billancourt et de l'usine de Flins sont autant un symbole que la prise de l'Odéon. La « forteresse ouvrière », la vitrine des nationalisations de 1945, le bastion de la CGT a voté la grève avec occupation selon un processus que les syndicats ne maîtrisent pas. Contrairement à la légende, ce processus est appuyé par les syndicats même s'ils n'en ont pas l'initiative [8]. C'est donc dès le 15 mai au soir que la CGT, sentant le climat s'échauffer, lance un appel très largement diffusé le lendemain.

> Le 13 mai 1968 a asséné au pouvoir des monopoles le coup le plus dur qu'il ait subi depuis son instauration, voici dix ans.

---

* Discours prononcé par Georges Pompidou à la tribune de l'Assemblée nationale, 14 mai 1968, compte rendu dans *Le Monde*, 16 mai 1968.

Il s'en trouve nettement affaibli.

Le gouvernement croyait pouvoir mater, par la violence policière, les étudiants en lutte ; mais leur détermination, l'action des enseignants, et l'intervention de la classe ouvrière l'ont contraint à la retraite.

La grève générale proposée par la CGT et décidée par toutes les centrales syndicales, les manifestations unissant travailleurs et étudiants à Paris et dans toute la France ont exprimé avec une grande force le mécontentement général et traduit la profonde volonté de changement qui anime, avec les salariés, d'autres couches de la population.

La promptitude de la riposte ouvrière à relever le défi du gouvernement a été possible en raison des nombreuses luttes menées au cours des dix dernières années contre la politique rétrograde du pouvoir personnel et de la dénonciation systématique, par la CGT, de la nature de classe de ce pouvoir au service du patronat.

La réforme démocratique de l'Université et de l'enseignement est une nécessité nationale et intéresse directement la classe ouvrière. La CGT participe de longue date à l'action dans ce but, en alliance avec les organisations d'enseignants et en soutenant les aspirations légitimes de la grande majorité des étudiants.

Pour la classe ouvrière, une réforme démocratique signifie avant tout qu'elle donne la possibilité réelle à ses enfants d'accéder au plus haut niveau du savoir, réservé jusqu'ici à ceux des catégories sociales aisées. Elle signifie également une démocratisation bien comprise dans le contenu et les méthodes de l'enseignement.

Dans bien d'autres domaines, des transformations s'imposent, les comptes en retard se sont accumulés et doivent être réglés !

*Nous voulons* l'augmentation des salaires et exigeons qu'aucun ne soit inférieur à 600 F.

*Nous voulons* l'abrogation des ordonnances qui, en amputant gravement la Sécurité sociale, portent une nouvelle et dure attaque au niveau de vie des assurés.

*Nous voulons* le plein emploi pour tous.

*Nous voulons* le respect et l'extension des libertés syndicales.

Sur ces questions urgentes qui intéressent l'existence même et la sécurité de l'ensemble des salariés, nous ne laisserons ni le gouvernement ni le patronat se dérober à leurs responsabilités [...].

À l'appel de vos syndicats, agissez sans attendre, rassemblez-vous sur les lieux du travail ; participez à la détermination des revendications et des modalités de l'action dans vos entreprises, vos branches d'industrie et vos régions.

La CGT prendra toutes responsabilités et initiatives nécessaires à l'organisation de votre action, pour en assurer la coordination et lui donner l'ampleur et la puissance qui s'imposent.

Le pouvoir, les monopoles et tout ce qui gravite autour d'eux redoutent par-dessus tout l'action de la classe ouvrière.

C'est pourquoi on assiste à des entreprises diverses destinées à propager la confusion et la division parmi les travailleurs. On parle de « crise de civilisation » pour estomper l'antagonisme entre le capital et le travail qui engendre la lutte des classes, pour faire oublier la cause fondamentale du mal : l'existence d'un pouvoir réactionnaire sacrifiant les intérêts du peuple à ceux des monopoles capitalistes.

Certains petits-bourgeois, au cerveau crevé, calomnient le mouvement ouvrier et prétendent lui donner des leçons.

La classe ouvrière rejette ces stupidités ; elle est depuis longtemps majeure et n'a nul besoin de tutelle : elle sait bien écarter les provocations qui visent à la diviser, à l'isoler et à la détourner de ses buts.

C'est avec elle, autour d'elle que doivent agir tous ceux qui veulent aller vraiment de l'avant, vers des transformations économiques et sociales profondes [...].

Vous avez mesuré le rôle de la CGT et de ses militants dans une situation complexe.

Vous avez ainsi pu constater combien est important pour l'action d'avoir des sections syndicales et des syndicats bien organisés et bien orientés. Venez apporter votre concours.

*Adhérez à la CGT.*

*En avant avec la CGT pour que ça change* *.

Un long texte, assez classiquement revendicatif, résumé à la formule des « comptes en retard », permet à la confédération de la rue de La Fayette de reprendre

* « Appel aux travailleurs et travailleuses de France », CGT, 15 mai 1968 (diffusé le 16 mai).

la main. À la CFDT, beaucoup plus poreuse au mouvement étudiant, plus en phase avec les aspirations nouvelles qui se font entendre, le climat de crise aboutit à un texte qui est un véritable coup de théâtre. L'historien de la CFDT, Frank Georgi, montre bien comment le communiqué confédéral du 16 mai, introduisant le terme nouveau – jusqu'alors confiné à l'expérience yougoslave ou algérienne – d'« autogestion », peut être interprété *a posteriori* comme un « nouveau texte fondateur [9] » : une nouvelle CFDT s'y révèle à elle-même, dans le feu de l'action, y trouvant le « sens véritable de sa transformation de 1964 [10] », et définit son horizon idéologique jusqu'à la fin des années 1970.

> En se déclarant solidaire des manifestations étudiantes, la CFDT en a ressenti les motivations profondes.
>
> Par leur action, les étudiants n'ont pas voulu seulement se préoccuper de considérations matérielles ou de leur avenir, mais remettre en cause d'une façon fondamentale les structures sclérosantes, étouffantes et de classes d'une société où ils ne peuvent exercer leurs responsabilités.
>
> La lutte des étudiants pour la démocratisation des universités est de même nature que celle des travailleurs pour la démocratie dans les entreprises. Les contraintes et les structures insupportables contre lesquelles les étudiants se révoltent existent parallèlement, et souvent d'une façon encore plus intolérable, dans les usines, chantiers, services et administrations.

À la liberté dans les universités doit correspondre la même liberté dans les entreprises, en cela le combat des étudiants rejoint celui mené par les travailleurs depuis la naissance du syndicalisme ouvrier.

À la monarchie industrielle et administrative, il faut substituer des structures démocratiques à base d'autogestion. L'extension des libertés syndicales, la reconnaissance de la section syndicale d'entreprise, la garantie de l'emploi, le droit des travailleurs à la gestion de l'économie et de leur entreprise doivent être affirmés avec plus de force que jamais. La CFDT, dont l'action est déterminée par la volonté d'associer le plus largement possible les travailleurs aux décisions qui les concernent, les appelle aujourd'hui à discuter, à s'organiser et à agir sur tous les lieux de travail pour obtenir, avec leurs organisations syndicales, le respect des libertés et la démocratie. Consciente de la profondeur et de l'ampleur des mouvements présents, fidèle aux traditions du mouvement ouvrier français, la CFDT déclare appuyer et soutenir toutes les actions que les travailleurs engageront pour la construction d'une société démocratique *.

Du 17 mai, il reste une image qui participe de la mémoire de 1968 : des étudiants parisiens devant les portes fermées de Billancourt. Si la CGT tente de canaliser la grève, elle redoute tout ce qui peut échapper à la geste devenue routinière de la protestation syndicale : le

* Communiqué de la CFDT, 16 mai 1968.

spontanéisme, l'action sauvage (séquestrations) et également une forme de fraternisation entre ouvriers et étudiants – ce qui n'a pas empêché certaines rencontres de se produire, comme on le verra plus loin.

La marche sur Boulogne-Billancourt organisée par les étudiants vendredi après-midi pour soutenir les ouvriers en grève chez Renault a ressemblé à celle qui avait eu lieu au cours de la nuit de jeudi. Comme la veille, les étudiants - au nombre de plus d'un millier - se sont contentés de manifester leur solidarité avec les ouvriers à l'extérieur de l'usine et de prendre contact avec eux. Aucun incident n'a marqué cette manifestation, ni au cours du long trajet du cortège ni à Boulogne-Billancourt [...].

Ils sont entre deux mille et trois mille, drapeaux rouge et noir en tête, à se diriger vers Renault. En cours de route, cependant, le nombre diminuera, certains étudiants ayant abandonné le cortège, d'autres ayant préféré se rendre autrement qu'à pied à Boulogne-Billancourt. Par les rues de Sèvres et Lecourbe, ils gagnent le boulevard extérieur, et c'est sans rencontrer d'obstacle qu'ils franchissent la Seine, par le pont du Garigliano, avant d'emprunter l'avenue de Versailles. Tantôt scandant leurs slogans habituels, tantôt entonnant l'*Internationale*, les manifestants se sont également adressés aux passants pour les inviter à se joindre à eux : « Chez Renault, avec nous ! » leur ont-ils crié.

Aux cris « Étudiants et ouvriers dans la rue », le cortège des étudiants arrive place Nationale.

Un meeting s'organise. Des délégués CGT précisent par haut-parleurs les revendications des grévistes et demandent aux étudiants de ne pas pénétrer à l'intérieur de l'usine pour éviter tout incident.

Ces paroles ne correspondant pas à l'attente d'un certain nombre d'étudiants, on entend : « Alors, pas de revendications politiques ! » ou « On est venu pour rien ! »

Des petits groupes entament de nouveau des discussions.

Vers 20 heures, le cortège des étudiants se reforme et, à la demande de Jacques Sauvageot, vice-président de l'UNEF, il se met en marche pour faire le tour des usines. Le chant de l'*Internationale* succède aux slogans : « Les étudiants solidaires des travailleurs ! » ou « À bas l'État policier * ! »

Aller à Billancourt, c'était aller à la source. On imagine mal – le monde ouvrier est devenu aujourd'hui une sorte de « non-lieu » de l'imaginaire social – la densité héroïque de la figure du prolétaire chez de jeunes étudiants pétris d'histoire révolutionnaire. D'une part, ce 17 mai, les étudiants défilent vers les lieux de la production usinière, lieux d'aliénation, d'exploitation et de révolte ; d'autre part, un rendez-vous est organisé à l'appel des CAL, de l'UNEF et du 22 Mars, rue Cognacq-Jay, devant l'ORTF, dénoncé comme grand manitou de la manipulation idéologique. L'ORTF est déjà partiellement en grève et tous

* « En dépit de la réserve de la CGT, des étudiants se sont rendus à Billancourt devant les usines Renault », *Le Monde*, 19-20 mai 1968.

sont conscients de l'importance stratégique de l'information dans la crise passée et à venir. La veille, la télévision a permis à la France entière de découvrir les visages des « leaders » de la révolution étudiante, qui se sont montrés d'une adresse télévisuelle bien supérieure à celle des aînés qui leur faisaient face.

> Travailleurs, étudiants,
>
> À Caen, au Mans, à Redon, les ouvriers et les paysans se sont battus, l'ORTF n'a rien dit ou a menti.
>
> À Paris, les étudiants et les jeunes travailleurs ont manifesté contre l'État policier gaulliste, l'ORTF a minimisé systématiquement ces événements et a menti. Le gouvernement monopolise l'information, l'opposition parlementaire ne peut rien faire.
>
> Pourtant, après les barricades, l'ORTF a été obligé de concéder quelques miettes d'information, grâce aussi à la pression du personnel.
>
> Par le canal de l'information, le pouvoir s'efforce de cacher, d'isoler et de ridiculiser nos luttes.
>
> Aujourd'hui, le pouvoir doit continuer à reculer.
>
> *Droit à l'information.*
>
> *Contrôle de l'ORTF par les travailleurs.*
>
> *Liberté d'expression à l'ORTF pour ceux qui luttent.*
>
> Tous à 19 h à l'ORTF
>
> Rue Cognacq-Jay
>
> Vendredi 17 mai
>
> Appel du CAL, de l'UNEF, du Mouvement du 22 mars (Nanterre), avec le soutien du SNESup *.

---

* « Appel à rejoindre l'ORTF » (17 mai 1968), cité en annexe dans Jean-Pierre Filiu, *La Crise de l'ORTF en mai-juillet 1968*, thèse de 3e cycle sous la direction de Jean-Noël Jeanneney, IEP de Paris, 1985.

Cette manifestation clôt une semaine qui donne le vertige : le 17 mai au soir, on compte environ 175 000 grévistes, principalement en banlieue parisienne, dans la Seine-Maritime et dans l'agglomération lyonnaise. Le déclenchement du mouvement à la SNCF provoque la paralysie des transports – ce qui n'avait pas eu lieu en 1936, où les cheminots n'avaient pas fait grève. Pendant ce temps, de Gaulle, en voyage officiel en Roumanie, engrange les derniers applaudissements des étudiants roumains. Comme le dit Robert Escarpit dans son billet du *Monde*, « qu'il conserve précieusement dans sa mémoire l'écho des ovations dont il sera l'objet. Il en aura besoin à son retour en France [11] ». Qui se produit le dimanche 19 mai. Le président de la République semble alors assez décalé. Encore tout imprégné d'ordre ceaucescien, il préconise, lors d'une réunion avec le Premier ministre Georges Pompidou, le ministre de l'Intérieur Christian Fouchet, le ministre de l'Information Georges Gorse et le préfet de police Maurice Grimaud, d'évacuer l'Odéon et la Sorbonne *manu militari* [12]. Finalement, on le convainc d'abandonner la manière forte. Mais, tout au long de la semaine et jusqu'à la fin du mois, est évoquée l'éventualité du concours de l'armée pour rétablir l'ordre dans les rues de Paris, ce qui ne s'était pas produit depuis 1961. En effet, les forces de police suffisent à peine à la tâche : appelées à la rescousse en province, elles doivent de plus évacuer les services publics les plus stratégiques (centres de tri postaux, électricité, téléphone...). À partir du lundi

20 mai, la grève devient quasi générale, même s'il n'y eut jamais de mot d'ordre dans ce sens. Différents plans étaient prévus par le gouvernement pour répondre à ce type de situation, mais ils se révèlent tous totalement inopérants. L'enlèvement des ordures ménagères est déjà un exploit…

Dans cette deuxième semaine de grève, les Français découvrent plus ou moins, selon l'endroit où ils habitent, la fragilité des sociétés contemporaines complexes. Tout ou presque commence à se gripper. C'est le règne de la débrouille et des itinéraires *bis*.

> Le ravitaillement des villes est assuré de façon satisfaisante dans tous les domaines, et aucune menace de pénurie n'existe actuellement. Les stocks sont importants et les approvisionnements quasi normaux, les routiers assurant le trafic ordinairement acheminé par le rail.
>
> • *Viande*. – Les approvisionnements en frais ont été normaux lundi et mardi. Mais un mouvement de grève s'est déclenché lundi soir dans les abattoirs de la région parisienne. Les professionnels de ce secteur se déclarent inquiets de la mise en service du futur établissement de La Villette. Ce mouvement de grève était suivi à 85 % mardi matin. La liberté du travail des non-grévistes est cependant respectée [...]. Sibev, l'organisme public d'intervention, détient 65 000 tonnes de viande congelée, soit un mois à un mois et demi de consommation de la région parisienne [...].
>
> • *Produits laitiers*. – Les approvisionnements sont normaux ; les stocks de beurre, de poudre de lait, sont de toute façon très importants.

• *Épicerie sèche.* – Dans ce secteur également il n'existe aucune menace de pénurie. Le Syndicat de l'épicerie demande à la population de ne pas faire d'achats massifs et de ne pas constituer des stocks inconsidérés. On signale en effet, dans certaines villes de province, à Bordeaux notamment, le cas de détaillants démunis par des achats excessifs. À Limoges, à Lyon, à Nice, les consommateurs ont également, quoique, semble-t-il, à un moindre degré, multiplié leurs achats. Le comportement des Marseillais, qui n'ont pas stocké, est, à ce titre, exemplaire *.

## Renseignements pratiques : les transports de remplacement

• Les autocars dans Paris.

Samedi de 7 à 20 heures, dimanche de 9 à 20 heures, les services suivants seront assurés gratuitement à l'intérieur de Paris.

– Ligne n° 1 : place de la Nation (avenue de Bouvines), Bastille, hôtel de ville (rue Lobau) ;

– Ligne n° 2 : porte Maillot (côté monument Levassor), Concorde, hôtel de ville (avenue Victoria) ;

– Ligne n° 3 : gare de l'Est (boulevard de Strasbourg), Châtelet, porte d'Orléans (avenue Paul-Appel) ;

---

* « Le ravitaillement des villes est normal », *Le Monde*, 22 mai 1968.

– Ligne n° 4 : place de l'Étoile (départ ou arrivée, avenue de Friedland), Saint-Lazare, gare de l'Est (départ ou arrivée, rue du 8-Mai-1945) ;

– Ligne n° 5 : gare de l'Est (rue du 8-Mai-1945), République, place de la Nation (avenue de Bouvines) ;

– Ligne n° 6 : place de la Nation (avenue du Bel-Air), Austerlitz, Denfert-Rochereau (boulevard Arago) ;

– Ligne n° 7 : Denfert-Rochereau (boulevard Arago), École militaire, place de l'Étoile (avenue Marceau).

• Les camions militaires dans la banlieue parisienne.

Vingt lignes sont desservies régulièrement par des camions militaires, entre la banlieue et Paris et en sens inverse. Transport gratuit qui sera assuré samedi soir, de 16 à 20 heures ; dimanche, de 8 à 12 heures et de 16 heures à 20 heures, suivant les itinéraires suivants : Versailles-Sèvres-Invalides ; Versailles-autoroute-Invalides ; Saint-Germain-Étoile ; Maisons-Laffitte-Saint-Augustin ; Houilles-Saint-Augustin ; Argenteuil-Saint-Augustin ; Ermont-Saint-Augustin ; Enghien-place Clichy ; Sarcelles-gare de l'Est ; Le Bourget-gare de l'Est ; Aulnay-gare de l'Est ; Chelles-Gagny-place de la Nation ; Noisy-le-Grand-place de la Nation ; Neuilly-gare de Lyon ; Boissy-Saint-Léger-gare de Lyon ; Villeneuve-Saint-Georges-gare de Lyon ; Juvisy-place d'Italie ; Saint-Rémy-lès-Chevreuse-porte d'Orléans ; Robinson-porte d'Orléans ; Châtenay-Malabry-Maine-Montparnasse.

• Les autocars vers la province et l'étranger.

Une quarantaine de services sont assurés chaque jour au départ de Paris vers les grandes villes de province et quelques capitales étrangères voisines.

Renseignements par téléphone aux numéros suivants : 527 52-66, 224 45-44, 288 96-21, 527 80-72. Une permanence sera assurée à ces postes dimanche de 8 heures à 20 heures.

• Quatre bateaux pour la Corse.

Quatre navires de la marine nationale se chargent entre Toulon et Ajaccio de l'acheminement, dans les cas urgents, des marchandises et des voyageurs.

Renseignements auprès de l'agent de la Compagnie générale transatlantique à Toulon (92-69-11 à partir de 14 heures).

• Retraits à la Caisse d'épargne de Paris.

Les organisations syndicales de la Caisse d'épargne de Paris ont informé le public qu'après accord de l'assemblée générale du personnel et de la direction, une permanence sera tenue le samedi 25 mai, de 9 heures à 16 h 30, par des grévistes, uniquement au siège social, 19, rue du Louvre.

Les déposants pourront obtenir un remboursement maximum de 500 F par personne. Les bureaux seront fermés le lundi matin 27 mai.

• Avions militaires sur cinq villes de province, Genève et New York.

À partir de ce samedi, des liaisons aériennes régulières sont desservies dans les deux sens par des avions de transport militaires Nord 2-501 entre Paris d'une part et Brest, Bordeaux, Toulouse, Marseille, Strasbourg et Genève d'autre part. Les voyageurs parisiens sont convoyés à Paris à la B.T.A. 250, 5, avenue de la Porte de Sèvres, dans le 15e arrondissement. Ils sont acheminés par cars militaires à la base d'Évreux d'où décollent les appareils qui atterrissent sur les aérodromes militaires des villes de province. De là le transport est assuré, à nouveau, par cars militaires.

• Service d'urgence pour les médicaments.

Le ministère des Affaires sociales annonce qu'un service d'urgence est mis sur pied pour assurer la délivrance des médicaments aux pharmaciens qui présentent des commandes urgentes aux grossistes. Ce service est assuré sous la surveillance de l'inspection de la pharmacie à Paris. (Pour tous renseignements, téléphoner à 306-59-48.)

Le laboratoire Roger Bellon informe ses confrères pharmaciens et répartiteurs, établissements hospitaliers et cliniques, que son chaland de Paris, ainsi que ses dépôts de Lille, Nancy, Lyon, Marseille, Toulouse, Bordeaux, Rennes et Tours, sont à leur disposition pour leur délivrer les spécialités dont ils pourraient avoir besoin *.

---

* « Renseignements pratiques. Les transports de remplacement », *Le Monde*, 26-27 mai 1968.

Au milieu de cette gabegie, la CGT se présente comme « la grande force tranquille » qui, mieux que le gouvernement, sait prendre ses responsabilités. La conférence de presse du 20 mai est une réponse à la CFDT en même temps qu'une tentative d'ouverture vers une issue politique à laquelle la CGT aspire.

> L'opinion publique, bouleversée par les troubles et la violence, angoissée par l'absence complète d'autorité de l'État, a vu, en la CGT, la grande force tranquille qui est venue rétablir l'ordre au service des travailleurs. Aujourd'hui, si la population n'est pas privée d'électricité, d'eau, de pain, de lait et autres approvisionnements indispensables, si certains trains ont pu circuler exceptionnellement, ce n'est pas là le fait de la science du gouvernement mais de la volonté des fédérations de la CGT qui en ont ainsi décidé en accord avec le bureau confédéral [...].
>
> Le gouvernement sait à quoi s'en tenir.
>
> Que voulons-nous ?
>
> Obtenir satisfaction aux revendications clairement définies. Par conséquent, il est exclu que nous puissions nous contenter de promesses, de vagues plans de réformes sociales et économiques, etc.
>
> La première chose à faire est l'abrogation des ordonnances antisociales.
>
> Nous réclamons :
>
> – qu'il n'y ait pas de salaire inférieur à six cents francs par mois ;
>
> – des mesures concrètes assurant la sécurité de l'emploi et la garantie des ressources ;
>
> – la réduction du temps de travail sans diminution de salaire ;

– l'avancement de l'âge de la retraite à soixante ans ;

– l'extension des droits et libertés syndicales à l'entreprise [...].

Le mouvement, placé sous la vigilance des travailleurs, est bien trop puissant pour qu'il puisse être question de le stopper par des formules creuses : autogestion, réforme de structures, plan de réformes sociales et universitaires et autres inventions qui aboutissent toutes à reléguer à l'arrière-plan les revendications immédiates.

Il faut que l'on sache que la CGT monte la garde autour des revendications ouvrières et elle a ce qu'il faut pour les défendre.

C'est ce que nous avons dit aux deux parties : Parti communiste français et Fédération de la gauche démocrate et socialiste, que la CGT a rencontrés au cours des dernières quarante-huit heures.

Vous connaissez la position adoptée, de longue date, par la CGT pour l'union de la gauche.

Nous regrettons que l'accord sur un programme de gouvernement qui donnerait, aux forces ouvrières et démocratiques, des perspectives claires n'existe pas dans le moment présent.

Mais, comme je l'ai dit aux ouvriers de chez Renault : « Il n'est jamais trop tard pour bien faire. »

C'est ce que nous avons rappelé, hier encore, à François Mitterrand et Guy Mollet qui dirigeaient la délégation de la FGDS.

Si la gauche ne veut pas laisser passer sa chance, elle n'a pas une heure à perdre [...] *.

---

* Conférence de presse de la CGT, 20 mai 1968, citée dans Georges Séguy, *Le Mai de la CGT*, *op. cit.*, annexe III, p. 210-213.

Le 20 mai, après l'attaque de l'Institut d'études politiques de la rue Saint-Guillaume, le groupe Occident, formé de plusieurs centaines de jeunes gens, se rassemble autour de la Madeleine à 18 h 30 et se rend en cortège vers l'Opéra-Garnier, où le drapeau rouge et les calicots au balcon d'honneur sont décrochés. Dans le champ politique du mois de mai, l'extrême droite, on a parfois tendance à l'oublier, est bien présente, quitte à singer l'action directe de ses adversaires : chaque soir, le groupe Occident va jeter des pierres contre les bureaux de *L'Humanité*[13]. La polarisation symbolique (sur le drapeau) et la prise de possession de l'espace sont très fortes.

À la Madeleine
Lundi 18 h 30 !
La France en péril
*Le pouvoir est coupable !*
Voici les résultats obtenus en dix ans de pouvoir par les gaullistes
* L'armée française brisée.
* Les militants nationalistes emprisonnés, fusillés.
* L'information aux ordres.
* La police obligée d'abandonner son rôle traditionnel pour se mettre au service du pouvoir.
*Le communisme est à ta porte !*
* Il n'y a plus rien pour s'opposer à la prise du pouvoir par les communistes.
* Tu t'es trop longtemps laissé abuser par des mots qui n'étaient que mensonges.
* Ne renie rien de la civilisation qui t'a vu naître, la *civilisation occidentale*.

*Rejoins notre combat* ! Il est le tien ! C'est celui de l'*Occident* * !

Le débat à l'Assemblée nationale du 22 mai 1968 enregistre la véritable rentrée des acteurs politiques traditionnels dans la dynamique d'un mouvement qui les a ostensiblement laissés de côté depuis le début. L'opposition ayant déposé une motion de censure, le risque existe d'un renversement du gouvernement. D'autant plus que des tensions sont palpables dans la majorité où certains gaullistes hétérodoxes – les gaullistes de gauche par exemple – ne sont pas indifférents au cri diffus qu'ils croient percevoir de la société. Si le garde des Sceaux René Capitant vote finalement la confiance, Edgard Pisani, qui avait démissionné de son poste au gouvernement en avril 1967, crée le scandale en votant la censure et en démissionnant ensuite de son mandat de député.

M. Edgard Pisani (UD-Ve Rép.) se réfère à l'histoire de France pour constater que les sursauts de notre pays ont toujours été dus aux classes dominées : d'abord les paysans, puis en 1789 les boutiquiers, au XIXe siècle les ouvriers, maintenant les étudiants et les cadres. La crise est mondiale. En France elle est passée de la Sorbonne aux usines et elle est latente dans le monde agricole. L'État, pouvant tout, polarise en France toutes les révoltes. Les structures universitaires ne correspondent plus à nos

---

* Tract d'Occident, 20 mai 1968, Archives d'histoire contemporaine (AHC) du Centre d'histoire de Sciences-Po (CHSP), fonds Chapsal, « Tracts 1968 », 2 SP 51-52.

besoins et « l'usage qu'on fait de nos institutions n'est pas tel que les citoyens aient le sentiment d'être concernés par notre évolution ».

L'ancien ministre de l'Agriculture poursuit : « Face à cette révolte, le gouvernement a choisi le pourrissement. Il est difficile de juger les hommes avec qui on a travaillé, mais pouvais-je imaginer qu'ils auraient été aussi absents dans des circonstances aussi graves ? *(Applaudissements sur les bancs de la FGDS.)* Je n'ai pas besoin de vos applaudissements. Vous avez choisi le pourrissement comme les plus tristes de vos prédécesseurs. Vous avez choisi de répondre à la revendication pour ne pas répondre à l'angoisse. Vous avez choisi de concéder sur l'accessoire plutôt que de remettre en cause une société qui est justement remise en cause. »

L'orateur souligne la responsabilité des enseignants dans cette crise, explique que, dans notre société mécanicienne, 95 % de l'activité est figée ; qu'il faut agir sur les 5 % qui restent ; que le taux d'expansion sur lequel est fondé le Plan ne permet pas d'atteindre le renouveau nécessaire ; que c'est dans la mesure où on dépassera ce taux de 45 % d'expansion que se jouera le destin de la communauté nationale.

« Je voterai la censure et après ce vote, je démissionnerai de mon mandat de député. Je me représenterai, et je sais que vous m'opposerez un candidat, et que vous ferez tout pour que je sois battu. Et pourtant j'ai le sentiment d'être plus fidèle que vous, ce faisant, à l'homme que j'ai soutenu depuis la Résistance. Mon objet n'est pas l'aventure. Je souhaite l'ordre, l'ordre humain, afin que la société soit enfin construite. » Les propos de M. Pisani sont vivement applaudis sur les bancs centristes *.

François Mitterrand, chef de l'opposition de gauche depuis sa candidature de 1965, est plus classiquement dans son rôle en demandant le départ du gouvernement.

« Que cherchez-vous, monsieur Peyrefitte ? La Sorbonne ? Les étudiants ? Les enseignants ? Ils sont dans l'allégresse d'avoir reconquis contre vous leur Université. »

À l'adresse du ministre de l'Information : « Que cherchez-vous, M. Gorse ? Votre radio-télévision ? Mais écoutez donc les journalistes, les techniciens qui veulent une information libre et honnête. » *(Protestations sur les bancs de l'UD-V^e^ Rép. ; applaudissements sur les bancs de la FGDS et des communistes.)*

L'orateur interpelle encore le ministre de l'Intérieur, qui aurait « égaré sa police », ainsi que M. Malraux « qui cherche en tâtonnant son chemin, de la Cinémathèque au Festival de Cannes en passant par l'Odéon ».

« Voilà le spectacle que vous offrez à la nation. La belle et bonne solidarité ministérielle durera bien jusqu'à demain matin. En vérité, ce que vous avez fait, vous l'avez fait ensemble. Vous avez tout perdu, mais vous êtes là. Il a été décrété que le gouvernement ne pouvait pas être renversé par l'Assemblée nationale parce qu'il serait renvoyé demain par une décision souveraine prise ailleurs. »

---

* Intervention d'Edgard Pisani, compte rendu de la séance de l'Assemblée nationale du 22 mai, *Le Monde*, 23 mai 1968.

« Où est-il le consensus populaire sur lequel vous avez fondé votre légitimité ? Sortez du Palais-Bourbon, et vous verrez * ! »

C'est à l'issue de cette séance, qui voit le gouvernement confirmé par une majorité, que, la solution politique se dérobant, la solution syndicale apparaît désormais comme la voie de sortie du conflit. Pompidou annonce solennellement qu'il est prêt à engager un dialogue avec les syndicats, ce qui se concrétise les jours suivants avec l'ouverture des pourparlers de Grenelle, le samedi 25 mai.

C'est également le soir du 22 mai qu'est révélée publiquement l'interdiction de rentrer sur le territoire faite à Daniel Cohn-Bendit. Traduction par Cabu, un des caricaturistes de *L'Enragé* :

L'interdiction de rentrer sur le territoire français pour Daniel Cohn-Bendit, vue par Cabu **.

---

* Intervention de François Mitterrand, *ibid.*

** *L'Enragé*, n° 1. © V. Cabut. Photo : Collection Auguste de Châtillon.

Daniel Cohn-Bendit, l'« emmerdeur génial de la bourgeoisie » selon Jean Genet [14], vient, dans un long dialogue avec Jean-Paul Sartre, de s'expliquer sur sa conception anarchisante de la révolution. Rêveur mais aussi très politique, étrangement lucide, Cohn-Bendit parle d'égal à égal avec le grand intellectuel de l'après-guerre, Jean-Paul Sartre, que l'on devine enchanté de ce coup de jeunesse qui lui est apporté par un mouvement dont il se sent proche.

Daniel Cohn-Bendit : De toute manière, je ne crois pas que la révolution soit possible, comme ça, du jour au lendemain. Je crois qu'on ne peut obtenir que des aménagements successifs, plus ou moins importants, mais ces aménagements ne pourront être imposés que par des actions révolutionnaires. C'est en cela que le mouvement étudiant, qui aura quand même abouti à une réforme importante de l'université, même s'il perd provisoirement de son énergie, prend une valeur d'exemple pour beaucoup de jeunes travailleurs. En utilisant les moyens d'action traditionnels du mouvement ouvrier – la grève, l'occupation de la rue et des lieux de travail –, nous avons fait sauter le premier obstacle : le mythe selon lequel « on ne peut rien contre ce régime ». Nous avons prouvé que ce n'était pas vrai. Et les ouvriers se sont engouffrés dans la brèche. Peut-être n'iront-ils pas, cette fois-ci, jusqu'au bout. Mais il y aura d'autres explosions, plus tard. L'important, c'est que la démonstration a été faite de l'efficacité des méthodes révolutionnaires.

La jonction entre les étudiants et les ouvriers ne peut se faire que dans la dynamique de l'action, si le mouvement des étudiants et celui des travailleurs gardent chacun son élan et convergent vers un même objectif. Pour l'instant, il y a une méfiance, naturelle et compréhensible, des ouvriers.

Jean-Paul Sartre : Cette méfiance n'est pas naturelle, elle est acquise. Elle n'existait pas au début du XIXe siècle et n'est apparue qu'après les massacres de juin 1848. Avant, républicains – qui étaient des intellectuels et des petits-bourgeois – et ouvriers marchaient ensemble. De cette union, il n'a plus été question par la suite, même dans le Parti communiste, qui a toujours soigneusement séparé les ouvriers des intellectuels.

D.C.-B. : Il s'est tout de même passé quelque chose au cours de cette crise. À Billancourt, les ouvriers n'ont pas laissé les étudiants entrer dans l'usine. Mais le fait que des étudiants soient allés à Billancourt est déjà nouveau et important. Il y a eu, en fait, trois étapes. D'abord, la méfiance ouverte, non seulement de la presse ouvrière mais du milieu ouvrier. On disait : « Qu'est-ce que c'est que ces fils à papa qui viennent nous embêter ? » Et puis, après les combats de rue, après la lutte des étudiants contre les flics, ce sentiment a disparu et la solidarité a joué effectivement.

Maintenant, nous en sommes à un troisième stade : les ouvriers et les paysans sont entrés en lutte à leur tour mais ils nous disent : « Attendez un peu, nous voulons mener nous-mêmes notre propre combat ! » C'est normal. La jonction ne pourra se faire que plus tard, si les deux mouvements, celui des étudiants et celui des ouvriers, gardent leur élan. Après cinquante années de méfiance, je ne crois pas que ce qu'on appelle le « dialogue » soit possible. Il ne s'agit pas seulement de parler. Il est normal que les ouvriers ne nous reçoivent pas à bras ouverts. Le contact ne s'établira que si nous combattons ensemble. On peut, par exemple, créer des groupes d'action révolutionnaire communs, dans lesquels ouvriers et étudiants posent les problèmes ensemble et agissent ensemble. Il y a des endroits où ça marchera et d'autres où ça ne marchera pas.

J.-P.S. : Le problème reste toujours le même : aménagements ou révolution. Comme vous l'avez dit, tout ce que vous faites dans la violence est récupéré par les réformistes d'une manière positive. L'université, grâce à votre action, sera aménagée, mais elle le sera dans le cadre de la société bourgeoise.

D.C.-B. : Évidemment, mais je crois que c'est la seule manière d'avancer. Prenons l'exemple des examens. Ils auront lieu, cela ne fait pas de question. Mais ils ne se dérouleront sûrement pas comme avant. On trouvera une formule nouvelle. Et, s'ils ont lieu une seule fois de manière inhabituelle, un processus de réforme sera engagé qui sera irréversible. Je ne sais pas jusqu'où ça ira, je sais que ça se fera lentement, mais c'est la seule stratégie possible.

Pour moi, il ne s'agit pas de faire de la métaphysique et de chercher comment se fera « la révolution ». Je crois, je l'ai dit, que nous allons plutôt vers un changement perpétuel de la société, provoqué, à chaque étape, par des actions révolutionnaires. Le changement radical des structures de notre société ne serait possible que s'il y avait tout à coup, par exemple, la convergence d'une crise économique grave, de l'action d'un puissant mouvement ouvrier et d'une forte action étudiante. Aujourd'hui, ces conditions ne sont pas réunies. Au mieux, on peut espérer faire tomber le gouvernement. Mais il ne faut pas songer à faire éclater la société bourgeoise. Cela ne veut pas dire qu'il n'y ait rien à faire : au contraire, il faut lutter pas à pas, à partir d'une contestation globale.

La question de savoir s'il peut encore y avoir des révolutions dans les sociétés capitalistes développées et ce qu'il faut faire pour les provoquer ne m'intéresse pas vraiment. Chacun a sa théorie. Certains disent : ce sont les révolutions du tiers-monde qui provoqueront l'effondrement du monde capitaliste. D'autres : c'est grâce à la révolution dans le monde capitaliste que le tiers-monde pourra se développer. Toutes les analyses sont plus ou moins fondées mais, à mon avis, sans grande importance.

Regardons ce qui vient de se passer. Depuis longtemps, beaucoup de gens cherchaient le meilleur moyen de faire exploser le milieu étudiant. Finalement, personne n'a trouvé et c'est une *situation objective* qui a provoqué l'explosion. Il y a eu le coup de pouce du pouvoir, bien sûr – l'occupation de la Sorbonne par la police –, mais il est évident que cette gaffe monumentale n'est pas seule à l'origine du mouvement [...].

J.-P.S. : Ce que beaucoup de gens ne comprennent pas, c'est que vous ne cherchiez pas à élaborer un programme, à donner à votre mouvement une structure. Ils vous reprochent de chercher à « tout casser » sans savoir – en tout cas sans dire – ce que vous voulez mettre à la place de ce que vous démolissez [...].

D.C.-B. : Évidemment ! Tout le monde serait rassuré, Pompidou le premier, si nous fondions un parti en annonçant : « Tous ces gens-là sont maintenant à nous. Voilà nos objectifs et voici comment nous comptons les atteindre... » On saurait à qui l'on a affaire et on pourrait trouver la parade. On n'aurait plus en face de soi l'« anarchie », le « désordre », l'« effervescence incontrôlable ».

La force de notre mouvement, c'est justement qu'il s'appuie sur une spontanéité « incontrôlable », qu'il donne l'élan sans chercher à canaliser, à utiliser à son profit l'action qu'il a déclenchée. Aujourd'hui, pour nous, il y a évidemment deux solutions. La première consiste à réunir cinq personnes ayant une bonne formation politique et à leur demander de rédiger un programme, de formuler des revendications immédiates qui paraîtront solides et de dire : « Voici la position du mouvement étudiant, faites-en ce que vous voulez ! » C'est la mauvaise. La seconde consiste à essayer de faire comprendre la situation non pas à la totalité des étudiants ni même à la totalité des manifestants, mais à un grand nombre d'entre eux. Pour cela, il faut éviter de créer tout de suite une organisation, de définir un programme, qui seraient inévitablement paralysants. La seule chance du mouvement, c'est justement ce désordre qui permet aux gens de parler librement et qui peut déboucher sur une certaine forme d'auto-organisation. Par exemple, il faut maintenant renoncer aux meetings à grand spectacle et arriver à former des groupes de travail et d'action. C'est ce que nous essayons de faire à Nanterre.

Mais la parole ayant été tout à coup libérée à Paris, il faut d'abord que les gens s'expriment. Ils disent des choses confuses, vagues, souvent inintéressantes parce qu'on les a dites cent fois, mais ça leur permet, après avoir dit tout cela, de se poser la question : « Et alors ? » C'est cela qui est important, que le plus grand nombre possible d'étudiants se disent : « Et alors ? » Ensuite seulement, on pourra parler de programme et de structuration. Nous poser dès aujourd'hui la question : « Qu'allez-vous faire pour les examens ? », c'est vouloir noyer le poisson, saboter le mouvement, interrompre la dynamique. Les examens auront lieu et nous ferons des propositions, mais qu'on nous laisse un peu de temps. Il faut d'abord parler, réfléchir, chercher des formules nouvelles. Nous les trouverons. Pas aujourd'hui [...] *.

De telles conceptions sont évidemment des remises en cause radicales du mouvement révolutionnaire tel que le parti de la classe ouvrière le pratique et l'incarne depuis presque cinquante ans. Avec les communistes, les insultes continuent à fuser, entre Cohn-Bendit, qui les traite de « crapules staliniennes [15] » le 13 mai au

* « Daniel Cohn-Bendit s'entretient avec Jean-Paul Sartre », *Le Nouvel Observateur*, 20 mai 1968.

soir, et l'organe du Parti, qui exprime un secret contentement après la décision gouvernementale.

Quelles que soient les motivations qui ont finalement conduit le gouvernement à refuser à Cohn-Bendit de rentrer en France, on nous permettra de critiquer le comportement du personnage. Cohn-Bendit calomnie les communistes. Il insulte notre parti. Il fait tout ce qu'il peut pour dresser les ouvriers contre les syndicats. Le 9 mai, ce provocateur prouvait qu'il n'hésiterait pas à tromper aussi bien les « délégués syndicalistes » que les policiers. Quelles perspectives ce prétendu révolutionnaire offre-t-il aux ouvriers, aux étudiants ? Le drapeau noir n'a jamais conduit, où que ce soit, les travailleurs à la victoire. Faire confiance aux « leaders » de cette espèce serait creuser la tombe du mouvement ouvrier. Cohn-Bendit ne défend pas les ouvriers. Il les méprise. Il prétend que leur masse est « amorphe » et que les étudiants d'origine ouvrière sont moins disposés à lutter pour le changement.

Et voici que, prenant la parole vendredi soir à Berlin-Ouest, il estimait « risibles » les revendications des ouvriers. Comme si le grand mouvement de grève et d'occupation des usines était une plaisanterie. Le comportement de Cohn-Bendit fait le jeu du pouvoir contre les travailleurs. Il proclame à Amsterdam que le « drapeau français est fait pour être déchiré ». Mais la classe ouvrière de notre pays tient fermement le drapeau rouge et le drapeau tricolore. Elle a réconcilié *La Marseillaise* et l'*Internationale*. Les intérêts révolutionnaires de la classe qui dirige le combat populaire contre le pouvoir des monopoles sont conformes à l'intérêt national *.

Les étudiants réagissent à l'interdiction imposée à Cohn-Bendit par des manifestations qui renouent les 23 et 24 mai au soir avec un nouveau cycle de violence. Le 23 mai, les radiotéléphones des reporters sont provisoirement suspendus, pour des raisons techniques, d'après le ministère des Postes et Télécommunications. En réalité, Europe 1 et RTL sont accusées d'être des « radios-émeutes ». En renseignant immédiatement les manifestants sur les positions des forces de l'ordre, les reporters radio permettent à chacun d'élaborer sa propre stratégie d'émeutier et donnent naissance à une « foule originale » et active [16]. C'est pourtant également la radio qui, le vendredi 24 mai au soir, donne la possibilité aux manifestants d'écouter l'allocution du général de Gaulle diffusée à 20 heures. Ses fidèles hétérodoxes, les grands insaisissables comme Maurice Clavel, chaudement favorable au mouvement de Mai, espèrent un « grand coup » de leur héros.

[*M. Maurice Clavel, invité par l'Élysée à exprimer son opinion sur la crise, a remis le mémorandum suivant à M. Bernard Tricot, qui l'a transmis au chef de l'État.*]

Le mouvement de notre jeunesse, et particulièrement de ceux qu'on appelle les enragés ou trublions,

* Cohn-Bendit vu par *L'Humanité*, 24 mai 1968 (au lendemain de l'interdiction de rentrer sur le territoire français signifiée à Cohn-Bendit le 22 mai).

est spirituellement magnifique. Il rend l'espoir à notre pays, et à d'autres. Pour ma part j'y retrouve à peu près ce qu'avait rêvé la jeune Résistance française – communiste comprise, en dehors de l'appareil stalinien. Et voici qu'aujourd'hui mes élèves de philosophie, les meilleurs, les plus pensifs, ont lutté sur les barricades. Voici que le désordre a quelque chose de constructif et de prometteur. Voilà pourquoi le mot « chienlit », s'il est vrai que le général de Gaulle l'a prononcé, est un crime contre lui-même.

Un crime et une sottise. Si de Gaulle fait tout pour briser l'hégémonie américaine, comment peut-il refuser que la jeunesse française se révolte de toute sa générosité contre la société américaine, source, substance et but de cette hégémonie ? Comment a-t-il pu, lui, que l'on pouvait croire d'essence spirituelle, nous imposer ce monde et ce genre de vie matérialiste, aliénant, désespérant ? Il y a là une sorte de péché contre l'esprit, que le sursaut de notre jeunesse rachète, aux yeux de notre histoire future.

Et non seulement notre jeunesse étudiante. Les jeunes ouvriers, véritables initiateurs de la grande grève, ont bousculé leurs syndicats. Le mot d'ordre d'autogestion lancé par la CFDT, mot d'ordre révolutionnaire et non point anarchiste, mais libertaire, trouve en eux d'étranges échos. Il gêne, irrite, et parfois entraîne des éléments de la CGT et du Parti communiste. L'hégémonie stalinienne et le réformisme alimentaire sont menacés.

À vrai dire je doute assez peu que le général de Gaulle ne prépare un grand coup à sa manière – peut-être ratifiant et instituant cogestion ou autogestion. Cette façon d'utiliser les secousses à des fins importantes lui ressemble. Et ce projet aurait à ses yeux le mérite de diviser ou d'embarrasser la gauche. Pourtant j'espère encore que sa nature profonde et l'événement le porteront au-delà des habiletés dérisoires. Je souhaite que son souci d'éviter l'irréparable et de rentrer en grâce auprès du peuple français l'amène à changer de fond en comble une équipe gouvernementale matérialiste, et à ce titre absolument méprisée.

Au reste, en dehors de la sinistre et funeste expérience de Vichy, on n'a jamais entrepris de révolution contre les révolutionnaires *.

D'autres n'espèrent rien mais se préparent à combattre. Si la CGT défile calmement dans l'après-midi, les étudiants et les jeunes travailleurs qui se retrouvent près de la gare de Lyon à 19 heures, à l'appel des différents comités d'action, sont prêts à en découdre.

À dix millions de grévistes, à tous les travailleurs,

Non aux solutions parlementaires, où de Gaulle s'en va et le patronat reste.

Non aux négociations au sommet qui ne font que prolonger le capitalisme moribond.

Assez de référendum. Plus de cirque. Ne laissons personne parler à notre place. Maintenons l'occupation de tous les lieux de travail.

Pour continuer le combat, mettons tous les secteurs de l'économie touchés par la grève au service des travailleurs en lutte.

---

* Maurice Clavel, « À de Gaulle », *Combat*, 24 mai 1968.

Posons dès maintenant les jalons de notre pouvoir de demain (ravitaillement direct, organisation des services publics : transports, information, logement, etc.).

Dans la rue, dans les comités de base, où que nous soyons, ouvriers, paysans, travailleurs, étudiants, enseignants, lycéens, organisons et coordonnons nos luttes.

*Pour l'abolition du patronat, pour le pouvoir des travailleurs,*

*tous à la manifestation*

*Points de départ : 17 heures*

Place Clichy.
Stalingrad, métro.
Porte de Montreuil.
Porte des Lilas.
Denfert-Rochereau.

*Pour le regroupement : 19 heures, gare de Lyon*

Comités d'action du Mouvement du 22 mars,
Comités d'action lycéens (CAL),
Comités liaison étudiants-ouvriers de la Sorbonne (CLEO),
Comités d'action étudiants-ouvriers de la Halle aux Vins *.

---

* Tract, 24 mai 1968, cité dans *Ce n'est qu'un début, continuons le combat : Mouvement du 22 mars*, présentation d'Émile Copfermann, Paris, François Maspero, 1968, p. 77-78.

Il faut imaginer la foule rassemblée, certains manifestants casqués, des infirmières bénévoles. Des slogans s'étalent en grosses lettres : « Les usines aux travailleurs » et le célèbre « Nous sommes tous des juifs allemands ». À 20 heures, on écoute le discours du chef de l'État sur des transistors portatifs.

Tout le monde comprend, évidemment, quelle est la portée des actuels événements, universitaires, puis sociaux. On y voit tous les signes qui démontrent la nécessité d'une mutation de notre société et tout indique que cette mutation doit comporter une participation plus étendue de chacun à la marche et aux résultats de l'activité qui le concerne directement.

Certes, dans la situation bouleversée d'aujourd'hui, le premier devoir de l'État, c'est d'assurer, en dépit de tout, l'existence élémentaire du pays ainsi que l'ordre public. Il le fait. C'est d'aider à la remise en marche, notamment en prenant les contacts qui pourraient la faciliter. Il y est prêt. Voilà pour l'immédiat. Mais, ensuite, il y a, sans nul doute, à modifier des structures, c'est-à-dire à réformer. Car si, dans l'immense transformation politique, économique et sociale qu'accomplit la France en notre temps, beaucoup d'obstacles intérieurs et extérieurs ont déjà été franchis, d'autres s'opposent encore au progrès. De là, des troubles profonds, surtout dans la jeunesse, qui est soucieuse de son propre rôle et que l'avenir inquiète trop souvent.

C'est pourquoi, la crise de l'Université, crise provoquée par l'impuissance de ce grand corps à s'adapter aux nécessités modernes de la nation en même temps qu'au rôle et à l'emploi des jeunes, a par contagion déclenché dans beaucoup d'autres milieux une marée de désordres, ou d'abandons, ou d'arrêts du travail. Il en résulte que nótre pays se trouve au bord de la paralysie. Devant nous-mêmes et devant le monde, il s'agit pour nous, Français, de régler un problème essentiel que nous pose notre époque, à moins que nous ne roulions, à travers la guerre civile, aux aventures et aux usurpations les plus odieuses et les plus ruineuses.

Depuis bientôt trente ans, les événements m'ont imposé, en plusieurs graves occasions, le devoir d'amener notre pays à assumer son propre destin afin d'empêcher que certains ne s'en chargent malgré lui. J'y suis prêt, cette fois encore. Mais, cette fois encore, cette fois surtout, j'ai besoin – oui, j'ai besoin ! – que le peuple français dise qu'il le veut. Or, notre Constitution prévoit justement par quelle voie il peut le faire. C'est la voie la plus directe et la plus démocratique possible : celle du référendum. Compte tenu de la situation tout à fait exceptionnelle où nous sommes, j'ai donc, sur la proposition du gouvernement, décidé de soumettre au suffrage de la nation un projet de loi par lequel je lui demande de donner à l'État, et d'abord à son chef, un mandat pour la rénovation.

Reconstruire l'Université en fonction, non pas de ses séculaires habitudes, mais des besoins réels de l'évolution du pays et des débouchés effectifs de la jeunesse étudiante dans la société moderne.

Adapter notre économie, non pas à telles ou telles catégories d'intérêts particuliers, mais aux nécessités nationales et internationales du présent, en améliorant les conditions de vie et de travail du personnel des services publics et des entreprises, en organisant sa participation aux responsabilités professionnelles, en développant la formation des jeunes, en assurant leur emploi, en mettant en œuvre les activités industrielles et agricoles dans le cadre de nos régions.

Tel est le but que la nation tout entière doit se fixer à elle-même.

Françaises, Français ! Au mois de juin, vous vous prononcerez par un vote. Au cas où votre réponse serait « non ! » il va de soi que je n'assumerai pas plus longtemps ma fonction. Si, par un « oui ! » massif, vous m'exprimez votre confiance, j'entreprendrai, avec les pouvoirs publics et, je l'espère, le concours de tous ceux qui veulent servir l'intérêt commun, de faire changer, partout où il le faut, des structures étroites et périmées et d'ouvrir plus largement la route au sang nouveau de la France.

Vive la République !

Vive la France * !

La perspective d'un départ de De Gaulle à la suite d'un vote négatif au référendum proposé est saluée par des cris : « Adieu de Gaulle » et la foule agite des mouchoirs. Le discours tombe universellement à plat. Gare de Lyon, il sert surtout à renforcer la détermination de

* Allocution du président de la République radiodiffusée et télévisée prononcée au palais de l'Élysée, 24 mai 1968, 20 heures, dans Charles de Gaulle, *Discours et messages*, t. V : *Vers le terme : janvier 1966-avril 1969*, Paris, Plon, 1970, p. 290-291.

ceux qui ne veulent pas en rester là. Et c'est une nouvelle nuit d'émeutes, en forme de pérégrination urbaine : les manifestants investissent la rive droite commerçante et financière. Des barricades sont édifiées dans le faubourg Saint-Antoine, les arbres sont coupés avec des scies mécaniques. Des groupes de manifestants s'engagent dans la rue Réaumur pour rejoindre la Bourse – édifice symbolique de l'argent-roi, qui connaît un début d'incendie – avant de revenir vers le quartier Latin. Dans la nuit, Christian Fouchet, le ministre de l'Intérieur, dénonce la « pègre » et les « anarchistes organisés pour la guerre des rues [17] ». Pour autant qu'on puisse en juger, tant c'est un matériau sensible et aisément instrumentalisable, c'est de cette nuit que daterait une évolution sinon un retournement de l'opinion publique, jusque-là compréhensive, oscillant désormais entre la peur, la lassitude et la perplexité devant les violences et les déprédations commises.

### *Dramaturgie du politique : de l'après-Grenelle au 30 mai*

Sans entrer dans les détails de cette négociation historique – que la présence de Benoît Frachon associe à celle de Matignon en 1936 –, il faut comprendre que la « formule Grenelle » est une réponse sociale émanant de Georges Pompidou et s'avère être un projet concurrent à la réponse proprement politique, la proposition de référendum, donnée à la crise par le chef de l'État dans son discours de la veille. Lorsque, le lundi 27, il apparaît que le protocole d'accord ne résout rien, le politique fait retour et anime de son tempo spectaculaire les trois journées suivantes [18].

En attendant, le 27 mai au matin, à 7 h 30, Georges Pompidou, flanqué des négociateurs, exprime sa satisfaction d'être parvenu à ce qui n'est pas exactement un accord, mais un protocole – Georges Séguy l'appelle, quant à lui, le « constat de Grenelle ».

> Nous sommes arrivés à un ensemble de conclusions positives et dont on peut dire qu'elles constituent un accord, a déclaré M. Georges Pompidou, ce matin, à 7 h 30, en sortant de la salle du ministère des Affaires sociales où pendant près de vingt-cinq heures se sont déroulées les négociations entre les syndicats, les patrons et le gouvernement.
>
> Je m'explique sur le mot « accord ». Il va de soi que les organisations syndicales ont fait des réserves sur un certain nombre de points et maintiennent un certain nombre de revendications pour leur programme à venir. De la même manière, les organisations patronales ont fait valoir les graves problèmes que les décisions prises posaient aux entreprises françaises plongées dans la compétition internationale et elles ont, par conséquent, proposé des demandes qui tendent à une politique économique générale permettant à la compétitivité française de se maintenir.
>
> Le gouvernement de son côté ne peut manquer de souligner les exceptionnels sacrifices financiers et budgétaires que ces décisions entraînent et les avantages sociaux tout à fait exceptionnels aussi qui sont

accordés en une seule fois à tous les travailleurs en lutte. C'est le caractère extraordinairement sérieux de la crise actuelle qui seul a permis d'aboutir à des conclusions aussi importantes [...].

J'estime que nous avons atteint un résultat de première importance et qui doit permettre la reprise du travail dans des conditions aussi rapides que le permet la technique. Je crois d'ailleurs que les organisations syndicales, qui vont vous donner leur appréciation, tout en maintenant, ainsi que je l'ai dit, certaines de leurs revendications, souligneront le caractère très fécond de cette négociation.

Puisse-t-il être fécond pour les travailleurs. Puisse-t-il être fécond pour la France *...

Suivent les principaux points d'accord de Grenelle, portant sur l'évolution des rémunérations, notamment du SMIG, et sur le droit syndical. La CFDT, dont c'est l'un des chevaux de bataille, négocie le principe de la légitimité de la section d'entreprise. La CGT est reconnue comme organisation représentative, ce qui lui donne droit à des subventions publiques. De nombreux points demeurent non dénoués : l'abrogation des ordonnances du 21 août 1967 qui diminuaient le rôle des syndicats dans les conseils d'administration des caisses de sécurité sociale ; l'âge de la retraite n'est pas baissé à 60 ans et, surtout, les jours de grève ne seront pas payés.

---

* Georges Pompidou, déclaration du 27 mai 1968, *Le Monde*, 28 mai 1968.

## *Constat de Grenelle*

### *Taux horaire du SMIG*

Le taux horaire du SMIG sera porté à 3 F au 1er juin 1968.

Le salaire minimum garanti applicable à l'agriculture ne sera fixé qu'après consultation des organisations professionnelles et syndicales d'exploitants et de salariés agricoles et des confédérations syndicales nationales.

Il a été précisé que la majoration du salaire minimum garanti n'entraînerait aucun effet automatique sur les dispositions réglementaires ou contractuelles qui s'y réfèrent actuellement. Le problème posé par ces répercussions fera l'objet d'un examen ultérieur.

La question des abattements opérés en raison de l'âge et applicables aux jeunes travailleurs fera l'objet de discussions conventionnelles.

Le gouvernement a, par ailleurs, fait connaître son intention de supprimer complètement les zones d'abattement applicables au SMIG.

### *Évolution des rémunérations des secteurs public et nationalisé*

Les discussions relatives aux salaires des entreprises nationalisées se sont ouvertes dans l'après-midi du 26 mai, secteur par secteur, et sous la présidence des ministres de tutelle compétents ; la modification des procédures de discussion sera examinée ultérieurement.

En ce qui concerne les traitements des fonctionnaires, une réunion a été organisée le 26 mai après-midi à la direction de la Fonction publique pour préparer celle à laquelle participeront le 28 mai à 15 heures, sous la présidence du Premier ministre, les organisations syndicales intéressées.

*Salaires du secteur privé*

Les salaires réels seront augmentés au 1er juin 1968 de 7 %, ce pourcentage comprenant les hausses déjà intervenues depuis le 1er janvier 1968 inclusivement.

Cette augmentation sera portée de 7 à 10 % à compter du 1er octobre 1968.

*Réduction de la durée du travail*

Le CNPF et les confédérations syndicales ont décidé de conclure un accord-cadre dont le but est de mettre en œuvre une politique de réduction progressive de la durée hebdomadaire du travail en vue d'aboutir à la semaine de 40 heures.

Elles considèrent également comme souhaitable que la durée maximum légale soit progressivement abaissée.

Cette réduction progressive sera déterminée dans chaque branche d'industrie par voie d'accord national contractuel définissant les modalités et les taux de réduction d'horaires et de compensation de ressources.

En tout état de cause, et comme mesure d'ordre général, une réduction de 2 heures des horaires hebdomadaires supérieurs à 48 heures et une réduction d'une heure des horaires hebdomadaires compris entre 45 et 48 heures interviendra avant le terme du V$^{e}$ Plan.

Une première mesure dans ce sens prendra effet en 1968. Le principe de mesures appropriées à la situation particulière des cadres est également retenu.

Dans le secteur nationalisé le principe d'une réduction progressive de la durée du travail est admis par le Premier ministre, les discussions devant être menées au sein de chaque entreprise pour en déterminer le montant et les modalités, celles-ci pouvant prendre d'autres formes que la réduction de la durée hebdomadaire du travail.

En ce qui concerne la fonction publique, les discussions, qui auront lieu le mardi 28 mai sous la présidence du Premier ministre, comporteront l'examen du problème, compte tenu des caractères particuliers des différents services.

Le problème d'un assouplissement de l'âge de la retraite, en particulier dans le cas de privation d'emploi et d'inaptitude au travail, a été posé par plusieurs syndicats [...].

*Droit syndical*

Le document annexé ci-après, relatif à l'exercice du droit syndical dans les entreprises, sera examiné au cours de réunions avec les organisations professionnelles et syndicales, en présence du ministre des Affaires sociales, en vue d'éliminer les points de désaccord qui subsistent.

Sur la base dudit document, éventuellement amendé, le gouvernement élaborera un projet de loi relatif à l'exercice du droit syndical dans les entreprises.

Le gouvernement, favorable à la liberté d'exercice de ce droit, entend que ce projet en règle concrètement les modalités. Il est prêt à favoriser, pour sa part, dans le même esprit, le libre exercice du droit syndical dans les entreprises publiques et la fonction publique, sous réserve d'apporter au projet de loi les précisions et les compléments permettant son adaptation aux nécessités de ces services.

*Droit syndical dans l'entreprise*

1. La garantie de la liberté collective de constitution de syndicats ou de sections syndicales dans l'entreprise à partir des organisations syndicales représentatives à l'échelon national (les organisations syndicales demandent une protection spéciale ; le CNPF estime que le droit commun suffit).

2. La protection des délégués syndicaux sera assurée dans des conditions analogues à celle des délégués du personnel et des membres du comité d'entreprise.

3. Les prérogatives de l'organisation syndicale dans l'entreprise et des délégués syndicaux : ses missions sont celles du syndicat dans l'organisation sociale, notamment la discussion et la conclusion d'avenants d'entreprise (addition proposée par les syndicats : et le droit de déterminer par accord des règles concernant la structure et le montant des salaires, primes et gratifications).

4. Des moyens d'expression de l'organisation syndicale et des délégués syndicaux :

a) collecte des cotisations à l'intérieur de l'entreprise (pendant le temps de travail – syndicats) ;

b) liberté de diffusion de la presse syndicale et des tracts syndicaux dans l'entreprise ;

c) libre affichage des communications syndicales dans des conditions permettant une information effective des travailleurs, avec communication simultanée à la direction (réserve de la CFDT et de la CGT sur les mots soulignés) ;

d) mise à la disposition des organisations syndicales d'un local approprié ; [...].

*Sécurité sociale*

Le Premier ministre a pris l'engagement d'accepter qu'un débat de ratification des ordonnances relatives à la Sécurité sociale ait lieu avant la fin de la session parlementaire en cours.

Par ailleurs, il a décidé de ramener le ticket modérateur applicable aux dépenses médicales de visite et de consultation de 30 % à 25 %.

Le gouvernement ne s'opposera pas à une initiative tendant à ce qu'il soit fait référence dans un texte de loi au décret du 29-8-1962 relatif aux règles d'évolution du plafond de cotisation.

Le Premier ministre déclare qu'il n'est pas dans ses intentions d'augmenter le nombre de points de cotisations de Sécurité sociale portant sur la totalité des rémunérations.

Le Premier ministre a également indiqué que l'intervention des textes d'application des dispositions législatives réglementant d'une part le versement direct des prestations à des tiers et d'autre part la participation obligatoirement laissée à la charge de l'assuré était suspendue, compte tenu des discussions en cours entre la Caisse nationale d'assurance-maladie et la Fédération française de la mutualité.

Le gouvernement souhaite qu'un accord de ces deux organismes règle conventionnellement leurs rapports et rende inutiles les dispositions envisagées [...].

*Journées de grève*

Les journées d'arrêt de travail seront en principe récupérées. Une avance de 50 % de leur salaire sera versée aux salariés ayant subi une perte de salaire. Cette avance sera remboursée par imputation sur ses heures de récupération. Dans le cas où la récupération n'aurait pas été matériellement possible avant le 31 décembre 1968, l'avance ou son solde sera définitivement acquise au salarié.

Ces mesures trouveront leurs répercussions dans le secteur nationalisé et la fonction publique *.

À leur tour, les représentants des syndicats s'expriment :

La délégation CGT, a déclaré M. Séguy, secrétaire général, a proposé, ainsi qu'il a été dit depuis le début de la conférence, de siéger sans désemparer pour essayer de dénouer la crise dans l'intérêt des travailleurs et de leurs familles.

Des revendications, qui se sont heurtées au refus de gouvernement et du patronat, ont trouvé une solution, sinon totale, du moins partielle.

* Le protocole d'accord dit de Grenelle, 27 mai 1968, cité dans Georges Séguy, *Le Mai de la CGT, op. cit.*, p. 213-221.

Il reste encore beaucoup à faire, mais les revendications ont été retenues pour une grande part, et ce qui a été décidé ne saurait être négligé.

Cependant, nous ne saurions donner de réponse sans consulter les travailleurs. Nous pensons que, sur la base des renseignements et des appréciations que nous leur donnerons, ils pourront prendre dans les meilleurs délais leur décision en conséquence *.

Puis, c'est au tour du secrétaire général de la CFDT, Eugène Descamps, de s'exprimer.

En vingt-cinq heures de discussions nous avons obtenu des résultats que nous réclamions depuis des années, ce qui est la preuve de la carence du patronat et du gouvernement. Les avantages ainsi acquis sont importants.

M. Descamps a souligné l'intérêt primordial qu'il attachait aux droits syndicaux, ajoutant : « Maintenant nous nous retournons vers nos syndicats, nos sections syndicales et les travailleurs pour savoir si nous avons su correctement les défendre, car, si un accord est intervenu au plan national, de nombreux problèmes locaux restent à régler. De la réponse que nous donneront nos militants et les travailleurs dépendra l'accord que nous apporterons au gouvernement **. »

Et enfin, la FEN, par la bouche de James Marangé.

* Georges Séguy (CGT), « Une solution partielle », *Le Monde*, 28 mai 1968.

** Eugène Descamps (CFDT), « L'intérêt primordial pour le droit syndical », *ibid.*

> M. James Marangé, secrétaire général de la Fédération de l'éducation nationale (FEN), a annoncé la poursuite de la grève des enseignants, qui a débuté le 22 mai dernier. Il a déclaré qu'il appréciait le caractère positif, sur le plan des revendications générales de la classe ouvrière, de résultats qui, « honnêtement, sont difficilement contestables ». M. Marangé a également déclaré « avoir pris acte avec satisfaction de la volonté affirmée par le gouvernement de mettre en œuvre une refonte de l'enseignement avec la participation des parents d'élèves, des étudiants et des enseignants, de même que la participation à la gestion des universités par les étudiants et les enseignants qui a été promise * ».

Georges Séguy a bien pris soin dans son communiqué de s'en référer à la décision des travailleurs. C'est ce qu'il fait en se dirigeant vers l'usine de Billancourt où l'attendent des milliers d'ouvriers, déjà plus ou moins informés des résultats par la radio. Le discours de Séguy, dont on n'a pas de trace écrite, provoque les huées des milliers d'ouvriers qui l'écoutent. Pourtant, prudent, ce dernier n'a pas appelé à la reprise du travail. Le refus du protocole d'accord reste encore un point obscur dans l'historiographie du mouvement ouvrier de Mai 68. En tout cas, les leaders syndicaux montrent une certaine surprise face à une combativité ouvrière qu'ils ont visiblement sous-estimée.

---

* James Marangé (FEN), « Les résultats sont difficilement contestables », *ibid.*

À Boulogne-Billancourt, avenue Émile-Zola, les piquets de grève de Renault montent la garde avec une égale vigilance. Aucune personne étrangère à l'usine ne peut entrer.

Que pense-t-on du protocole d'accord ?

Un jeune : Pas sérieux. Il s'agit encore de vagues promesses. On n'en veut plus. Il y a des années la direction nous avait déjà promis que la réduction de la durée du travail serait étudiée. On travaille toujours quarante-huit heures.

– Que réclamez-vous ?

– Un salaire minimum à 1 000 francs, la semaine de quarante heures tout de suite, la retraite à soixante ans et le droit de regard sur les bénéfices, sur les sous-traitances, etc.

– Pensez-vous que les mesures que vous réclamez sont applicables dans l'immédiat ?

– Peut-être pas dans les petites entreprises, mais ici Renault peut nous donner davantage. Tous les bénéfices partent à l'État. Ce n'est pas normal. Nous voulons connaître tous les chiffres...

– Tout le monde est-il d'accord pour poursuivre l'occupation ?

– On était nombreux pour la voter.

– Combien ?

– Plusieurs milliers. Il y avait beaucoup de monde, mais tous n'étaient pas là, bien sûr. Il y a ceux qui ont occupé l'usine cette nuit et qui sont rentrés chez eux pour dormir. Ceux-là sont d'accord pour continuer.

Lors du vote sur l'occupation de l'usine, 30 % à 50 % des ouvriers de Renault étaient présents. Les difficultés de transport mais aussi l'indifférence ou l'opposition ont joué. Ces ouvriers sont-ils au diapason des étudiants ? Le contraste est frappant entre l'atmosphère qui règne à la Sorbonne et celle qui domine à Boulogne-Billancourt ou au quai de Javel. Chez Renault et chez Citroën il semble s'agir surtout de participer davantage à la gestion, de participer financièrement aux bénéfices et aux progrès de la productivité. Il s'agit surtout d'obtenir, au moins chez Citroën, l'application du droit syndical et de meilleures conditions de travail, quel que soit le gouvernement, est-il précisé à chaque fois. Le surprenant, soit dit en passant, est que le comportement ne paraît pas foncièrement différent chez les travailleurs des deux entreprises, qui ont la réputation d'être, l'une la « plus sociale », l'autre la « moins sociale » de la construction automobile.

L'ouvrier de Renault reconnaît que les étudiants ont déclenché le mouvement. Il ne refuse pas la discussion avec eux mais en aucun cas il n'entend confondre les revendications et les types d'action *.

Billancourt, comme l'avait dit Séguy, avait une valeur de « test national ». Le rejet de Grenelle, rapidement médiatisé par la radio, a un effet d'entraînement sur les autres entreprises et, dans la journée, l'accord, le protocole ou le constat, peu importent désormais

* Jean-Pierre Dumont, « D'un piquet de grève à l'autre », *Le Monde,* 29 mai 1968.

Grenelle vu par Siné *.

* *L'Enragé,* nº 2. © Catherine Sinet. Photo : Collection Auguste de Châtillon.

les mots, apparaît caduc, en tout cas comme solution à la crise. La reprise existe mais reste tout à fait minoritaire. Les négociations continueront en fait branche par branche tout au long du mois de juin, mais, pour l'instant, la CGT est ébranlée par cet échec. La démission rendue publique de Roland Andrieu, secrétaire du syndicat CGT des marins du commerce de Nantes, montre que certains cadres du syndicat sont, à cette date, en désaccord profond avec une politique qui continue à méconnaître les aspirations qu'ils pensent révolutionnaires des salariés – à un moment où, de fait, le mouvement se durcit encore.

M. Roland Andrieu, secrétaire du syndicat CGT des marins du commerce de Nantes, a rendu publique la lettre qu'il a adressée au secrétaire générale de l'Union départementale CGT de la Loire-Atlantique, et dans laquelle il explique les raisons de sa démission de la commission administrative de cette Union. M. Andrieu précise qu'il n'a pas, pour l'instant, démissionné de la CGT. Il était intervenu pour ramener le calme au cours des manifestations violentes qui se sont déroulées dans la nuit de vendredi à samedi à Nantes (*Le Monde*, 26-27 mai).

« [...] Je me déclare en parfait désaccord sur la façon dont est actuellement orienté l'immense mouvement de grève et de protestation qui agite la classe ouvrière de notre pays, écrit M. Andrieu. Les membres de la confédération maintiennent sur le plan purement revendicatif un mouvement qui remet en cause une politique qui doit non seulement être condamnée, mais qui doit amener la CGT à faire connaître que ce n'est pas avec ce gouvernement que l'on discutera des revendications des travailleurs *. »

De même, le Parti communiste, sans doute pour les mêmes raisons, vit des tensions analogues, comme on le voit dans cette lettre signée par 36 intellectuels communistes, parmi lesquels Jean Bouvier, Jean Chesneaux, Guy Leclerc, Ignace Meyerson, Hélène Parmelin, Édouard Pignon, Madeleine Rebérioux, Albert Soboul, Charles Tillon, protestant contre la condamnation brutale de la manifestation étudiante du 24 mai par leur parti.

Les communistes signataires de ce texte affirment leur solidarité politique avec le mouvement qui, parti des étudiants, soulève des millions de travailleurs, la jeunesse des usines, celle des lycées, la grande majorité des intellectuels. Leur contestation commune met en cause, à travers le régime gaulliste, les bases même du système social actuel.

En tentant, au départ, de freiner cet élan exceptionnel, la direction a coupé le Parti d'une grande force de rénovation socialiste.

Cinquante mille manifestants criaient à la gare de Lyon leur colère contre la décision gouvernementale qui, en interdisant le territoire français à Cohn-Bendit, violait l'amnistie. De nombreux communistes étaient là. Le Parti, non.

---

* Extraits de la lettre de démission de Roland Andrieu, secrétaire du syndicat CGT des marins du commerce de Nantes, 28 mai 1968, *Le Monde*, 29 mai 1968.

Ainsi se trouvait facilitée la provocation du pouvoir, désireux d'isoler, voire d'écraser, le mouvement étudiant.

Pourtant, sans ce mouvement, qui a catalysé la volonté de lutte des masses, les usines n'auraient pas été occupées, les barrières du SMIG n'auraient pas déjà sauté, et d'autres perspectives ne seraient pas désormais ouvertes au combat ouvrier, dont le rôle est décisif.

La cassure entre les communistes et la masse des étudiants et des intellectuels aurait des conséquences tragiques. Il faut au plus tôt établir un dialogue.

Le débat qu'imposent les événements sur les orientations, la structure et l'avenir du mouvement révolutionnaire ne saurait maintenant être esquivé. Une franche analyse de la réalité, des initiatives politiques audacieuses doivent à tout prix permettre d'établir des liens avec les forces nouvelles qui se sont révélées dans la lutte pour le socialisme et la liberté *.

Le refus du protocole de Grenelle ouvre un espace politique sans précédent. Alors que la CGT appelle à des rassemblements pacifiques décentralisés, la frange de la gauche contestataire anticommuniste se sent pousser des ailes. Tout à coup, tout est possible, pour reprendre les mots mythiques de Marceau Pivert lors du Front populaire. L'UNEF, une partie de la CFDT (Confédération française démocratique du travail), la

* « Lettre des 36 », 26 mai 1968, citée dans le *Journal de la Commune étudiante*, *op. cit.*, p. 344-345.

FEN (Fédération de l'éducation nationale) et le PSU (Parti socialiste unifié), qui apparaît alors comme la seule structure partisane apte à concrétiser politiquement les aspirations révolutionnaires, donnent rendez-vous à leurs militants au stade Charléty. Discrètement mêlé à la foule mais muet, Pierre Mendès France assiste aux discours enflammés de ses jeunes amis, pour qui il constitue, à cette date, un recours possible. C'est une personnalité politique dotée d'un crédit moral inentamé par son passage éclair aux affaires en 1954. Pour les jeunes du PSU, parti dont il est l'un des inspirateurs, il reste une référence malgré son âge et son « style » peu soixante-huitard. Les interventions les plus applaudies sont celles de Jacques Sauvageot et d'André Barjonet, auréolé de sa récente démission de la CGT.

> C'était une bonne idée pour rassembler ouvriers et étudiants de choisir un stade. Et c'était une meilleure idée encore de choisir Charléty, pris entre la Cité universitaire et la SNECMA du boulevard Kellerman.
>
> C'était, après des barricades, le nouveau rendez-vous de deux révoltes qui veulent faire une révolution et qui cherchent un langage commun. Jamais autant que ce lundi soir elles ne semblaient l'avoir trouvé [...].
>
> C'est naturellement Jacques Sauvageot qui l'ouvre au nom de l'UNEF, appelant au calme, conjurant les incidents : « Je vois que la pègre est venue nombreuse... La violence peut se justifier. Aujourd'hui

nous ne la croyons pas efficace. Le gouvernement, qui a trouvé des alliés, il faut le dire (*rires*), cherche à diviser ouvriers et étudiants. Nous recherchons une stratégie, une ligne politique : que chacun donne ici son avis, s'exprime librement. Que les centrales syndicales défendent leur point de vue. Que chacun s'explique sur sa conduite. » [...].

Puis André Barjonet poursuit :

Si j'ai quitté la CGT, c'est surtout parce que les dirigeants n'avaient pas su ou peut-être pas voulu voir que la situation où nous sommes est vraiment révolutionnaire. Aujourd'hui tout est possible. Mais il faut s'organiser vite, très vite. Et dans un climat de libre discussion. La révolution exige le foisonnement et la diversité des idées *.

Après la journée gauchiste du « tout est possible », le mardi 29 mai représente le ressaisissement de la gauche parlementaire classique. François Mitterrand se déclare le premier : remisant de Gaulle dans les greniers de l'Histoire, il exalte « la nouvelle alliance du socialisme et de la liberté » tout en présentant des propositions concrètes pour sortir d'une crise exclusivement analysée comme antigaulliste.

En France, depuis le 3 mai 1968, il n'y a plus d'État, et ce qui en tient lieu ne dispose même pas des apparences du pouvoir. Tous les Français savent

* Jean Lacouture, « Charléty : "La révolution est possible" », *Le Monde*, 29 mai 1968.

que le gouvernement actuel est incapable de résoudre la crise qu'il a provoquée et qu'il en est réduit à agiter la menace du désordre, dont il est le vrai responsable, pour tenter de se maintenir en place quelques semaines encore. Pour quel dérisoire avenir ? Nul n'en sait rien, pas même lui.

Mais notre pays n'a pas le choix entre l'anarchie et l'homme dont je ne dirai rien aujourd'hui sinon qu'il ne peut plus faire l'Histoire. Il s'agit de fonder la démocratie socialiste et d'ouvrir à la jeunesse cette perspective exaltante : la nouvelle alliance du socialisme et de la liberté.

Il dépend de notre imagination et de notre volonté que la question posée à Prague en ce printemps 1968 trouve sa réponse à Paris. Et qu'ainsi la France soit la première parmi les grandes nations industrialisées à s'attaquer aux structures mêmes d'une société qu'elle a subie jusqu'ici comme les autres.

Peu importe la personnalité de celui qui assumera la responsabilité initiale de cette tâche. L'essentiel est qu'elle soit accomplie. Or, elle ne le sera pas en retournant au confusionnisme antérieur ou en renonçant à la politique de réconciliation des forces démocratiques et socialistes que j'ai engagée il y a maintenant près de trois ans.

Il convient au contraire de poursuivre l'effort entrepris pour lui permettre de porter tous ses fruits.

À travers la révolte des étudiants et la grève des travailleurs, des forces nouvelles se sont fait jour. Elles ne peuvent être ignorées. Mais elles ne peuvent pas non plus ignorer les deux puissantes organisations populaires qui ont mené le combat dans des temps difficiles et préparé l'avènement du temps qui vient.

Pour l'immédiat, je verse au grand débat qui occupe les Français les réflexions suivantes :

1. Il va de soi que les républicains diront non au référendum-plébiscite. Mais le référendum n'étant lui-même qu'un subterfuge, il convient dès maintenant de constater la vacance du pouvoir et d'organiser la succession.

2. Le départ du général de Gaulle au lendemain du 16 juin, s'il ne le produit pas avant, provoquera naturellement la disparition du Premier ministre et de son gouvernement.

Dans cette hypothèse, je propose qu'un gouvernement provisoire de gestion soit aussitôt mis en place.

3. L'un des premiers actes du président de la République sera de dissoudre l'Assemblée nationale. Il se portera solennellement garant devant le pays du respect des libertés individuelles et publiques (notamment par un droit égal d'accès à la radiotélévision et par l'exercice des droits de réunion et d'expression pour toutes les formations politiques).

Le renouvellement de l'Assemblée pourrait avoir lieu dans le courant du mois d'octobre.

Les citoyens décideront alors librement et en pleine connaissance de cause de la majorité parlementaire et de l'orientation politique de la nouvelle législature.

Ayant ainsi fixé les échéances et proposé le processus qui mènera à la relève du gaullisme, j'observerai qu'un tel objectif ne saurait être atteint si la provocation et la répression peuvent tirer profit du désordre. Ceux qui, avec raison, n'acceptent pas l'ordre établi, doivent trouver dans la cohésion et la discipline les véritables moyens d'assurer leur victoire.

Mais il est naturel que deux questions vous viennent aussitôt à l'esprit :

– Qui formera le gouvernement provisoire ?

– S'il le faut, j'assumerai cette responsabilité. Mais d'autres que moi peuvent légitimement y prétendre. Je pense d'abord à M. Pierre Mendès France. Au demeurant, ce n'est pas un problème d'hommes, c'est, je le répète, un choix politique, et ce choix politique, je vous l'ai défini.

Et qui sera président de la République ?

Le suffrage universel le dira. Mais, d'ores et déjà, je vous l'annonce, parce que le terme éventuel n'est qu'à dix-huit jours et puisqu'il s'agit du même combat : je suis candidat.

Telles sont, Mesdames et Messieurs, les conditions qui me paraissent nécessaires pour que les Français, ayant repris en main leurs propres affaires parce qu'ils auront dit non au plébiscite, soient dotés d'un État capable de reprendre rang dans l'Europe, d'épanouir nos libertés et surtout de rétablir à l'intérieur la concorde et la paix *.

Le lendemain, Pierre Mendès France complète le dispositif en se présentant lui aussi comme disponible pour la France.

---

* François Mitterrand, déclaration du 28 mai 1968.

Le contexte est différent de ce qu'il était lorsque nous avions pris rendez-vous.

La journée a été marquée par toute une série de nouvelles ou d'incertitudes. Nous ne savons plus très bien où en est le régime ; nous ne savons pas s'il y a encore un gouvernement et nous ne connaissons ni ses intentions ni ses décisions.

La longue conversation de travail que j'ai eue avec les dirigeants de la FGDS devait tenir compte de ces incertitudes. Nous avons exploré toutes les hypothèses et constaté sans surprise que, quels que soient les événements des prochains jours, notre réponse conduisait toujours à la création d'un gouvernement de transition.

Cette solution est celle que l'opposition de gauche devait mettre en avant.

Mais il faut que nous soyons tous d'accord sur ce que devra faire ce gouvernement. C'est là-dessus que nous avons travaillé très sérieusement.

Nous avons tous compris que ce gouvernement de transition devrait ménager, à travers les problèmes actuels, un passage cohérent pour garantir les nécessaires réformes de structure. Mais ce gouvernement n'aurait aucun sens s'il n'obtenait pas la confiance de tous ceux qui ont manifesté leur opposition au régime, et il est évident que les forces vives de la nation doivent toutes être réunies demain pour reconstruire, comme l'a dit M. Mitterrand, « sans exclusive et sans dosage ».

Tout ce qui divise, tout ce qui oppose ces forces, est néfaste et blâmable pour l'avenir. Aucun de nous d'ailleurs n'a ressenti le besoin, étant donné la gravité de la situation, d'évoquer des questions de personnes. Pour ma part, j'ai été touché que M. Mitterrand mette mon nom en avant. Il est évident que mon concours est acquis aux hommes de gauche et que je ne refuserai pas les responsabilités qui pourraient m'être confiées par la gauche, par toute la gauche réunie.

En ce qui concerne le gouvernement de transition, il s'agira non pas d'un gouvernement neutre, mais d'un gouvernement de mouvement orienté vers une société plus juste et plus socialiste. Il devra prendre des décisions immédiates, dont nous avons parlé cet après-midi et dont nous continuerons à parler dans les prochains jours, pour réaliser un accord complet.

En nous plaçant face aux vraies difficultés, nous faisons le genre d'effort qu'attendent de nous les jeunes, les grévistes et les chômeurs.

Nous ne nous sommes pas dissimulé les difficultés. Nous partions de conceptions qui n'étaient pas toujours les mêmes, mais l'effort a été positif et fructueux. Nous sommes conscients des responsabilités qui nous attendent dans les heures qui viennent *.

Le mercredi 29 mai, qualifié par Pierre Vidal-Naquet de « double journée des dupes [19] », commence par le coup de théâtre souvent commenté : le départ

* Pierre Mendès France, « Je ne refuserai pas les responsabilités qui pourraient m'être confiées par toute la gauche réunie », déclaration du 29 mai 1968, conférence de presse citée dans Pierre Mendès France, *Œuvres complètes*, t. V : *Préparer l'avenir, 1963-1973*, Paris, Gallimard, 1989, p. 352-353.

incognito du général de Gaulle. La vacance du pouvoir dénoncée par la gauche se concrétise physiquement. La fugue est immédiatement rapportée par la presse et la radio, et interprétée, à un moment où une grande partie de la France est encore largement en grève, comme le signe de la démission prochaine du président. Pour beaucoup, c'est la seule issue possible à la crise dès lors que le référendum n'est plus d'actualité et que la solution syndicale a échoué. Bon connaisseur du rituel gaullien, Pierre Viansson-Ponté commente les formes du départ :

> C'est par la grille du Coq, la porte des souverains, qu'il avait franchie la première fois le 29 mai 1958, répondant à l'appel du dernier président de la IVe République, que le général de Gaulle a quitté l'Élysée pour regagner en hélicoptère Colombey-les-Deux-Églises. À l'heure où nous écrivons, on ignore encore le sens exact qu'il entend donner à ce départ et les formes qu'il va observer. Cependant, dans la symbolique gaullienne des jours de drame, tout indique sa volonté de marquer qu'il est rentré, en simple citoyen, « dans son village et dans son chagrin * ».

On sait désormais qu'avant de rejoindre Colombey-les-Deux-Églises, il se rendit à Baden-Baden pour consulter son vieil ennemi des années algériennes, le

* Pierre Viansson-Ponté, « La seule issue possible », *Le Monde*, 30 mai 1968.

général Jacques Massu, afin de s'assurer de la loyauté de l'armée.

Durant ces journées de la fin du mois de mai, mouvementées car riches en rebondissements, la dramaturgie politique a quelque chose de fascinant. Le lundi 27, c'est le jour du gauchisme et de ses alliés, de la langue ailée de la révolution ; le mardi 28, retour sur terre mais du côté de la gauche institutionnelle non communiste, avec le trait d'union possible que représente Pierre Mendès France ; le mercredi 29, c'est la rentrée sur scène des deux forces les plus malmenées du mois de mai et, en même temps – on va bientôt en avoir la démonstration –, celles qui restent les plus puissantes. Tout d'abord, les communistes, avec la CGT, appellent à une manifestation dans toute la France l'après-midi du 29 : aux cris de « gouvernement populaire » et de « Mitterrand pas de manœuvre ! », une foule immense défile à Paris, prouvant la force de frappe de la CGT. Ensuite, les gaullistes qui, peu visibles jusqu'alors, prennent possession de l'espace parisien à l'occasion du grand rassemblement auquel les invite le discours du général de Gaulle, revenu au bercail, radiodiffusé le jeudi 30 mai à 16 heures.

> Françaises, Français,
>
> Étant le détenteur de la légitimité nationale et républicaine, j'ai envisagé, depuis vingt-quatre heures, toutes les éventualités, sans exception, qui me permettraient de la maintenir. J'ai pris mes résolutions.

De Gaulle à Baden-Baden, vu par Cabu *.

* *L'Enragé*, n° 3. © V. Cabut. Photo : Collection Auguste de Châtillon.

Dans les circonstances présentes, je ne me retirerai pas. J'ai un mandat du peuple, je le remplirai.

Je ne changerai pas le Premier ministre, dont la valeur, la solidité, la capacité, méritent l'hommage de tous. Il me proposera les changements qui lui paraîtront utiles dans la composition du gouvernement.

Je dissous aujourd'hui l'Assemblée nationale.

J'ai proposé au pays un référendum qui donnait aux citoyens l'occasion de prescrire une réforme profonde de notre économie et de notre Université et, en même temps, de dire s'ils me gardaient leur confiance, ou non, par la seule voie acceptable, celle de la démocratie. Je constate que la situation actuelle empêche matériellement qu'il y soit procédé. C'est pourquoi j'en diffère la date. Quant aux élections législatives, elles auront lieu dans les délais prévus par la Constitution, à moins qu'on entende bâillonner le peuple français tout entier, en l'empêchant de s'exprimer en même temps qu'on l'empêche de vivre, par les mêmes moyens qu'on empêche les étudiants d'étudier, les enseignants d'enseigner, les travailleurs de travailler. Ces moyens, ce sont l'intimidation, l'intoxication et la tyrannie exercées par des groupes organisés de longue main en conséquence et par un parti qui est une entreprise totalitaire, même s'il a déjà des rivaux à cet égard.

Si donc cette situation de force se maintient, je devrai pour maintenir la République prendre, conformément à la Constitution, d'autres voies que le scrutin immédiat du pays. En tout cas, partout et tout de suite, il faut que s'organise l'action civique.

Cela doit se faire pour aider le gouvernement d'abord, puis localement les préfets, devenus ou redevenus commissaires de la République, dans leur tâche qui consiste à assurer autant que possible l'existence de la population et à empêcher la subversion à tout moment et en tous lieux.

La France, en effet, est menacée de dictature. On veut la contraindre à se résigner à un pouvoir qui s'imposerait dans le désespoir national, lequel pouvoir serait alors évidemment et essentiellement celui du vainqueur, c'est-à-dire celui du communisme totalitaire. Naturellement, on le colorerait, pour commencer, d'une apparence trompeuse en utilisant l'ambition et la haine de politiciens au rancart. Après quoi, ces personnages ne pèseraient pas plus que leur poids qui ne serait pas lourd.

Eh bien ! Non ! La République n'abdiquera pas. Le peuple se ressaisira. Le progrès, l'indépendance et la paix l'emporteront avec la liberté.

Vive la République !

Vive la France * !

Tous les témoignages convergent : le discours du 30 mai fut ressenti par les contemporains comme un tournant. Le média choisi, la radio des jours de guerre, le vocabulaire martial, le réemploi d'un anticommunisme totémique à droite, tout indique le durcissement de l'État et la volonté d'en découdre. La

* Général de Gaulle, allocution radiodiffusée, 30 mai 1968, 16 heures, dans Charles de Gaulle, *Discours et messages*, *op. cit.*, p. 292-293.

manifestation qui suit, en partie préparée auparavant, est un succès auquel ne s'attendaient pas les organisateurs : entre 300 000 et 500 000 personnes vraisemblablement, même si le chiffre d'un million est brandi [20]. En tout état de cause, c'est le plus important rassemblement du mois de mai. La manifestation est décrite comme une « marée humaine » composée d'une foule sociologiquement mêlée, de nombreux jeunes ainsi que des anciens déportés, d'anciens FFI et des vétérans de la 2e division blindée qui entonnent leur chant. Comme l'explique Frank Georgi, la réactivation de la mémoire résistante sert à mimer, dans le sens inverse, la marche fondatrice du 26 août 1944, lorsque le général rebelle avait descendu les Champs-Élysées dans Paris libéré.

Les tracts distribués sur place expriment une certaine diversité dans les motivations de ceux qui se sont rendus à l'appel du chef de l'État.

> *Qui que vous soyez*, vous voulez avant tout garder votre liberté et assurer votre sécurité.
>
> Nous vous demandons de participer au *mouvement pour la civilisation de demain.*
>
> *Pour* le rétablissement immédiat de la liberté du travail dans des conditions normales, conformément aux vœux de l'immense majorité des travailleurs manuels et intellectuels.
>
> *Pour* éviter la violation des droits de l'homme par une minorité organisée et menaçante et contre la volonté de millions de lycéens, d'étudiants, d'agriculteurs, d'ouvriers, d'employés, de cadres.

Chacun de vous est individuellement responsable du sort de la Nation, comme il l'est de sa famille.

Le *mouvement pour la civilisation de demain* rassemble tous les citoyens non organisés qui sont *pour* la reprise immédiate du travail, afin d'éviter la faillite sociale et économique du pays.

Le *mouvement pour la civilisation de demain* demande :

– la continuation des discussions en cours concernant les revendications sociales, afin de permettre une meilleure répartition des revenus, garante de la justice sociale et de la progression de l'économie française dans le contexte européen et international ;

– l'ouverture immédiate de négociations entre les pouvoirs publics et les représentants qualifiés des étudiants et des enseignants pour réformer les programmes, les méthodes d'enseignement et la gestion d'une université moderne et démocratique, afin de préparer la refonte des structures de la société de demain.

Le *mouvement pour la civilisation de demain* demande à chacun :

– de soutenir avec courage l'objectif du mouvement dans leur milieu familial, professionnel, confessionnel ou non ;

– de soutenir le mouvement et de manifester dans le calme et avec dignité.

Place de la Concorde
Jeudi 30 mai à 18 heures
Liberté du travail
Nous voulons travailler * !

* Tract, Mouvement pour la civilisation de demain, 30 mai 1968, AHC du CHSP, Paris, fonds Chapsal, « Tracts 1968 », 2SP 51-52.

Pour assurer la *liberté*
Pour préserver l'*avenir*
*Non* à l'émeute et à la violence
*Oui* au suffrage universel et à la démocratie
Tous à la Concorde
Jeudi 30 mai à 18 h *.

Un certain mimétisme avec la gauche colore cette manifestation gaulliste inhabituelle. Ainsi, lorsque la foule reprend, par antiphrase, à la manière des gauchistes clamant « Nous sommes un groupuscule » : « De Gaulle est seul ». Il y a également d'autres curieux slogans.

> Parmi ceux les plus souvent repris et dont la foule finira par faire ses leitmotive : « De Gaulle n'est pas seul ! », « Le communisme ne passera pas ! », « Le drapeau, c'est bleu-blanc-rouge ! », « La France aux Français ! », « Les Français avec nous ! », « Liberté du travail ! » Et puis aussi sur des notes de comptine ironique : « Mitterrand, c'est raté ! », ou sur l'air des stades : « Allez, de Gaulle ! »
>
> Il y eut pourtant plus vif, plus hargneux, sinon haineux : « Cohn-Bendit en Allemagne ! », « Le rouquin à Pékin ! », « Vidangez la Sorbonne ! », « Cocos au poteau ! », « Les cocos à Moscou ! », et même un très choquant et inadmissible « Cohn-Bendit à Dachau ! »
>
> À cela s'ajoutaient les formules inscrites sur les banderoles, les calicots et les pancartes : « Évolution

* Tract gaulliste, 30 mai 1968, *ibid.*

sans révolution ! », « Liberté du travail ! », « Non à la dictature d'une minorité ! », « Pour la liberté du prolétariat, à bas le marxisme ! », et des centaines de : « Assez de violences * ! »

Même les tenants de l'Algérie française (bérets rouges et tenues léopard) sont présents, attestant de l'unité nationale reconstituée autour de la légitimité gaullienne. Depuis le 11 mai, les comités de défense de la République organisés de l'Élysée par le Service d'action civique ont renoué avec ceux que la politique algérienne du général de Gaulle avait éloignés. À ces comités de défense s'ajoutent, à partir du 30 mai, des comités d'action civique, calqués sur la forme du comité d'action dans le camp révolutionnaire, qui prolongent l'effet de dramatisation donnée à l'allocution du président.

Dans les circonstances exceptionnelles que traverse le pays, des misères accrues accablent les nécessiteux, d'écrasantes tâches supplémentaires s'imposent aux familles. La sécurité et la salubrité de l'ensemble de la population sont en péril.

En attendant le retour à une situation normale, chaque citoyen a *en conscience* le devoir de participer activement à des tâches précises.

Pour grouper toutes les bonnes volontés sans aucune considération philosophique ou politique, un Comité d'action civique vient de se constituer en accord avec les autorités.

---

* La manifestation gaulliste du 30 mai 1968, *Le Monde*, 1er juin 1968.

Ce Comité d'action civique groupe la quasi-totalité des associations civiques économiques, culturelles et sociales de notre arrondissement.

Tous les citoyens conscients de leur responsabilité devront *se présenter mardi 4 juin 1968 à partir de 9 heures* à la mairie du VIe arrondissement, place Saint-Sulpice, où un bureau du Comité d'action civique fonctionne dès à présent dans la cour à gauche, porte B, où le comité est installé *.

Dans la nuit du 30 mai, le ministre de l'Intérieur Christian Fouchet fait passer par télégramme une circulaire à tous les préfets leur enjoignant la plus grande fermeté, ce qui confirme le durcissement opéré par le gouvernement après le 30 mai.

Le président de la République a rappelé avec solennité la fonction essentielle que vous aviez à assumer dans la crise actuelle pour ramener le pays à la liberté et à la paix stop. J'ai assuré le chef de l'État et le Premier ministre que vous sauriez la mener à bien stop.

Comme je vous l'ai exposé par téléphone, la réaffirmation de l'autorité de l'État, le déblocage de l'économie, la restauration de la vie normale sont et doivent être votre préoccupation de tous les instants stop.

En ce qui concerne le secteur public, vous prendrez toutes mesures utiles pour favoriser la reprise

---

* Appel, Comité d'action civique du VIe arrondissement de Paris, début juin 1968, AHC du CHSP, Paris, fonds Chapsal, « Tracts 1968 », 2SP 51-52.

générale du travail stop. En tout état de cause, vous avez pour devoir immédiat d'éliminer toute obstruction à la liberté du travail et de réduire l'occupation des installation [*sic*] administratives prioritaires stop. En ce qui concerne le secteur privé, vous encouragerez par tous les moyens le mouvement de reprise qui se dessine stop. Vous déterminerez les entreprises où cette reprise est la plus urgente et la plus facile et serait la plus spectaculaire et la plus féconde stop. Je suis prêt pour les opérations particulières que vous me proposerez à mettre à votre disposition des moyens matériels supplémentaires stop.

Les avantages accordés aux travailleurs leur sont acquis stop. La réalité du progrès social dépend maintenant de la reprise du travail et du redémarrage de l'économie stop. De cette relance, vous saurez être, à tout moment en tous lieux, les animateurs stop *.

## *Juin 1968*

Si le discours de De Gaulle, dans sa dramatisation étudiée, et la manifestation qui suit marquent un tournant, rien n'est réglé le 30 mai. Limiter la chronologie du mouvement de 1968 au mois de mai va en général de pair avec la réduction des événements à un

---

* Christian Fouchet, circulaire préfectorale, dans la nuit du 30 au 31 mai 1968, circulaire n° 68.230, 30 mai 1968, AN 980 273/61 citée par Xavier Vigna, *L'Insubordination ouvrière dans les années 68*, Rennes, PUR, 2007, p. 34.

monôme étudiant, joyeux et sans lendemain. Ce n'est évidemment pas l'esprit du présent ouvrage ni celui de l'historiographie d'aujourd'hui [21].

Les grèves et les occupations continuent. La Sorbonne et l'Odéon sont évacués les 14 et 16 juin, mais Censier, l'École des beaux-arts, le Conservatoire national des arts et métiers restent dans une activité fébrile jusqu'à la fin du mois, plongés dans les discussions, les élections de nouvelles structures paritaires et la préparation d'universités d'été. Dans les usines et les autres secteurs économiques, la partie active des salariés qui a mené le combat de la grève, pas nécessairement majoritaire, répugne à retourner au travail. Début juin, les syndicats, notamment la CGT, poussent à la reprise tandis qu'au contraire les comités d'action encouragent la non-résignation au reflux annoncé par anticipation à la télévision. C'est gravement que les ouvriers grévistes de mai vont reprendre peu à peu au mois de juin le chemin de l'usine. Cette fin de grève aura été longue et douloureuse, car au total, elle se conclut par une forme de reconduction d'un ordre du travail qui n'a pas été bouleversé dans ses fondements.

Tandis que l'on recouvre les pavés de bitume, le pouvoir, longtemps passif, reprend la main et durcit son action. Le 5 juin, Raymond Marcellin devient ministre de l'Intérieur à la place de Christian Fouchet. Cette promotion annonce la politique musclée de lutte contre l'ennemi intérieur gauchiste, qui se poursuivra jusqu'au début des années 1970. Les interventions des forces de l'ordre pour évacuer les lieux occupés sont de plus en plus brutales et il faut attendre le mois de juin pour que la mort frappe finalement, donnant, pour les plus sceptiques, un ultime gage de sérieux à ce mouvement révolutionnaire jusqu'alors sans effusion de sang. À l'usine Renault de Flins, le 6 juin 1968, puis à Sochaux, le 11 juin, ce sont trois morts qui, au total, s'ajoutent à celle du commissaire de police tué à Lyon la nuit du 24 mai. Le 12 juin, plusieurs organisations gauchistes dont la JCR et l'UJCml sont dissoutes et les manifestations sont interdites pendant la campagne électorale qui commence.

Ces élections, annoncées par de Gaulle dans son discours du 30 mai, garantissent le processus de retour à la normale dès lors que l'on en accepte le principe. C'est le cas très vite pour le Parti communiste qui se lance dans la bataille. Quels que soient les programmes et même les résultats, ces élections ont en quelque sorte un « rôle performatif[22] » : elles se suffisent à elles-mêmes pour renouer avec la démocratie parlementaire et le monde d'avant. Le raz-de-marée de la droite gaulliste semble clore cette logique de suture avec un passé déchiré par les événements. Pour les acteurs de 1968, l'essentiel n'est de toute façon pas dans le combat électoral. Il est dans le travail critique entamé depuis mi-mai qui reconfigure les places des uns et des autres, discute les évidences de la société française, les postulats des institutions et des doctrines, et remet en cause le fonctionnement des savoirs. Ce moment critique laisse des traces qu'il n'est guère possible d'effacer d'un coup de truelle. Il engage, au contraire, l'avenir, comme le montrent les documents présentés dans la seconde partie.

# II

# L'EXTENSION DU CHAMP DES POSSIBLES

# 3

# L'Université critique

Le refus des étudiants de se disperser le 13 mai au soir a abouti à l'occupation de la Sorbonne. En réalité, le processus avait commencé auparavant, comme on l'a vu, avec l'appel de Strasbourg (9 mai) ou les premières opérations d'affichage sauvage à Censier dès le 11 mai, qui vont accompagner la prise de possession des lieux d'enseignement par les « enseignés » – comme on ne le dit pas encore.

Car l'occupation, qui se généralise dans toutes les universités et lieux d'enseignement, est en elle-même un programme : celui dont le mouvement de 1968 se refuse à accoucher. L'important n'est pas la liberté, mais l'acte de libération et l'expérience concrète d'organisation, d'expression et de liberté qui s'invente, dans la plus grande improvisation au cours de ces semaines des mois de mai et de juin. Nuit et jour, l'université devient un lieu de vie. Les salles vides s'animent et se couvrent de graffitis. Dans le fonctionnement fébrile et frénétique – l'emploi du temps est chargé – de ces « communes » autonomes, plusieurs projets peuvent être distingués : réformiste ou révolutionnaire, le travail de critique théorique et pratique mené par les étudiants survit à la fin des occupations, à partir de la mi-juin. Parfois prolongée par des universités d'été, cette remise en cause multiforme est l'exemple le plus radical – pour des raisons de dispositions « professionnelles » compréhensibles – de ce qui se passe ailleurs dans la société française : l'instauration d'un temps d'arrêt durant lequel chaque institution, chaque corporation, chaque milieu fait son autocritique et envisage de « faire dérailler » le cours des choses.

### *Une topographie de la révolte*

À l'université comme ailleurs, les attentes sont diverses et révèlent des degrés et des formes d'engagement différents. Pour prendre l'exemple de la Sorbonne – mais on pourrait en partie le généraliser –, trois projets au moins coexistent dans une topographie mouvante et complexe qui mêle l'ancien (les structures universitaires en voie de suppression) et le nouveau (les comités d'action et assemblées générales).

Il y a la Sorbonne « explosive du Grand Amphi [1] » qui accueille le soir les rencontres avec les ouvriers et où passe la parole agile de la révolution des mots, la langue innovatrice héritée des « situs » : « Professeurs, vous nous faites vieillir », ou « Ne nous gargarisez pas avec les débouchés », « Aux examens, répondez par des questions » (Censier). C'est l'atmosphère de fête où, comme à l'Odéon, la révolution se comprend surtout par la « communication » (un mot d'époque), la capacité du langage à faire lien et à transcender les fossés hérissés des différences sociales.

> Le grand amphithéâtre, c'est le divan du psychanalyste. Ce qui déferle là, qui va du borborygme à l'oraison, n'enrichira guère le florilège de l'éloquence politique. Mais il y a quelque chose d'admirable, et qui est le respect de la parole adverse. Sur cette estrade, on est en train d'inventer l'antidote à des générations de leçons *ex cathedra* et de terrorisme intellectuel, de l'extrême droite à l'extrême gauche. Et il n'est pas d'imbécile qui n'y ait sa chance d'entendre et de faire entendre sa voix : ce qui est une façon de défier le « sélectionnisme ». Ce défilé a quelque chose de lassant. Mais on y entend des propos rafraîchissants, tels ceux de ce vieil ouvrier tout droit sorti des *Misérables*, rescapé de répressions anciennes et qui résume ainsi les rapports de classes dans la France d'aujourd'hui : « De Gaulle, je vous le dis, il n'a jamais mangé des harengs avec le peuple *... »

* Jean Lacouture, « Une république libertaire au quartier Latin », *Le Monde*, 21 mai 1968.

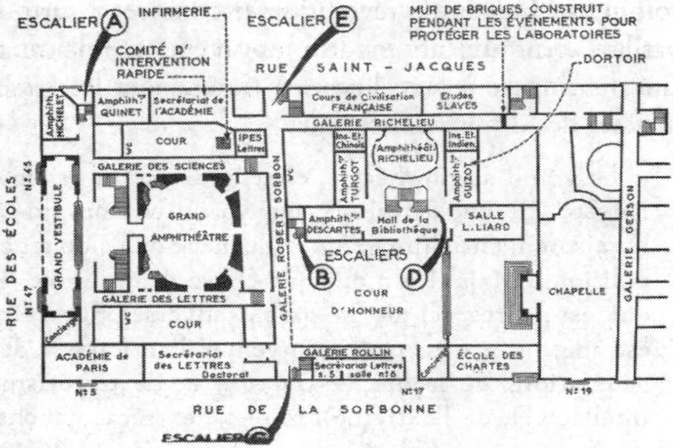


*Escalier A*
- Amphithéâtre Quinet : Étudiants-ouvriers espagnols.
- Rez-de-chaussée : Artistes.
- 1er étage : C.L.E.O.
- 1er étage : Comités ouvriers-étudiants.
- 3e étage : Comités des 3 continents.
- 3e étage : Comités liaisons inter-provinces.

*Escalier B*
- 1er étage : Comité Etudiants-ouvriers grecs.
- 2e étage : Amph. M. Edwards : C.A.L., préparation aux grandes Ecoles.

*Escalier D*
- Bibliothèque universitaire (accès fermé pendant les événements).

*Escalier E*
- 1er étage : salle 1 : O.R.T.F
- 1er étage : salle 2 : Anarchistes.
- 1er étage : salle 3 : Comité pour la révolution socialiste des régions.
- 1er étage : Faculté, maisons de jeunes.
- 3e étage : amph. Chasles : C.L.I.F.
- 3e étage : Nettoyage-services.

*Escalier C*
- 1er étage : Salle Cavaillès : C.L.I.F. et tracts.
  - Salle F : Comité Information.
  - Salle Lalande : Comités d'Action : coordination.
  - Salle de lecture : Comité d'occupation.
  - Institut de Philo : Comité de coordination, Agitation culturelle.
- 2e étage : Salle 7 : Comités ouvriers-étudiants portugais.
  - Salle 8: Spectacle politique.
  - Dortoirs.
  - Salles de gauche : Presse.
  - Salles de gauche : Sonorisation de la cour
  - Salles de gauche : Agitation, propagande.
- 3e étage : Salle 1 : F.E.R.
  - Salle 2 : Commission d'enquête sur la répression.
  - Salles de droite : Garderie. Dortoirs.
  - Salles de gauche : Service d'ordre.
  - Bibliothèque Lavisse : Etudiants-Enseignants.

Plan de la Sorbonne en mai-juin 1968 *.

* Cité dans *La Sorbonne par elle-même*, *op. cit.*, p. 106-107. Collection particulière.

Du même projet de révolution culturelle par la langue, mais sur un mode plus artiste, témoigne ce tract du Comité révolutionnaire d'action culturelle (CRAC) créé et animé par le sociologue Georges Lapassade.

Le jour de la prise de la Sorbonne par l'imagination, jour de liesse, s'il en fut, est née l'expression : agitation culturelle.

Elle fut accouchée d'une bouche mâle dans les douleurs d'un lapsus lingual.

On parle de la Chine, on pense révolution, et on dit agitation et notre-père-qui-êtes-aux-cieux, pardonnez au con qui ajouta culturelle...

Pourquoi donc ajouter révolutionnaire ?

– Ceux-là pensent (et ils ont tort) que ce rajout qualificatif n'a de sens que dans une perspective siglistique : pour faire CRAC... Et alors ! faut que ça craque.

Mais tout acte culturel étant dans la sphère étoilée un acte révolutionnaire (selon l'hégélienne terminologie) il était urgent comme une envie de pisser de rétablir la situation (point).

Il était temps que les artistes bouffonnant dans les salons mondains refusassent les susucres de la bourgeoisie.

CRAC, c'est parti. La Sorbonne reprenant l'esthétisme d'un ex-Institut (d'art paraît-il) fit son CRAC. Des comités analogues se formaient à Censier, à la Halle aux Vins (lieu de prédilection), en médecine, à Sciences-Po (!), à l'Épée-de-Bois, à l'Odéon (ça ne lui a pas réussi) et, bien sûr, aux Beaux-Arts, qui les premiers ouvrirent une vieille carcasse de pierre au nouveau tourbillon agitateur et prirent l'initiative de le laisser s'exprimer dans ces murs au risque d'être dépoussiéré.

Seule la fac de droit persiste dans son attitude de replâtrage et préfère réanimer l'ex-culture plutôt que d'en créer une nouvelle : Bruno Coquatrix peut venir rue d'Assas !

Nous invitons tous ces agitateurs culturels à nous communiquer toutes informations sur leurs activités sans engagement de notre part en ce qui concerne la publication.

*CRS qui lisez en civil, faites attention à la marche en sortant* *.

Cependant, la fantaisie ne règne pas en maître. Un deuxième projet de militantisme spécifiquement politique se lit clairement dans les stands des officines gauchistes qui s'installent dans la cour de la Sorbonne. La révolution ici, ce n'est ni dans les mots ni dans l'improvisation qu'on la trouve : elle a une histoire glorieuse, des héros, des martyrs, une bibliothèque, une terre pionnière (le tiers-monde de la « zone des tempêtes ») et des organisations qui s'efforcent de retirer au Parti communiste le monopole de la représentation ouvrière.

À côté de cette floraison désordonnée, les idéologies constituées, si révolutionnaires que soient leurs

---

* « Ici, on spontane », CRAC, n° 2, cité dans *La Sorbonne par elle-même*, *op. cit.*, p. 296.

mots d'ordre, font figure de jardins à la française. La cour de la Sorbonne, où ont surgi les portraits de Mao, de Lénine, de Trotski, de Marx, de Fidel Castro, l'emblème du Viet-cong et les drapeaux rouges, a été transformée en une espèce de foire aux partis. Chacun a son stand, où il vend, et même parfois donne, ses brochures et ses journaux : l'Union des étudiants communistes, l'Union des jeunesses révolutionnaires (trotskiste), *La Voix ouvrière* (trotskiste également, mais en divergence avec la précédente). Du côté des « prochinois », l'UJC marxiste-léniniste et le PC marxiste-léniniste se font face, comme deux vases de porcelaine. Les mouvements régionalistes eux-mêmes ont trouvé place dans un coin, au haut de l'escalier, près de la statue de Louis Pasteur, qui porte sur ses genoux les fleurs de lys noires du drapeau breton *.

Enfin, pour être moins ostensible, elle n'en est pas moins décisive : la Sorbonne « studieuse et réformatrice [2] » des commissions qui se réfugient dans les étages et élaborent, discipline par discipline, point par point, des réformes à l'intérieur du champ qui est le leur. Ce militantisme universitaire est souvent co-animé par des enseignants, maîtres-assistants sympathisants du mouvement et promoteurs du changement à l'intérieur de facultés dont ils ont eu ou ont encore à subir les archaïsmes.

---

* Michel Legris, « Dada et Marx à la Sorbonne », *Le Monde*, 18 mai 1968.

*Réforme ou révolution ?*

La tension entre réforme et révolution se lit aisément dans les archives. Elle est elle-même à géométrie variable. Du côté des discours de la radicalité, très prolixes, mais sans doute non majoritaires en termes de représentation étudiante, l'arc-en-ciel idéologique est riche et nuancé[3]. Dès le début du mouvement, les enragés font entendre un cri de révolte qui rejette en bloc l'université bourgeoise, qui prépare les étudiants à s'intégrer dans la société, et le savoir qui y est dispensé, propédeutique à cette intégration. Ici, le refus de parvenir fait écho à l'angoisse du manque de débouchés que l'on entend dans d'autres lieux de la révolte étudiante.

> Nous nous battons... parce que nous refusons de devenir :
>
> – des professeurs au service de la sélection dans l'enseignement, dont les enfants de la classe ouvrière font les frais,
>
> – des sociologues fabricants de slogans pour les campagnes électorales gouvernementales,
>
> – des psychologues chargés de faire « fonctionner » les « équipes » de travailleurs « selon les meilleurs intérêts des patrons »,
>
> – des scientifiques dont le travail de recherche sera utilisé selon les intérêts exclusifs de l'économie de profit.
>
> Nous refusons cet avenir de « chien de garde ».
>
> Nous refusons les cours qui nous apprennent à le devenir.

Nous refusons les examens et les titres qui récompensent ceux qui ont accepté d'entrer dans le système.

Nous refusons d'être recrutés par ces « mafias ».

Nous refusons d'améliorer l'université bourgeoise.

Nous voulons la transformer radicalement afin que désormais elle forme des intellectuels qui luttent aux côtés des travailleurs et non contre eux…

Nous voulons que les intérêts de la classe ouvrière soient défendus à l'intérieur de l'université. Ceux qui veulent nous séparer des travailleurs vont à l'encontre des intérêts de la classe ouvrière et de ceux qui veulent lutter avec elle…

Où que vous soyez, où que nous soyons, mobilisons-nous tous contre la répression bourgeoise *…

Dans le même esprit, à Censier, le comité d'action « Nous sommes en marche » s'est réuni sur la base d'un texte-manifeste qui a été amplement diffusé dans le quartier Latin en mai 1968 : « Amnistie des yeux crevés ». Ses protagonistes affirment que, à travers le mouvement de Mai, certaines positions « sont devenues définitivement désuètes ; en particulier, l'"intellectualisme spectateur" ». C'est pourquoi on trouve dans ce texte découpé en « thèses » – qui peut faire penser à la prose léniniste mais aussi à la réforme luthérienne – la proposition ultime adressée aux étudiants : « Supprimons-nous. »

* Tract, Mouvement du 22 mars, 4 mai 1968.

Étudiants travailleurs,

Il ne faut pas nous laisser duper une fois de plus. Il faut prendre conscience de ce que nous avons tous fait confusément et à la hâte, dans la rue.

Étudiants, il faut être lucides et ne pas accepter d'être récupérés, assimilés ou compris avec nos petits problèmes de « mineurs », de privilégiés, de *mauvaise conscience* de « *non-prolétaires* ».

Exposons clairement ce que nous voulons. Nous devons prendre le temps de le savoir.

*Thèse 1.* Il n'y a plus de problème étudiant. L'étudiant est une notion périmée. Nous sommes des privilégiés, non économiquement, mais parce que nous seuls avons le temps et la possibilité physique et matérielle de prendre conscience de notre état et de celui de la société.

Non-prolétaires, nous le sommes. Mais surtout, nous sommes des consommateurs passifs et improductifs de biens et de culture [...].

*Thèse 3.* Nous n'étions autrefois qu'une petite minorité nécessairement intégrable. Nous sommes maintenant une trop grande « minorité » non assimilable, mais gardant le statut de l'ancienne minorité. Telle est la contradiction où nous, fils de bourgeois, sommes placés. Nous ne sommes plus assurés de notre futur rôle d'exploiteurs. Telle est l'origine de notre force révolutionnaire. Ne la laissons pas s'échapper. Supprimons-nous : devenons des travailleurs pour que tous les travailleurs deviennent des privilégiés, des ayants-droit au choix de leur propre destin. [...]

*Thèse 5.* Étudiants, cessons d'être des parasites provisoires futurs exploiteurs et consommateurs privilégiés. Soyons dès maintenant des producteurs véritables de biens et de culture, de services et de savoirs [...].

*Thèse 8.* L'embourgeoisement de la classe ouvrière, masqué et démontré par les fausses revendications qui lui sont prêtées, a été une entreprise du capitalisme moderne. Il a pu ainsi diviser le monde en deux : les nantis, et tous ceux susceptibles de le devenir, face aux exclus provisoires de ce monde : les pays dits sous-développés.

*Thèse 9.* L'étudiant est devenu le prolétaire de la bourgeoisie, l'ouvrier, le « bourgeois » du tiers-monde.

*Thèse 10.* Étudiants, travailleurs, privilégiés de tout poil, continuons la lutte pour un changement radical de toutes les sociétés exploiteuses, oppressives, mystifiantes [...].

*Travailleurs-étudiants*, nous sommes la classe révolutionnaire, nous sommes les porteurs de l'idéologie dominante, car notre but est de nous supprimer, en tant que classe, et avec toutes les autres classes.

*Nous ne voulons être que de jeunes travailleurs.*

Et cela, nous pouvons le proposer aux milliers de travailleurs, intellectuels ou manuels, jeunes ou vieux, pour qu'ils puissent être comme nous, et nous comme eux.

Une fois de plus, il nous faut abolir tous les privilèges, toutes les barrières cachées et pour cela, il nous faudra lutter de toutes nos forces et par tous les moyens, jusqu'à la victoire qui ne saurait être *que provisoirement finale*.

*Relisez cet appel encore et encore.*
*Devenez-en l'auteur.*
*Corrigez-le et recopiez-le.*
*Diffusez-le à des millions d'exemplaires.*
*Affichez-le.*

Et quand nous serons tous ses auteurs, le vieux monde s'écroulera et fera place à l'union des travailleurs de tous les pays *.

Le refus de la division du travail et des hiérarchies qu'elle impose, inculquées dès l'université par l'apprentissage d'un savoir, s'exprime aussi dans la nouvelle presse étudiante qui éclôt en mai. Sur le mode de la confession, des témoignages lestent les discours du poids de leur expérience sociale et entendent dévoiler le fonctionnement concret de l'alliance entre l'université technocratique pourvoyeuse d'élites et la société en voie de modernisation qui en est affamée. Voici l'un de ces récits de vie publié dans *Action*.

On m'appelle sociologue-urbaniste. Si je travaillais huit heures par jour et cinq jours par semaine je gagnerais 3 000 francs par mois. Je gagne plus. Je travaille dix heures par jour et plus de cinq jours par semaine. La folie. J'ai fait cinq ans d'études. D'abord deux années de khâgne. Ensuite une licence de philo. J'ai préparé pendant un an l'agrégation. J'ai renoncé pour protéger le peu de santé mentale qui me restait.

* « Amnistie des yeux crevés », comité d'action Nous sommes en marche, Censier, 13 mai 1968, cité dans Centre de regroupement des informations universitaires (éd.), *Quelle université ? Quelle société ?*, Paris, Le Seuil, 1968, p. 144-145.

Enfin j'ai été engagé par un architecte qui dirigeait un bureau d'urbanisme. Comme sociologue. Pendant un an je suis allé ponctuellement tous les matins au bureau. Où précisément j'ai fait des études. On ne me donnait rien à faire. Alors j'ai lu toutes les revues qui me tombaient sous la main. On a fini par me baptiser documentaliste. Ce qui est un métier auquel préparent excellemment les études de philosophie.

Après l'architecte, j'ai travaillé chez un ingénieur. Là j'ai commencé à faire ce qu'on appelle de la sociologie, science humaine, c'est-à-dire des enquêtes. J'établissais moi-même les questionnaires et j'allais moi-même les faire remplir. Le métier de sociologue dans la France moderne c'est le démarchage de porte à porte. Des visites, à la façon des voyageurs de commerce ou des curés. Ou alors, avec une licence de sociologie, vous pouvez toujours poser votre candidature à un poste de chef du personnel dans une petite entreprise. Vous aurez moins de travail et des cas sociaux à résoudre. Faire patienter un employé dont le salaire n'a pas été augmenté, conseiller tel autre pour les ennuis qu'il a avec sa femme, et veiller à la préparation de l'arbre de Noël.

Il y a en France 200 sociologues-urbanistes. Pas un de moins. Quand les étudiants révolutionnaires disent qu'ils ne veulent pas devenir sociologues-urbanistes parce que l'aménagement du territoire est la pire des répressions, ils ont raison. Seulement, 99 % d'entre eux n'ont aucune chance de parvenir à ces hautes fonctions, dans la hiérarchie des gardiens de l'ordre *.

---

* « Le travail du sociologue » ? *Action*, 13 mai 1968.

À côté du « Supprimons-nous », de l'autodissolution rêvée de la classe étudiante – mais est-ce bien une classe sociale ? – dans un monde idéalement réconcilié, certains gauchistes (militants PSU, libertaires, JCR, « inorganisés ») se préoccupent avant tout de faire la liaison avec le monde ouvrier [4]. Dans les comités d'action qui se multiplient dans (et hors) l'université, c'est le discours prédominant : « La Sorbonne est notre base, ce n'est pas notre terrain de combat. »

*Deux courants*

Deux courants se dégagent, en effet, des multiples discussions de ces trois derniers jours. D'un côté, ceux qui veulent profiter de la « crise universitaire » pour faire opérer par le gouvernement en place des « réformes universitaires ». Ce sont souvent les mêmes qui s'accommoderaient facilement de voir l'occupation de la Sorbonne tourner au dérisoire folklore d'antan. De l'autre côté, ceux qui, la semaine des barricades, ont fait resurgir l'espérance de l'action révolutionnaire. Ceux-là veulent le renversement du régime plus que la « cogestion de l'Université », l'alliance avec les ouvriers plus que l'alliance avec les « grands profs » qui hier se déclaraient nos ennemis et se font aujourd'hui doucereux. L'occupation de la Rhodiacéta, mardi matin, celle de Sud-Aviation à Nantes, aujourd'hui, montrent la voie.

Il ne s'agit pas d'opposer schématiquement toutes les revendications universitaires et des revendications politiques générales. Toutes sont légitimes et nécessaires. Il s'agit de hiérarchiser leur importance.

*La politique au premier rang*

Les deux mêmes courants se dégagent à propos du lieu de l'action. D'un côté, ceux qui acceptent de s'enfoncer dans les facultés pour y reprendre une « vie normale améliorée ». De l'autre, ceux qui veulent transformer nos facultés reconquises en base d'action tournée vers l'extérieur. Contre les flics, il fallait dire « La Sorbonne aux travailleurs ». Nous devons utiliser nos facultés conquises comme la base rouge où s'organise le mouvement, d'où partent les groupes de propagande vers la banlieue et les quartiers populaires, où se dresse journellement le bilan de la lutte. Maintenant il faut : *aller vers la classe ouvrière.*

Non pas pour l'organiser nous-mêmes, mais pour profiter de l'audience que nous a donnée notre courage et expliquer la nécessité de renverser le régime. Dans les banlieues nous devons aller rétablir la vérité sur notre lutte, dire pourquoi nous sommes contre le capitalisme. Nous devons aussi aller y apprendre la vérité concrète de ce que nous ne savons que par les livres : l'exploitation du travail. Maintenant enfin, il faut aller reprendre la rue, car c'est là que l'affrontement a lieu et que se fait la jonction avec les travailleurs.

*La Sorbonne est notre base, ce n'est pas le terrain du combat [...]*

*Non au réformisme universitaire et au folklore apolitique.*

*Ouvrons la voie de la contestation révolutionnaire du régime* *.

* Appel de la Coordination des comités d'action, 14 mai 1968, cité dans Jean-Philippe Legois *et al.*, *Cent ans de mouvements étudiants*, Paris, Syllepse, 2007, p. 324.

Le mot « réformiste » est très galvaudé en 1968. Tout ce qui vise au réaménagement des structures existantes est voué aux gémonies par les étudiants révolutionnaires. Et pourtant, les archives montrent que l'on a probablement sous-estimé la part réformiste de la révolte étudiante de 1968, y compris parfois en assumant un devenir technocratique des réformes souhaitées. Beaucoup d'étudiants, inquiets de leur avenir, se satisferaient d'une « modernisation » de leur faculté.

> Par une attitude non équivoque, par l'adhésion à un certain nombre de principes clairement énoncés, chacun doit contribuer à la clarification de la situation et s'organiser en conséquence.
>
> C'est pourquoi il est nécessaire que les exigences des réformes à entreprendre soient clairement définies par ceux qui refusent l'aventurisme révolutionnaire.
>
> C'est pourquoi un appel pressant doit être adressé par toutes les autorités conscientes de leurs responsabilités au gouvernement, pour qu'il prenne des engagements formels sur la teneur et le calendrier des réformes les plus urgentes. Ce n'est que sur des garanties précises du gouvernement que se fera, dans l'ordre, le retour au travail de tous les citoyens soucieux du bien public.
>
> Ces garanties nettement affirmées, ceux qui poursuivraient l'agitation démasqueraient leurs menées subversives par le fait même.
>
> *Pour la résolution des problèmes universitaires.*
>
> Il faut dénoncer :

– la « réforme Fouchet » qui, loin de résoudre la situation des étudiants, l'aggrave ;

– les concentrations systématiques : concentrations universitaires qu'aggravent les concentrations urbaines, économiques, administratives, qui créent des situations explosives, rendent les institutions inaptes. « Les hommes sont comme les pommes, quand on les entasse, ils pourrissent » (Mirabeau) ; les concentrations universitaires qui, par la centralisation des pouvoirs de décision entre les mains de l'Éducation nationale, provoquent à tous les niveaux un désintéressement propice à l'explosion massive de tous les mécontentements ;

– l'insuffisance de l'enseignement professionnel, technique, commercial, qui contribue à surencombrer l'enseignement supérieur ;

– la dimension purement pragmatique de l'enseignement au détriment des disciplines de formation universelle ;

– l'absence de débouchés réels au sortir de l'enseignement du fait des options statistiques globales de la planification de l'État *.

De même qu'il n'y a pas que des gauchistes et des enragés dans les rues de Paris, comme nous le rappelle le défilé quotidien du groupe d'extrême droite Occident, il n'y a pas non plus de monopole idéologique sur le mouvement étudiant. Certains sont clairement opposés à tout le processus des occupations, dans un réflexe

* Comité des étudiants pour les libertés universitaires, 17 mai 1968, cité dans le *Journal de la Commune étudiante*, *op. cit.*, p. 690.

qui mélange la peur et parfois la contre-offensive idéologique. De ce Front universitaire antimarxiste, on ne sait rien si ce n'est qu'il a existé, peut-être limité à quelques étudiants. Néanmoins, de nombreux tracts déclinent les thèmes exprimés dans celui-ci.

> Qu'est-ce que le Front universitaire antimarxiste ? Le Front universitaire antimarxiste a été créé à Strasbourg, il y a un mois, par quelques étudiants désireux de ne pas voir l'Université tomber aux mains des groupes d'extrême gauche qui ne manqueraient pas d'y établir la démocratie des casques et des barres de fer, comme à Nanterre [...].
>
> Ses buts sont : – le maintien de l'ordre et de la liberté d'expression en milieu universitaire ; – l'élaboration d'une critique positive de l'Université.
>
> Ses moyens sont strictement légaux et non violents (le FUAM n'accepte pas en son sein d'extrémistes agités). Le FUAM organisera régulièrement des campagnes d'information auprès de la presse et du public. D'autre part, sa commission de recherche universitaire, qui fonctionnera sans interruption pendant les vacances d'été, proposera dès la rentrée de nouvelles séries de réformes qui seront soumises à l'appréciation des comités de liaison.
>
> Le Front universitaire antimarxiste espère que la fin de l'année scolaire ramènera le calme dans les esprits, permettant ainsi la réalisation d'un dialogue positif entre enseignants, étudiants et administration *.

* Communiqué, Front universitaire antimarxiste de Strasbourg, sd, AHC du CHSP, fonds Chapsal, « Tracts 1968 », 2 SP 52-53.

### *Mise à bas de l'ancien régime universitaire et instauration de nouvelles structures*

Très vite dans les facultés occupées, à Paris et en province, le pouvoir institutionnel, notamment celui du doyen, est radicalement modifié. Des assemblées générales d'enseignants – des professeurs et des maîtres-assistants – et aussi de toute la communauté étudiante assurent, de fait, un pouvoir de décision. Parfois, il peut même exister une situation de double pouvoir. Cette révolution intérieure se traduit localement par des nuits du 4 août, d'autant plus sanglantes que le département ou le service est dirigé par un mandarin puissant. C'est particulièrement le cas en médecine où les patrons cumulent l'activité qu'ils ont à l'hôpital et celle de leur enseignement. Là, de fortes personnalités ont pu exercer un pouvoir omnipotent et véritablement féodal sur une armada d'assistants diplômés, assujettis pendant des années par un lien de fidélité et éventuellement d'admiration. Le mouvement de mai-juin 1968 libère alors la parole sur le mode de l'exutoire. Tout à coup, comme dit l'un des protagonistes, les mille fils de Gulliver qui vous rattachent au système et au silence sont brisés. C'est ce qui se passe dans le service du professeur Soulié, détenteur de la chaire de cardiologie de l'hôpital Broussais, fustigé par la majorité du service et finalement destitué sur décision du comité d'action. L'un des docteurs témoigne, lors d'une réunion du service de cardiologie de Broussais, le 17 mai 1968.

Le docteur Z. : Si vous le permettez je résume le débat de la façon suivante. Il y a les trois problèmes qui viennent d'être évoqués pour vous : [...]

2. Le deuxième problème c'est celui de la structure du service qui est le problème personnel de M. Soulié. Il est évident pour tous ceux qui fréquentent ce service que, depuis des années, nous souffrons de l'autorité, disons vraiment terrible, qu'exerce le patron sur nous. Nous vivions dans la terreur, le mot n'est pas trop fort ; il fera sourire les jeunes lorsqu'ils penseront que les gens de 45 ans comme moi parlent de terreur, mais c'est vraiment le terme qui convient. Nous vivions dans la terreur, nous vivions humiliés plusieurs fois par semaine parce que bafoués devant des malades, devant le personnel, et parce que la structure, telle qu'elle existait, de ce système-là ne nous permettait pas de redresser la tête et nous avons plié à combien de reprises ! Vraiment, il y a eu des scènes qui n'intéresseront peut-être pas ceux qui ne sont pas du service, mais des scènes, qui se sont déroulées dans la bibliothèque... où véritablement, il y avait de quoi pleurer à voir la façon dont nous nous sommes fait traiter et l'impossibilité, je dis bien l'impossibilité, peut-être un peu de lâcheté aussi, mais vraiment on a été traités comme un seigneur autrefois n'aurait pas traité un esclave. Par conséquent, il y a là quelque chose, et je m'adresse vraiment au premier rang ici, et je n'ai pas peur de le dire très en face, cette attitude m'a blessé profondément et je ne suis pas le seul et elle est pour beaucoup dans l'éclatement de ce qui se passe aujourd'hui. J'ajoute aussi que, sur le plan toujours de cette autorité extraordinaire, elle englobait non seulement le service de cardiologie, mais beaucoup de

choses, elle englobait aussi l'enseignement dans le service qui, jamais, n'a pu faire place à une discussion, tout se passait en un monologue et jamais nous n'avons pu avoir un dialogue. Et en quinze ans de fréquentation de mon patron je n'ai jamais pu lui dire d'homme à homme ce que je voulais lui dire.

3. Le problème Vernant c'est l'allumette, et la mèche les autres problèmes parce que vraiment on en a beaucoup sur le cœur *.

Dans le nouvel ordre universitaire dont accouche le mouvement se posent très vite des problèmes de techniques de représentation avec un débat, très politique, dans l'alternative : mixité ou parité ? Le principe de mixité s'inscrit dans une logique de démocratie directe (avec surreprésentation des étudiants par rapport aux enseignants forcément moins nombreux) et d'autogestion ; le principe de parité, moitié enseignants, moitié étudiants, privilégie une logique plus technocratique de cogestion qui permet aux professeurs de garder un certain contrôle sur les décisions, et aux étudiants de faire alliance avec la partie progressiste du monde enseignant. Après discussion, le département d'histoire de la Sorbonne choisit la parité.

*I. Débat sur la parité et la mixité*

La séance commence par la lecture des deux motions présentées sur lesquelles le débat portera.

---

* Réunion du personnel du service de cardiologie de l'hôpital Broussais, intervention du docteur Z., 17 mai 1968, citée dans le *Journal de la Commune étudiante*, *op. cit.*, p. 659-660.

Une motion défend le système de la parité, la seconde celui de la mixité.

Ensuite la discussion s'engage. Très vite le débat s'oriente sur le problème des collèges électoraux.

A. Débat sur les collèges électoraux

Bien entendu, il n'est pas question de reproduire tout le débat. Nous essayons d'en donner quelques lignes principales.

La parité défend l'existence de deux collèges, la mixité celle d'un seul [...].

Les deux collèges permettent de rallier tous les professeurs au mouvement.

B. Commission paritaire

Nous devons chercher à marquer le plus de points possible et donc à mettre tout de suite quelque chose sur pied. Surtout, il ne faut plus s'embarrasser de la confusion entre Université idéale et ancienne Université. Pour faire disparaître l'assemblée des enseignants, il faut créer quelque chose pour la remplacer. Il faut accepter cette commission paritaire.

Mais on souligne, d'autre part, que la parité maintiendrait une hiérarchie et que, dans une Université hiérarchique, on ne peut pas imposer une réforme de la pédagogie. La mixité est donc meilleure.

La motion sur la parité est votée à la majorité.

*II. Élection des représentants étudiants*

La liste présentée par le bureau est acceptée après discussion *.

* Compte rendu de l'assemblée d'histoire de la Sorbonne, 27 mai 1968, cité dans *La Sorbonne par elle-même*, *op. cit.*, p. 380-381.

Les discussions (publiques et de couloir), les alliances et les conspirations, les nombreux votes qui accompagnent la frénésie démocratique de ce moment de refondation de nouvelles instances représentatives rappellent la « mélasse parlementaire » aux plus activistes, qui ne se privent pas d'ironiser, comme ici à Sciences Po.

> Les beaux (et jeunes, bref de gôche) messieurs font joujou
>
> Enfin ils ont leur parlement hochet
>
> arreu... arreu... arreu...
>
> Bien dressés, nos bons petits singent avec application leurs grands aînés et d'un air constipé jouent à leur Monopoly-tic (règle du jeu : « Camarades » Chapsal B 565, Laroque B 615, Goguel C 104)
>
> sous l'œil bienveillant des visionnaires professionnels de la « science » politique.
>
> Bref ils refont, barbouillés de mélasse parlementaire, leur conférence de droit constitutionnel (on en tiendra compte pour leur examen). Avec :
>
> pour le folklore, les posters de Marx et autres hurluberlus écarlates ;
>
> pour modèles sociaux les prestigieux anciens de la maison, de Fouchet à Mendès France.
>
> Comité d'action révolutionnaire
>
> 21 mai – 22 h – Salle 12 *.

* Appel, Comité d'action révolutionnaire, Sciences Po, 21 mai 1968, AHC du CHSP, fonds Chapsal, « Tracts Sciences Po, 1968 », 2 SP55.

*L'université critique*

En mai et en juin, parfois encore en juillet, la société universitaire s'agite à coup de réunions, de rapports et de motions de synthèse dans les commissions afin de transformer de l'intérieur les modalités d'enseignement, les relations pédagogiques, le contenu et le découpage des disciplines, ainsi que de mettre fin au mandarinat et aux procédures de l'« examen-guillotine ». C'est tout un travail de fourmi qui s'exprime dans les montagnes de papier produites. Ce moment critique se traduit autant dans la rhétorique enflammée de la *tabula rasa* que dans la volonté d'acteurs sincèrement désireux de changer les choses. À Censier, on essaie de repenser les sciences de l'homme en refusant le clivage entre sciences humaines « critiques » et sciences humaines « orthopédiques ».

> L'ensemble des étudiants, praticiens, enseignants, chercheurs, réunis en assemblée générale :
>
> 1. Refuse l'actuelle organisation technique et idéologique des sciences dites humaines.
>
> 2. Conteste le découpage traditionnel de ces sciences : sociologie, psychologie, psychiatrie, psychosociologie, psychanalyse, linguistique, ethnologie, économie, psychothérapie, pédagogie, etc.
>
> 3. Dénonce ce découpage comme un découpage historique, contemporain de l'organisation capitaliste de la société, organisation incarnée dans la structure défunte de l'institution universitaire, dans la forme et le contenu de l'enseignement qui y était

prodigué ainsi que dans les techniques des praticiens jetés sur le marché et secrétés par lui.

4. Constate à tous les niveaux (pratique, théorie, formation) l'existence d'un clivage entre sciences humaines critiques et sciences humaines « orthopédiques » (c'est-à-dire visant à l'adaptation et au réajustement à l'intérieur même du système contesté).

5. Affirme que des sciences humaines critiques ne peuvent être élaborées que par :

– l'éclatement de chacune des disciplines actuelles ;

– la confrontation avec la partie critique de chacune des autres disciplines ;

– la confrontation du praticien avec les autres praticiens sur les lieux pluridisciplinaires de leur travail.

*En conséquence : déclare constituer l'Université critique des sciences de l'homme*

6. Cette université détruit l'opposition entre lieux du travail et lieux de la théorie. Selon des modalités qui restent à définir :

– tout étudiant doit être aussi praticien ;

– tout praticien doit être aussi étudiant ;

– tout enseignant et tout chercheur doivent être aussi praticiens.

7. Cette université, pour ce qui la concerne (les sciences de l'homme) est le seul « lieu » de recherche et de formation des travailleurs sociaux.

8. Le premier travail de l'université critique tend à élaborer une nouvelle articulation des disciplines, dont la définition elle-même doit être repensée.

9. Au cours de ce travail seront définis :

*a)* l'organisation de l'université critique des sciences de l'homme ;

*b)* les modes de formation qui seront pratiqués ;

*c)* les contenus des enseignements ;

*d)* son organisation interne et son articulation avec les lieux de travail et avec l'enseignement secondaire *.

À Censier également, la commission de lettres critique les humanités sélectives et met en place une sous-commission consacrée au « langage littéraire, scolaire et universitaire comme véhicule de valeurs de classe et comme moyen de sélection sociale ».

Quelle que soit son origine sociale, l'instituteur, par sa formation, a le langage de la classe dominante dont il est l'agent objectif. Par conséquent, l'enfant issu de milieu bourgeois et familiarisé avec ce langage se trouve privilégié par rapport à l'enfant d'origine ouvrière ou paysanne.

L'apprentissage du français, sauf cas expérimentaux, se fait à partir de textes d'auteurs (méthode pédagogiquement contestable), textes :

+ qui relèvent d'une *élaboration littéraire* et donc de mécanismes littéraires compliqués ; mais on offre ceci à l'enfant comme le langage habituel ;

+ représentatifs d'une manière d'écrire érigée en modèle ;

+ le plus souvent descriptifs (« intérieur bourgeois », « tableau » de la nature présenté comme « poétique »...).

---

* « Université critique des sciences de l'homme », déclaration du comité de liaison, Censier, mai 1968, cité dans *Quelle université ? Quelle société ?*, *op. cit.*, p. 86.

L'objet des textes est idéalisé, alors que l'enfant risque de le voir comme immédiat.

On peut regretter que l'enseignement du français se fasse trop souvent à partir de textes *écrits*. Mais les exercices oraux subissent la même tyrannie d'un langage de classe : on demande aux enfants de parler un langage répondant à une notion de « correction » et qui ne répond pas forcément aux besoins de la communication. En fait, ce langage imposé freinant plutôt la communication, l'information passe difficilement.

La syntaxe a un rôle sélectif :

+ par le primat accordé à une certaine structure grammaticale élaborée par la classe dominante, en vase clos, qui rejette toute autre structure grammaticale existante par ailleurs (N.B. : ce point soulève controverse et demande bien sûr à être travaillé entre grammairiens et linguistes).

+ cette syntaxe est extrêmement compliquée, « raffinée ». Par conséquent l'enfant non familiarisé de par son milieu avec elle ne peut saisir cette syntaxe que comme arbitraire. De plus, il ne pourra l'assimiler qu'avec une grande difficulté *.

Partout, on examine les *topoï* de la critique littéraire, on scrute les manuels. La réforme de l'orthographe est un chantier qui passe par 1968 avec sa tonalité

* Rapport de la commission « Langage littéraire, scolaire et universitaire comme véhicule de valeurs de classe et comme moyen de sélection sociale », Censier, 30 mai 1968, AHC du CHSP, fonds Chapsal, « Tracts 1968 », 2 SP 52-53.

propre : « L'orthographe est une mandarine. » Un groupe de sociologues du Centre de sociologie européenne (Sorbonne) réunis autour de Pierre Bourdieu étudie le contenu de la culture classique et son rôle normatif et sélectif dans le *cursus honorum* :

> Les documents utilisés pour la rédaction de ce texte peuvent être consultés au Centre de sociologie européenne où pourront être adressées toutes les informations complémentaires.
>
> 1. Absurdité pédagogique et fonction sociale des « humanités ».
>
> Les caractères propres des études classiques telles qu'elles sont pratiquées dans le secondaire et, le plus souvent, dans le supérieur, ne sont intelligibles, comme l'a montré Durkheim, que si l'on se réfère à toute l'histoire du système d'enseignement. Les « humanités » de l'enseignement traditionnel sont le produit de la synthèse monstrueuse d'une éducation à fins religieuses (former un *habitus* chrétien) et d'une culture païenne, la littérature grecque et romaine : pour résoudre la contradiction, la pratique pédagogique a engendré une idéologie « humaniste » qui repose sur la négation ou, mieux, la « neutralisation » de tout ce qui fait la particularité des cultures considérées ; l'homme grec ou romain est présenté comme une réalisation particulièrement réussie de la nature humaine dans son universabilité en sorte que sa culture peut être traitée comme culture universelle (de là le fait, par exemple que les interprétations parlent le langage de la psychologie plutôt que celui de l'ethnologie ou de la sociologie). Bref, la

culture gréco-romaine est à la fois « neutralisée » par l'universalisation fictive et sacralisée au titre de message exemplaire : c'est cette conception préscientifique de la culture qui constitue le principal obstacle à la rationalisation de la pédagogie et au progrès de la science des cultures grecque et romaine [...].

En bref, on pourrait proposer :

– la suppression de l'enseignement du latin et du grec dans l'enseignement secondaire ;

– la création d'un enseignement sur les cultures antiques, offert à tous les enfants de toutes les sections, et portant sur tous les aspects de ces cultures (économie et institutions aussi bien qu'œuvres d'art) ;

– la formation (ou la reconversion) d'enseignants dotés d'une connaissance des langues correspondantes (acquise en faculté par des méthodes intensives) et d'une formation générale aux méthodes de l'archéologie, la sociologie, l'ethnologie, l'économie, l'histoire de la littérature, de l'art, des sciences et de la philosophie et d'une formation spécifique, en tous ces domaines, sur les caractéristiques des civilisations antiques ;

– l'organisation, dans les facultés, d'un enseignement de recherche et d'équipes de chercheurs-enseignants capables de donner aux enseignants du secondaire la formation indispensable et de faire progresser la connaissance des cultures antiques *.

---

* « Des "humanités" à la science et l'enseignement rationnel des cultures antiques », Centre de sociologie européenne, mai 1968, cité dans *La Sorbonne par elle-même*, *op. cit.*, p. 301-303.

## *Le mouvement des lycées*

Le même mouvement critique de fond se produit dans les lycées, occupés par les lycéens à partir de la mi-mai, grâce à l'organisation des comités d'action lycéens (CAL) d'obédience trotskiste, particulièrement actifs dans certains établissements. Sur ce qu'il s'y est dit et fait, on sait moins de choses que sur les étudiants. La refonte du système éducatif et l'aménagement de la vie scolaire occupent une grande place. « Il ne s'agit plus d'apprendre mais de comprendre, de synthétiser, d'analyser, d'acquérir une méthode de travail intellectuel », lit-on dans le numéro 3 du journal *Informations* du lycée Paul-Bert.

> L'*histoire* est une matière essentielle pour la formation de l'individu, sa compréhension du monde présent. Il est regrettable qu'elle soit encore *trop « événementielle »*. En particulier, une place plus grande devrait être faite à l'histoire des sciences, des techniques, des idées.
>
> L'enseignement des *sciences* ne tient pas une place suffisante dans la formation générale ; il reste trop utilitaire. Il doit être fait en relation avec l'histoire des sciences et l'explication des grandes théories scientifiques.
>
> C'est dans les petites classes, au niveau des classes primaires et du premier cycle, que devraient se faire l'*initiation à la méthode expérimentale* et les manipulations qui, en seconde, ne présentent plus aucun intérêt, alors qu'à ce niveau deviendrait possible une

*introduction aux théories contemporaines* et aux découvertes les plus récentes [...].

Quelques remarques ont encore été faites :

– si tant de cours sont ennuyeux, c'est que, bien souvent, le professeur s'interdit de se référer aux problèmes contemporains de crainte d'être accusé de « faire de la politique ». Il n'est plus possible désormais de ne pas utiliser dans le cadre de nombreuses disciplines (histoire, géographie, français, économie, philosophie...), les références à l'actualité et de ne pas aborder les problèmes politiques et sociaux. C'est une condition fondamentale pour qu'un cours soit vivant ;

– la télévision peut être pour le professeur un auxiliaire précieux mais ne saurait en aucun cas remplacer le professeur ;

– disposer des tables en cercle ou en fer à cheval chaque fois que cela est possible *.

Toujours au lycée Paul-Bert :

La commission d'action culturelle juge nécessaire :

– la création d'un foyer permanent ouvert à toutes les élèves du lycée à partir de la seconde ;

– la création d'un foyer socio-éducatif pour le premier cycle, avec des relations étroites entre les deux foyers ;

– l'organisation de débats publics pour les élèves, animés par des conférenciers ou des personnalités de la science, des arts ou de la politique...

* Lycée technique des Gobelins, extraits des rapports des commissions des programmes des établissements parisiens, mai-juin 1968, cité dans *Quelle université ? Quelle société ?*, *op. cit.*, p. 90-91.

– le rétablissement du groupe théâtral pour lequel la mixité par jumelage avec un lycée de garçons serait souhaitable. Nous demandons l'aide d'amateurs et de professionnels (metteurs en scène, techniciens, etc.) ;

– la création d'un club de poésie et de musique qui se manifesterait par des récitals donnés par les élèves. Le programme de la chorale pourrait être sélectionné par les élèves. Possibilités de chorales inter-lycées ;

– autonomie du ciné-club ; les films seraient suivis de débats. Il serait ouvert à toutes les classes et dirigé par les élèves. Un cours technique et artistique précéderait le film. Une section du foyer socio-éducatif concernerait les activités cinématographiques avec des cours plus approfondis ;

– les ateliers d'artisanat devraient être plus développés (vannerie, émaux, céramique...) ;

– la création d'un journal qui ne pourra pas être censuré, dont le but principal serait d'informer les élèves des activités culturelles intérieures et extérieures au lycée et dans lequel tout article sur quelque sujet que ce soit serait accepté. La participation à la rédaction de ce journal sera ouverte à toutes les élèves.

Le statut reste à fixer.

– Création d'un journal inter-lycées.

– Les activités sportives seront plus développées et les moyens plus grands (filet de volley avec poteaux, filet de hand-ball...).

– Aménagement de l'amphithéâtre, piscine, stade, ateliers...

– Points oubliés : que des journaux, des revues puissent être trouvés pour l'information des élèves.

*Pour la réalisation de ces projets, il est nécessaire évidemment d'augmenter les crédits et de pouvoir les utiliser librement* * !

## *Les étudiants chrétiens et l'Église en Mai 68*

Autre milieu moins étudié et que l'on n'associe pas spontanément à Mai 68 : celui des étudiants chrétiens, plus généralement de l'Église, des fidèles et des prêtres [5]. Et pourtant, il faut noter la précocité de l'engagement de nombreux étudiants chrétiens, catholiques et protestants, dès les premiers jours du mois de mai. Tout se passe comme si le mouvement de 1968 avait représenté une forme de dépassement du schisme séculaire clérical/anticlérical [6]. L'irruption du mouvement dans une conjoncture de remise en cause de l'Église comme institution, à la suite du concile Vatican II, permet de comprendre la disponibilité de certains milieux chrétiens à accueillir l'événement. Les étudiants chrétiens prennent la parole pour dénoncer et dévoiler le fonctionnement de leur propre société, l'Église, à la manière des autres étudiants pour l'université – et avec le même lexique néo-marxiste, dans le cas des étudiants de la faculté protestante de Paris.

* Journal *Informations* du lycée Paul-Bert, nº 1, mai 1968, cité dans *Quelle université ? Quelle société ?*, *op. cit.*, p. 95-96.

Certains étudiants en théologie de la faculté de Paris ont publié un communiqué évoquant l'« ennui profond » qu'ils ressentent à « consommer de la théologie » et remettant en cause « le seul débouché auquel pratiquement les préparent ces études : le ministère pastoral paroissial ».

« Il est clair, lit-on notamment, que nous n'avancerons pas vers la solution de ce genre de problèmes tant que nous ne remettrons pas en question les structures de la société (Église) qui entend se donner les cadres aliénants dont elle a besoin pour sa propre survie. Cela, nous l'avons définitivement compris sur les barricades.

« Le mouvement révolutionnaire des étudiants, dont nous nous sentons pleinement solidaires, a fait éclater au grand jour les contradictions internes de notre société capitaliste fondée sur le profit au détriment de l'homme.

« L'institution ecclésiastique, par sa place privilégiée dans la société occidentale, par ses silences, par ses prises de position obligatoirement conciliatrices, prêchant la paix là où il n'y a pas de paix, contribue au maintien du *statu quo*.

« La théologie ne fait qu'entériner les contradictions internes du système capitaliste dont participe l'institution ecclésiastique en se réfugiant dans ses polarités traditionnelles : royaume de Dieu-monde païen, Église-société, pasteurs-laïcs, violence-non-violence...

« [...] Prendre parti pour l'opprimé aujourd'hui ne peut se faire sans entrer délibérément et sans réserve dans le processus révolutionnaire [...] *. »

---

* Communiqué, « Des étudiants de la faculté (dite) libre de théologie protestante de Paris », *Le Monde*, 23 mai 1968.

Pour beaucoup de chrétiens, le mois de mai fut vécu comme une source d'expérience spirituelle. Pour les prêtres vivant et travaillant dans les milieux populaires, les exigences évangéliques correspondent aux enjeux profonds du mouvement. La parole prophétique remise au goût du jour par l'humeur utopiste du mouvement est une langue familière aux esprits croyants.

Nombreux sont les prêtres qui voudraient partager avec les hommes leurs préoccupations quotidiennes et exprimer au milieu d'eux tous les liens qu'ils découvrent entre la vie et l'Évangile. Cela existait avant le Concile mais, depuis lors, cette recherche s'est encore accentuée. Les événements actuels conduisent les prêtres signataires (qui n'engagent qu'eux-mêmes) à manifester publiquement l'essentiel de leur réflexion. Ils pensent rejoindre ce qu'exprimait le père Marty dans sa lettre au clergé du 22 mai.

Solidaires de la population de nos quartiers, et acceptant d'être remis en question par elle, nous estimons, nous, prêtres, qu'à une heure où un souffle nouveau passe sur notre pays, nous ne pouvons pas nous taire.

C'est toute une conception paternaliste et autoritaire de la politique, de l'économie, de l'Université, qui est remise en cause. Nous savons que l'Église n'échappe pas à cette critique. Nous contestons aujourd'hui, dans tous les domaines, la façon dont on pense et décide pour nous.

Au contact des familles ouvrières, des étudiants, des militants de tous horizons, croyants ou non, qui nous paraissent être la conscience du monde, s'est peu à peu forgée en nous cette conviction profonde que nous ne pouvions être prêtres d'un peuple en dehors d'un partage réel de ses espoirs, de ses échecs, de sa soif de justice, de son désir de liberté et de responsabilité.

Nous ne pouvons plus employer un langage qui ménage à la fois les uns et les autres, et qui permet aux uns et aux autres de s'y reconnaître et de se justifier.

Aussi, devant la crise présente, et quelles que soient les issues politiques provisoires trouvées demain, nous déclarons, sans ambiguïté, que nous nous voulons pleinement solidaires de la contestation d'un monde où l'homme est sacrifié au profit et à l'argent dans un système capitaliste. Cette contestation n'est pas une demande de quelques réformes apaisantes, mais la remise en cause radicale d'une manière de vivre entre les hommes.

*Nous déclarons :*

– qu'une société où l'homme n'est considéré que comme force de production ou de consommation, et où l'on peut parler de lui en employant les mots de « déchet », de « volant de main-d'œuvre », « de pourcentage acceptable », est en contradiction absolue avec le message de Jésus-Christ ;

– que nous ne nous sentons liés à aucun pouvoir établi et que nous voulons garder vis-à-vis de lui notre liberté ;

– qu'il ne saurait y avoir de solution qui ne soit « politique » et nous reconnaissons que sur ce point, notre mode de vie nous a souvent empêchés d'apprécier la réalité ;

– que nous n'avons à défendre aucune institution, ni position de force ou de puissance ;

– que nous tenons à défendre la dignité de chaque personne humaine et donc à prendre position dans des situations concrètes.

Bref, au moment même où notre pays est troublé, nous prenons parti pour ce grand mouvement de solidarité qui se déploie, et qui nous paraît plus en conformité avec l'Évangile qu'un monde de consommation individualiste.

Nous souhaitons vivement que cette prise de position soit un appel au dialogue et à la participation *.

Au temps de la Pentecôte et du Verbe démultiplié, comment ne pas vivre la politique de la libération par la parole comme une expérience profondément religieuse ? Cette interprétation pentecôtiste de la révolution de Mai anime les chrétiens réunis dans la paroisse de Saint-Yves, à Rennes.

Le matin de la Pentecôte, les disciples étaient réunis pour réfléchir ensemble aux moyens de communiquer aux autres le message de l'Évangile... Et voici que l'Esprit descendit en eux. Ils se mirent à parler. Les gens qui les écoutaient étaient de diverses nations... Tous pourtant comprenaient...

Cette semaine, comme jadis les Apôtres, de nombreux adultes et jeunes se sont réunis, dans les entreprises et les écoles, pour se concerter, réfléchir, afin de promouvoir plus de justice et de liberté... L'Esprit

* Appel des prêtres de la région parisienne, fin mai 1968, cité dans le *Journal de la Commune étudiante*, *op. cit.*, p. 823-824.

de la Pentecôte les animait, car là où l'effort des hommes s'ordonne vers une société plus fraternelle, le Christ est réellement présent.

Être chrétien, c'est vouloir faire la volonté de Dieu... Mais celle-ci n'est pas un programme qu'il nous impose de l'extérieur. Le Seigneur nous appelle à chercher, découvrir, et réaliser sa volonté à travers les événements. Dans les heures que nous vivons, c'est par une coopération active aux structures professionnelles, sociales, politiques que nous répondons à l'appel du Seigneur. Les aspirations à la justice et à la liberté doivent se concrétiser ; elles resteront des mots ou de beaux sentiments, si elles ne se traduisent pas dans les semaines qui viennent, dans des réformes importantes de l'Université, des entreprises, de l'État...

À ces constructions nouvelles, nous serons tous plus ou moins appelés à participer. *Participer*, ce mot est devenu un symbole : il soulève l'enthousiasme et un immense espoir. C'est un souffle de Pentecôte qui veut faire de nous des êtres libres et responsables *.

---

* Déclaration, « Les chrétiens de la paroisse de Saint-Yves (Rennes) devant les événements actuels », 2 juin 1968, fonds « Tracts 1968 », Archives départementales d'Ille-et-Vilaine.

# 4

# Les usines occupées

La grève qui commence avec l'occupation de l'usine Sud-Aviation près de Nantes, le 14 mai 1968, est la plus longue et la plus importante grève de l'histoire française qui, pour la première fois, associe secteur privé et secteur public. Bien qu'elle s'inscrive dans ce que Michelle Zancarini-Fournel a appelé « la longue décennie des mouvements sociaux [1] », elle en constitue l'acmé et le modèle. En effet, comme dans tous les secteurs de la société, l'événement 68 agit surtout comme effet de rupture : la grève est une « trouée dans le monde opaque et clos, car privé, de l'usine [2] ». De cet événement inaugural où la figure ouvrière devient centrale, y compris et surtout chez les étudiants, naissent de nouveaux acteurs et de nouveaux répertoires d'action qui annoncent, comme l'a montré Xavier Vigna, le cycle d'insubordination ouvrière dans les années 1970. Rien n'est plus comme avant. De ce qui s'est passé à l'intérieur des usines, lieux clos également pendant la grève, on peut aujourd'hui avoir une idée grâce à des enquêtes de micro-histoire sociale. Les textes sont évidemment plus rares que chez les étudiants et émanent souvent de sources syndicales. L'ouvrier est dit par les autres plus qu'il ne se dit. Pourtant, au travers de ces traces dispersées, il est possible de reconstituer une scène locale de la grève où les micro-conflits ont joué leur rôle, où les ouvriers ne peuvent pas être totalement identifiés aux syndicats, où les rencontres avec les étudiants sont rares mais existent dans l'infinie diversité des situations des entreprises, grandes ou petites, plutôt masculines ou féminines, avec des traditions et des savoir-faire syndicaux très différents.

### *Nouveaux acteurs, nouveaux terrains*

Si les occupations de 1968 rappellent à beaucoup les images heureuses du Front populaire, elles annoncent aussi les temps à venir, notamment par l'élargissement des acteurs de la grève. C'est l'entrée en scène des femmes, dans des secteurs industriels féminins où la mobilisation était souvent faible, comme dans l'industrie de l'habillement – ce que rapporte le compte rendu de ce délégué CGT de la région lorientaise adressé à ses responsables.

> Belleteste grève à 100 % durant 7 jours, les filles de cet établissement ont fait débrayé [*sic*] Robin le mercredi 22 mai après-midi, ainsi que d'autres usines de la zone industrielle de Keryado. Elles ont été formidables durant la grève, elles ont défilé de leur

usine jusqu'en ville avec pancartes (soit 4 km). Elles ont participé en grand nombre aux réunions et manifestations organisées à la Bourse du travail. Nous avons eu plusieurs entretiens avec le directeur Mr J. Nous avons examiné ensemble les revendications du personnel.

Le mardi 4 juin, j'ai réuni le personnel de ces deux établissements à 8 h. Je leur ai fait le compte rendu de la commission paritaire. Elles ont donc repris le travail vers 9 h 30. Belleteste avec quelques difficultés ayant été obligé d'appeler le secrétaire de l'UD. Tout s'est arrangé. Elles n'étaient pas d'accord sur la proposition du directeur de payer à 50 % les jours de grève, mais avec récupération. Cette question devait être révisée après la reprise du travail. Depuis je n'ai rien su. [...]

Nous avons également fait quelques adhésions nouvelles, surtout chez Robin, Belleteste étant presque toutes syndiquées. Les élections des déléguées du personnel et du comité d'entreprise doivent avoir lieu cette semaine chez Robin.

Il faut dire que les établissements Robin et Brafft à Hennebont ont également fait grève à 100 %. [...]

En dehors de l'habillement, nous avons fait de nouveaux syndiqués composés presque uniquement de femmes et jeunes filles.

Lamprière (teinturier) (34 syndiqués) quelques hommes,

Plastimo (plastic) 57 syndiqués dont une cinquantaine de femme [*sic*],

Saint-Sauveur (biscuiterie) une quinzaine de cette usine étant syndiquée.

Nous avons deux usines en cours
Donval (chaussures) une centaine d'employés,
Clairette (blanchisserie) une centaine d'employés *.

Cependant, les femmes ne sont pas encore des sujets grévistes à part entière ; on observe de la part des syndicats une surveillance jalouse des mœurs et de la sexualité des jeunes filles, priées de retourner chaque soir à la maison. Les pratiques grévistes restent très largement pensées et conçues par des hommes, les femmes étant reléguées aux tâches « féminines » de gestion du ravitaillement dans l'usine. Quelques années plus tard, c'est ce découpage sexué qui volera en éclats mais, en attendant, les femmes sont là, syndiquées ou pas, parmi les grévistes. Autre nouvelle figure de la revendication : les ouvriers étrangers qui, jusqu'alors, étaient souvent soupçonnés par leurs camarades français d'être peu fiables, voire carrément des « jaunes », car plus fragiles face au chantage patronal. Là aussi, la grève de 1968 inaugure un âge où l'O.S. maghrébin, ouvrier dans une usine automobile post-fordiste, devient, dans l'imaginaire et la pratique politique de la gauche militante, la figure même de l'exploitation capitaliste, comme l'a déjà illustré avec

* La mobilisation féminine dans l'industrie de l'habillement de la région lorientaise, compte rendu rédigé par un responsable de l'Union départementale de la CGT, Archives départementales de Seine-Saint-Denis, 200 J 101, cité par Xavier Vigna, *op. cit.*, p. 42.

talent le livre à succès de Claire Etcherelli, *Élise ou la vraie vie* (1967) [3]. Si certains travailleurs étrangers, effrayés par les événements et ses répercussions, retournent chez eux, comme l'ont fait nombre de Portugais, beaucoup, au contraire, semblent participer activement au mouvement d'occupation. Certaines revendications spécifiques l'attestent. Ainsi, ces « Vœux immigrés Renault » retrouvés par Xavier Vigna dans les archives de la CFDT.

– suppression des contrats provisoires ;
– non à la discrimination dans la promotion sociale ;
– non à la discrimination dans l'emploi ;
– aucune restriction dans l'exercice des responsabilités syndicales dans les organismes sociaux ;
– une juste distribution du logement ;
– l'attribution de la carte de travail sur le lieu de l'embauche ;
– une seule carte de travail valable pour toutes les professions ;
– pour les élections des délégués du personnel et du CE, être électeurs et elligibles [sic] dans les mêmes conditions que les travailleurs français ;
– que des bureaux antennes de l'ONI, placés sous l'entière responsabilité de l'État français, soient installés dans toutes les grandes villes des pays fournisseurs de main-d'œuvre. Ces bureaux auraient pour rôle d'informer les travailleurs, d'établir sur place le contrat de travail comportant obligatoirement : la profession, l'entreprise, le taux de salaire, les conditions de logement ;

– le versement des allocations aux familles des travailleurs résidant dans leur pays d'origine au même titre que si les familles se trouvaient en France ;

– la satisfaction de la revendication précédente implique la liquidation du FAS dont les ressources proviennent en presque totalité, des prélèvements effectués sur les prestations familiales des travailleurs immigrés. Sous le contrôle des organisations syndicales et jusqu'à son épuisement, utilisation de ce fonds à des réalisations sociales et culturelles au bénéfice des travailleurs immigrés et de leurs familles ;

– qu'un vaste programme soit entrepris au niveau du ministère de l'Éducation nationale, en accord avec les organisations syndicales, pour l'alphabétisation des travailleurs immigrés ;

– [*mention manuscrite :*] régime unique de Sécurité sociale pour tous sans distinction d'origine *.

## *Rituels d'occupation*

L'occupation des usines se fait selon certaines règles. Le principe de la grève est le plus souvent acquis à main levée et sans vote. Le drapeau rouge est hissé, qui indique la nouvelle souveraineté ouvrière. L'intervention de piquets est fréquente afin d'empêcher la

* Revendications des travailleurs immigrés chez Renault, 26 mai 1968, Archives confédérales CFDT 7 H58, cité dans Xavier Vigna, *op. cit.*, p. 46.

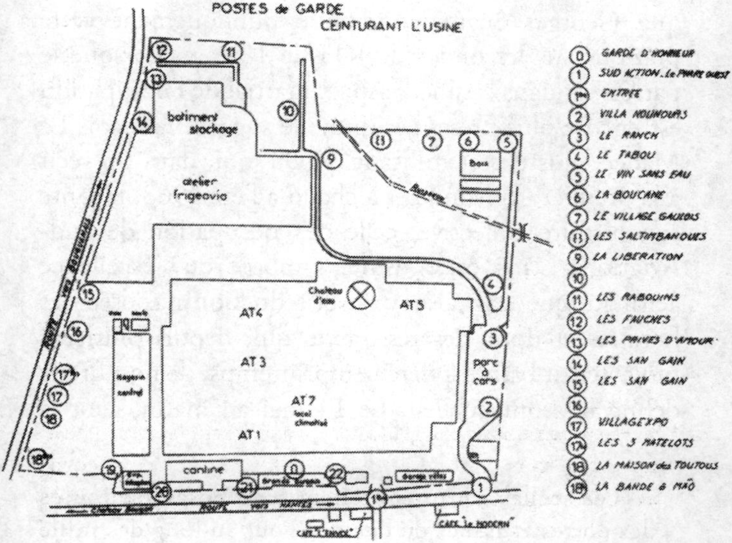


Postes de garde ceinturant l'usine occupée Sud-Aviation de Bouguenais (Nantes) *.

reprise du travail pour ceux qui le souhaiteraient. L'usine occupée prend ainsi la forme d'une forteresse qui aurait levé son pont-levis. Les ouvriers font la garde, disposés aux points stratégiques et répartis en petites équipes qui se relèvent régulièrement.

La séquestration du directeur est une forme revendicative inventée et généralisée en Mai 68, jusqu'à ce

* Schéma cité dans François Le Madec, *L'Aubépine de Mai. Chronique d'une usine occupée. Sud-Aviation Nantes, 1968*, Nantes, CDMOT, coll. « Archives et documents », 1998. © Centre d'histoire du travail, Nantes.

que Georges Séguy condamne publiquement cette pratique sur les ondes de RTL le 18 mai. Lorsque le patron est dans l'usine, l'aspect martial de l'occupation est encore plus présent, comme le suggère François Le Madec, ajusteur et militant CFDT qui, dans un récit à la première personne et à chaud à l'été 1968, raconte son histoire collective, celle de l'occupation de Sud-Aviation. Dans cette usine, symbole de l'excellence aéronautique française, c'est la réduction imposée des horaires et donc des ressources qui, depuis plusieurs mois, ternit l'atmosphère. Au printemps, de nombreux débrayages ont eu lieu. Le 14 mai au matin, c'est la grève.

> Les scellés sont maintenant bien posés sur toutes les portes et issues de l'usine. Tout au long des mille huit cents mètres du mur d'enceinte qui clôture la boîte, on se livre à un travail fébrile d'organisation et de fortification des postes-sentinelles. Les initiatives personnelles et collectives jaillissent de toute part. Des installations rappelant celles de soldats en campagne poussent un peu partout. Le bouclage s'opère avec rapidité et efficacité. Il faut faire vite car la nuit approche, une nuit aux souvenirs impérissables pour tous, qu'on soit d'un bord ou de l'autre. Une nuit blanche et fraîche... épuisante de vie militante, dure pour certains réfractaires, exaltante pour les actifs.
>
> Les chants révolutionnaires, diffusés par un puissant électrophone, retentissent dans les grands bureaux de la direction. Ils sont repris en chœur par la « garde d'honneur » du directeur. Une garde

> d'honneur répandue pêle-mêle, écrasée dans l'étroit couloir enfumé qui conduit aux bureaux du directeur : les gars sont debout, sur des chaises ou assis à même le sol. C'est un enchevêtrement de jambes et de bras en bleus *.

Le temps passant, les ouvriers s'installent dans l'occupation. L'usine, un lieu bourdonnant du bruit des machines, est soudainement calme. Le temps devient élastique et l'oisiveté nouvelle n'est pas forcément bien vécue. Aussi organise-t-on des activités sportives et culturelles, des kermesses à l'occasion desquelles les familles peuvent rendre visite aux insurgés. Les images de ces moments renvoient directement à la mythologie du Front populaire, d'autant plus active que certains ouvriers âgés l'ont connu et instaurent une véritable transmission de la mémoire ouvrière. L'usine est un camping permanent où il faut improviser la vie au jour le jour, notamment pour le ravitaillement. Sud-Aviation est un établissement en pleine nature, au bord de la Loire, ce qui permet aux ouvriers d'améliorer le quotidien en braconnant quelques lapins sauvages ou quelques truites [4] ! Parfois, comme dans l'Ouest chrétien de François Le Madec où la jeune CFDT compte de nombreux militants actifs, l'usine, devenue lieu de vie pour les ouvriers, accueille des débats assez surréalistes : peut-on envisager de faire célébrer la messe le dimanche matin dans le périmètre de l'usine occupée ?

---

* *Ibid.*, p. 59.

Dans la petite salle de la CFDT, l'air est irrespirable, beaucoup de fumée de cigarettes. Une réunion intersyndicale se tient ce samedi 18 mai réunissant deux représentants par organisation : CGT, CFDT et CGT-FO (section ouvrière).

Une question assez insolite pour l'endroit et l'heure les réunit. Demain c'est dimanche et le problème de la messe reste posé dans le cours révolutionnaire des événements. On est là pour en débattre entre militants ouvriers que « le Ciel seul sépare ». Il y a à l'intérieur de la « forteresse » de nombreux chrétiens de toutes tendances pour qui se pose la question de la participation à l'office du dimanche. Le Ciel lui-même intervient dans la grève et pose quelques problèmes pratiques en ce qui touche l'organisation de l'occupation ; car une participation trop massive aux messes extérieures risquerait de provoquer quelques brèches. Aussi cette question revêt-elle, en raison des circonstances et des événements, un caractère singulier...

La foi révolutionnaire et la foi religieuse se trouvent confrontées aux exigences pratiques de l'heure. Compatibilité ou incompatibilité ? La « communion » est-elle possible ? La communauté chrétienne militante de Sud-Aviation est partagée sur la solution à apporter au problème. Les raisons de la foi, si raisons il existe, sont si profondes, si particulières : n'y a-t-il pas parmi les « maintenus » des chrétiens ? Des chrétiens auxquels on ne pourra pas non plus refuser, très chrétiennement, le même droit qu'aux grévistes de participer à la messe ? Mais ce n'est qu'un aspect du problème. Il faut d'abord aboutir intersyndicalement à un accord de principe avant d'en discuter toutes les modalités d'application.

Les événements sont si exceptionnels, disent certains camarades chrétiens, que Dieu lui-même ne manquera de se mettre à leur diapason. Il saura comprendre et pardonner quelques manquements aux devoirs qui lui sont dus pour ne voir que l'essentiel : il doit bien rire en ce moment de nous voir si préoccupés de ses avis célestes ! Il n'y a donc pas lieu d'en discuter *...

### *Les syndicats dans la grève, entre canalisation et contestation*

Même si les syndicats ne sont pas à l'origine de la grève, ils jouent très vite un rôle majeur de « chefs d'orchestre [5] » en la soutenant et en aidant les ouvriers à formuler leurs revendications. Au niveau local, ils relaient les consignes confédérales et cristallisent la révolte dans des régions de faible tradition contestataire. La CGT n'a pas officiellement appelé à la grève ; elle affirme laisser la base décider tout en suggérant un canevas de revendications anciennes, qui vont des salaires aux horaires en passant par la liberté syndicale. Dans les grands foyers industriels du Nord, où elle est bien implantée, la CGT donne assez vite des encouragements à débrayer, comme l'indique ce communiqué de l'Union départementale de la CGT du Nord, publié le 18 mai 1968.

* *Ibid.*, p. 71-72.

La CGT salue les travailleurs de nombreuses professions du Nord, les mineurs, les travailleuses, les jeunes, en grève avec occupation des usines, pour la satisfaction des revendications.

D'heure en heure, la grève avec occupation s'étend dans le Nord, comme dans le pays. L'action engagée revêt une importance exceptionnelle.

L'union départementale CGT [...] vous appelle, travailleuses, travailleurs du Nord, à vous réunir, à élaborer vos cahiers de revendications avec les militants syndicaux, à décider de l'action au niveau des exigences actuelles pour imposer vos revendications, pour l'augmentation générale des salaires, traitements et pensions, [...] pour mettre un terme aux bas salaires. Pour qu'il n'y ait plus de salaires inférieurs à 60 000 AF par mois.

Agissez pour la garantie de l'emploi et des ressources, la réduction du temps de travail sans baisse de salaire, [...] pour la reconnaissance de l'activité syndicale dans l'entreprise et mettre fin aux attaques répétées du patronat contre vos droits.

Travailleurs du Nord, agissez pour vos propres revendications bien intégrées dans les revendications générales.

Jeunes, agissez avec vos aînés pour la défense de vos revendications et de vos droits, et de meilleurs salaires.

Travailleuses, travailleurs du Nord, adhérez massivement à la CGT. Organisez le syndicat CGT dans les entreprises où il n'existe pas encore *.

---

* Communiqué de l'UD-CGT du Nord, le 18 mai 1968, publié dans *Liberté*, 19 mai 1968, cité par Xavier Vigna, *L'insubordination ouvrière dans les années 68...*, *op. cit.*, p. 55.

Des cahiers de revendications sont donc rédigés qui varient d'une entreprise à l'autre, selon l'histoire et l'organisation productive singulières de chacune. À l'usine aéronautique Hispano-Suiza de Bois-Colombes, les ateliers 6 et 23 insistent particulièrement sur les modalités du chronométrage dont le principe en soi n'est pas explicitement remis en cause, mais qui laissent apparaître un véritable contrôle des corps, aussi minutieux qu'astreignant, et le règne des contremaîtres et de la performance. C'est le rythme de l'usine moderne qui sourd entre ces lignes.

– respect des conventions et accord de principe obtenus à la Direction : un temps doit être pris sur un ouvrier d'habileté moyenne et dans des conditions normales sans subir de pression pour le faire aller plus vite ;

– que les feuilles de démonstration reflètent réellement le temps pris sur le compagnon et ne soient pas falsifiées ;

– que les temps de rémunération soient conformes aux temps de travail effectués et figurent directement sur le bon de travail : les [*mot illisible*] aléas venant s'y ajouter ;

– que lorsque le chrono prend un temps, qu'il l'indique tout de suite au compagnon ;

– que le travail soit effectué dans les mêmes conditions (machine et outils) que lors du chronométrage, et que cela soit marqué sur une feuille de démonstration ;

– qu'il y ait un seul chrono ;

– pour les ajusteurs, temps de préparation et 10 % d'aléas ;

– 1 h payée pour faire les bons de travail [*par semaine : ajout manuscrit*] *.

À l'usine Couthon-Samafor de La Courneuve, une large place est consacrée, dans le cahier de revendications, à la démocratisation dans l'entreprise et à la liberté syndicale, avec une demande particulièrement audacieuse de « droit de regard et de contestation de la gestion de l'entreprise ». Relayé par la CFDT, le thème du « pouvoir syndical » est une revendication majeure, en phase avec l'esprit du mouvement tout entier.

– droit pour l'ensemble du personnel de se réunir une fois par mois sur les lieux du travail (heures payées) et accidentellement chaque fois qu'une question grave se pose ;

– négociations de toutes les conditions de travail et du règlement intérieur de l'entreprise ;

– libre exercice du droit de grève (pas de sanctions pour fait de grève) ;

– pas de mise à pied ou d'avertissement sans avis préalable des représentants du personnel (en cas d'extrême gravité, soumettre la décision à l'ensemble du personnel) ;

---

* La réforme du chronométrage à l'usine Hispano-Suiza, à Bois-Colombes, cahier de revendications, mai-juin 1968, CAMT 1997 038/081, fonds prêtres-ouvriers, dossier « Comité de grève Hispano-Suiza », cité dans Xavier Vigna, *op. cit.*, p. 50.

– droit de regard et de contestation de la gestion de l'entreprise ;

– paiement du congé-éducation pour les travailleurs qui veulent participer à une école de formation syndicale ;

– distribution démocratique des logements attribués à l'entreprise (contribution du 1 % au logement).

– versement d'une subvention au CE (1 % de la masse salariale) *.

Centraux dans l'organisation gréviste, les syndicats n'en sont pas moins remis en cause et même contestés dans leur fonction de représentation de la classe ouvrière. La stratégie « gauchisante » de la CFDT est parfois mal comprise par les militants de la base ; ou, au contraire, comme c'est le cas ici, la base fait preuve d'un radicalisme hostile aux accommodements éventuels auxquels pourrait se livrer la Confédération.

Nous demandons à la Confédération de tenir compte dans ses positions de l'état d'esprit actuel de la base. Les camarades en lutte ne comprendront pas que leur action se termine par un renforcement du régime et du pouvoir patronal, après quelques revendications mineures lâchées au cours des discussions.

Ils demandent que la Confédération exprime publiquement une condamnation ferme et sans équivoque du régime actuel et du principe économique.

* Revendication de démocratisation dans l'entreprise à l'usine Couthon-Samafor de La Courneuve, 27 mai 1968, Archives départementales de Seine-Saint-Denis, fonds GEC-Alsthom Le Bourget, 72 J9, cité dans Xavier Vigna, *op. cit.*, p. 52.

La tendance actuelle est telle que si les organisations syndicales cèdent trop vite, elles se trouveront désavouées par les travailleurs à la base *.

C'est pourtant surtout la CGT qui est massivement critiquée de l'intérieur. En effet, beaucoup de militants reprochent à leur syndicat son manque d'audace et de combativité au sein d'un mouvement où le cadre traditionnel des revendications n'est plus d'actualité. Quelques démissions fracassantes ont rendu public ce désaccord. Les gauchistes, notamment les maoïstes établis dans les usines, ne manquent pas de faire le procès des syndicats qui, selon eux, servent de soupape de sécurité à l'ordre existant, sans jamais le mettre véritablement en danger.

Travailleurs,

Maintenant vous avez occupé vos usines. Vous n'êtes plus contrôlés par l'État, ni par l'ex-patron.

Ne laissez pas de nouveaux maîtres vous contrôler.

Vous tous, et chacun de vous, ouvriers français et étrangers, vous devez être écoutés.

*Ne laissez pas les haut-parleurs parler pour vous.*

Si ceux qui sont derrière les haut-parleurs proposent une motion, tous les travailleurs étrangers et français doivent pouvoir en proposer également, et dans les mêmes conditions.

---

* Lettre de la section CFDT de l'usine Marcel-Dassault de Saint-Cloud, 24 mai 1968, archives CFDT 7 H58, cité dans Xavier Vigna, *op. cit.*, p. 69.

Vous, *ouvriers*, avez le pouvoir ; vous avez la possibilité de décider quoi produire, combien et pour qui dans votre usine et dans toute la production nationale.

Vous, *ouvriers*, contrôlez vos usines. Ne laissez pas n'importe qui vous arracher ce pouvoir.

Si on limite vos contacts avec l'extérieur, sans vous laisser savoir quelle profonde démocratisation se développe en France depuis la base des travailleurs, alors on ne cherche plus à vous représenter, mais à vous contrôler.

Il faut ouvrir les usines occupées à tous les camarades travailleurs et étudiants pour établir le contact, afin que tous ensemble nous décidions ce que nous voulons.

*Travailleurs* et *étudiants* ont des objectifs communs. Déjà, malgré le gouvernement, les universités sont ouvertes à tous.

Si les *hauts-parleurs décident pour vous* et déclarent quelles sont les décisions que « vous » avez prises, alors on ne cherche pas à vous représenter mais à vous contrôler.

Des comités d'action ont été créés dans le but de faire apparaître la masse des revendications et contestations contenues dans la classe ouvrière.

*Créons des comités d'action sur le lieu de travail* *.

Par ailleurs, l'aspiration à la démocratie directe, l'une des grandes passions de Mai 68, conduit à distinguer les ouvriers et leurs représentants, qualifiés de

---

* Tract du comité d'action Travailleurs étudiants, Censier, 23 mai 1968, AHC du CHSP, fonds Chapsal, « Tracts 1968 », 2SP 52-53.

« haut-parleurs », et à encourager les premiers à se débarrasser des seconds.

Camarades !

Le temps est en perpétuel mouvement. Les conditions d'hier ne sont plus celles d'aujourd'hui. La société actuelle est en profonde mutation dans toutes ses structures, car la société née de la mécanisation mourra comme est morte la société des petits métiers à l'avènement de la mécanisation.

Depuis quinze jours, les étudiants nous ont donné une leçon de sagesse, d'organisation et de courage. Ils se sont battus les mains nues contre les forces de l'ordre. Alors que les ouvriers ont spontanément organisé des mouvements de révolte dans leurs usines, les dirigeants syndicaux n'ont fait que prendre le train en marche.

Aujourd'hui les dirigeants de la CGT et ceux du PC ont été les premiers à dénoncer le mouvement étudiant, à lancer les mots d'« agitateurs » et de « provocateurs » que le gouvernement reprend à son compte.

Dans l'état actuel des événements, la question doit être posée clairement aux dirigeants de la CGT et du PC : vont-ils, en simples spectateurs hostiles, laisser les étudiants se faire massacrer par les CRS ?

Aujourd'hui je peux vous affirmer que tous les jeunes ouvriers, et bon nombre de plus âgés, déchirent leur carte de la CGT, quittent massivement les rangs du PC. Ils savent désormais que ce sont de vieux systèmes, issus d'un vieux monde, qui n'ont aucun intérêt à voir ce vieux monde périr, car ce serait aussi la fin de leur pouvoir et de leur influence. Peu leur importe que l'ouvrier soit esclave, du moment qu'ils continuent à le gouverner. Il y a un accord profond, occulte entre les syndicats et le patronat pour maintenir les travailleurs dans leur aliénation. Mais les travailleurs savent à présent que les syndicats forment une minorité dirigeante et oppressive, au même titre que le patronat. Quant au PC, il a prouvé qu'il soutenait le pouvoir gaulliste, et n'était prêt à le renverser que pour y substituer une démocratie pourrie du genre IVe République, avec un quelconque Mitterrand à la tête. Les ouvriers ne veulent pas d'une ordure comme Mitterrand.

Bien sûr les syndicats et le PC profiteront encore un certain temps de notre manque d'organisation. Mais le jour où les travailleurs formeront au sein des usines un nouveau mouvement révolutionnaire, les syndicats s'écrouleront comme un château de cartes * !

## *L'autogestion, mythe et réalité*

L'autogestion, dès lors que la CFDT lâche le mot dans son communiqué du 16 mai, est au centre de tous les débats, de tous les espoirs. Pourtant, au niveau local, ni le vocable ni l'idée ne font partie du lexique

* Déclaration faite à la tribune libre de l'Odéon, 5 juin 1968, cité dans Patrick Ravignant, *L'Odéon est ouvert*, Paris, Stock, 1968, p. 106-107.

et de la formation des militants de la CFDT, qui ne savent trop quelle signification lui donner. Néanmoins, les responsables départementaux sont invités à présenter l'autogestion comme horizon politique du mouvement en cours, ce qui démarque fortement la CFDT de sa rivale la CGT, moins inventive dans sa compréhension des aspirations des plus jeunes.

> Qu'est-ce que l'autogestion ? « L'autogestion, c'est la participation active des groupes et des individus à toute la vie de la Cité, cela suppose l'existence de structures politiques qui permettent à chacun de mettre à la disposition de l'ensemble sa propre capacité. [...] Ce doit être possible dans tous les domaines : économique, social, politique et à tous les niveaux : entreprise, faculté, quartier, commune, région, nation. »
>
> Significations concrètes ? « L'autogestion suppose la remise en cause de la propriété privée des moyens de production pour mettre en place des structures de propriété collective. [...] La propriété sociale dépasse tout l'ordre ancien pour retrouver une égalité fondamentale de droit, quels que soient l'âge, le sexe, la race, le niveau intellectuel ou les diplômes. [...] *Il reste encore à chercher en ce domaine* *. »

Ces mots d'ordre restent cependant extrêmement vagues dans les entreprises. Lorsqu'on y regarde de

* Tract distribué par l'Union départementale de la CFDT-Rhône, cité dans Alexis Bonnet, « L'autogestion et les cédétistes lyonnais », dans Geneviève Dreyfus-Armand *et al.*, *Les Années 68*, *op. cit.*, p. 366-368.

près, il est évident qu'aucune expérience concrète d'autogestion n'a véritablement vu le jour en mai-juin 1968. Y compris à la CSF (Compagnie générale de télégraphie sans fil), présentée dans *Le Monde* du 29 mai 1968 comme le modèle de la nouvelle « entreprise démocratique[6] » inventant dans l'action une organisation nouvelle et révolutionnaire du travail. En fait, l'instauration de « commissions ouvrières » a créé le mythe et fait de cette fabrique de radars destinés à l'armée, délocalisée à Brest en 1963, une référence reprise par les étudiants. Sur place, les ouvriers et les ingénieurs tentent de donner un contenu à une expérience qui, à bien des égards, est plutôt celle de la cogestion que de l'autogestion. Mais la force du mot brille de tous ses éclats révolutionnaires en mai-juin :

> N° 1 : « Chacun doit apporter ses idées, ses connaissances à la société que nous voulons bâtir. Pour nous, un O.S. ou un ingénieur sont autant de moyens pour la construire. »
>
> N° 3 : « Si certains d'entre nous hésitent encore aujourd'hui, si certains ont peur des actes irréversibles qu'ils ont créés, qu'ils prennent conscience que c'est l'immobilisme qui a mené les travailleurs français là où ils sont aujourd'hui [...]. Si demain des structures nouvelles ne sont pas mises en place, le 20 mai 1968 n'aura été qu'une banalité dans le monde ouvrier. »
>
> N° 6, 9 juin 1968 : « Pendant ces jours de grève, les occupants, de l'ouvrier au cadre, ont contesté le système [...]. Chacun de nous à son échelle se sent

responsable, les décisions qui concernent notre communauté sont prises en compte par les représentants de chaque atelier, chaque service [...]. La prise de conscience individuelle et collective qui s'est créée dans les ateliers, dans l'usine est un phénomène irréversible *. »

## *Ouvriers-étudiants-paysans*

L'articulation du mouvement étudiant et des grèves ouvrières est la grande spécificité du Mai français et, d'une certaine façon, son grand mystère. Chez beaucoup d'étudiants politisés, la liaison avec le monde ouvrier est une priorité, l'enjeu majeur et le seul véritablement révolutionnaire. Si les chroniqueurs de l'époque ont mis en évidence le contraste entre la Sorbonne occupée, bourdonnante, anarchique, ouverte à tous vents, et l'usine de Billancourt, close sur elle-même, s'organisant calmement sous le contrôle des syndicats, la réalité est plus nuancée. Bien que les mouvements aient eu, dans chaque segment social, leurs répercussions et leurs logiques propres, il est indéniable que des rencontres, parfois même durables, ont eu lieu entre des mondes qui s'ignoraient. Certains

* L'autogestion imaginée par les ouvriers de l'usine CSF, *Notre combat*, journal de grève. Extraits des 6 numéros de *Notre combat*, cités par Vincent Porhel, « L'autogestion à la CSF de Brest », dans Geneviève Dreyfus-Armand *et al.*, *Les Années 68*, *op. cit.*, p. 387, 389, 390.

ouvriers sont accueillis et écoutés dans les universités et, réciproquement, de nombreuses délégations d'étudiants réussissent à entrer dans les usines pour dialoguer avec les ouvriers, malgré l'hostilité ostensible de la CGT. Les journaux gauchistes du mois de mai regorgent de récits de telles rencontres [7]. L'instauration de contacts étroits explique pourquoi les étudiants, en juin, se précipitent à la rescousse de leurs camarades ouvriers de l'usine de Flins, en voie d'être expulsés par la police au moment de la difficile reprise du travail. Un mois plus tôt, c'est le 15 mai au soir que les étudiants de l'AGE de Nantes se rendent à l'usine de Bouguenais pour affirmer leur solidarité et échanger avec les ouvriers, dans un dialogue parfois difficile que François Le Madec restitue avec humour.

> Dans la soirée, les étudiants de l'AGEN-UNEF manifestent en ville en faveur des grévistes de Bouguenais, ils distribuent des tracts à la population. Leur propre lutte prend une signification et une ampleur nouvelles. Leur enthousiasme est débordant et communicatif. Pour beaucoup, sinon pour la plupart d'entre eux, ce sera une véritable découverte des réalités de la lutte ouvrière.
>
> Dans les premières heures de la matinée, une délégation a pris contact avec les syndicats. Apportant aussi leur solidarité concrète, ils remettent, au nom de l'AGEN, au comité intersyndical de l'usine, une somme de cinq cents francs, destinée au fonds de grève, ainsi que des couvertures.
>
> Dans la nuit du 15 au 16, vers 22 heures, arrive à l'usine une marche des étudiants de Nantes. Ils sont

mille environ, par petits groupes. Leur arrivée revêt l'allure d'une « rencontre historique ». Les ouvriers juchés sur le mur d'enceinte les saluent avec de grands gestes, les accueillent avec des cris de sympathie. Le contact est chaleureux et bon enfant. Ils se répandent parmi les ouvriers, autour des feux qui jalonnent la route devant l'usine. Plusieurs centaines d'entre eux y passeront la nuit, vivant intensément leur première expérience ouvrière.

Autour des bivouacs de fortune, dans la nuit fraîche, on casse la croûte, on trinque fraternellement, on discute surtout. Mais de quoi ! Sinon de révolte, de révolution, des rapports ouvriers-étudiants, de la nécessité d'unir ses luttes dans une même lutte, de l'université libre, du pouvoir étudiant, du pouvoir ouvrier, du rôle des cadres dans la grève, du refus des étudiants de devenir des exploiteurs, d'autogestion...

Les ouvriers découvrent avec une curiosité amusée et soutenue ce petit monde insolite, jamais fatigué de discuter. On les sent pas pressés... cette situation les comble, chaque minute leur appartient si intensément que certains d'entre eux, épuisés, finiront par s'endormir dans des cartons mis complaisamment à leur disposition par des grévistes pleins de sollicitude.

Mais la plupart tiendront le coup admirablement jusqu'à l'aube. Leur vocabulaire spécialisé échappe souvent aux ouvriers avec qui ils discutent, mais la bonne volonté est si évidente de part et d'autre qu'on arrive toujours à se comprendre à force de « communion révolutionnaire ».

Tout cela est si sympathique, si nouveau, que l'on éprouve par moment de la peine à leur dire ce que l'on pense de toutes leurs théories révolutionnaires. Combien leur idéalisme nous apparaît souvent puéril et dangereux pour l'action. Devant tant de jeunesse et d'enthousiasme, on a quelque pudeur à leur exprimer toutes nos réserves et nos craintes sur ce qu'il pourra en rester lorsqu'ils seront devenus des cadres à part entière de la société capitaliste. De ces cadres, peut-être, dont ils peuvent apercevoir l'ombre emprisonnée, à travers les fenêtres éclairées de la direction. Mais ils acceptent avec une foi et une sérénité imperturbables et désarmantes toutes les critiques et réserves ouvrières *.

Dans l'Ouest encore très rural, les ouvriers viennent souvent du monde paysan, qui leur est plus familier que celui des étudiants. Les agriculteurs, réputés conservateurs et alliés des pouvoirs en place, se montrent en partie réceptifs, surtout lorsque leurs propres revendications croisent le mouvement général, comme c'est le cas lors de la journée de grève dans l'Ouest, le 8 mai 1968. Dès le 11 mai, le Centre national des jeunes agriculteurs (CNJA) se déclare solidaire des étudiants et condamne la répression dans le quartier Latin.

Le CNJA, devant l'extrême gravité des événements survenus au quartier Latin dans la nuit du 10 au 11 mai,

---

* François Le Madec, *L'Aubépine de Mai*, *op. cit.*, p. 66-68.

• s'élève contre la violence de la répression ;

• se déclare solidaire des revendications de l'UNEF concernant

– la libération et l'amnistie des étudiants arrêtés,

– la réouverture des facultés et le départ des forces de police ;

• demande aux pouvoirs publics de prendre immédiatement toutes les mesures d'apaisement nécessaires.

Les jeunes agriculteurs, qui sont eux-mêmes victimes de la sclérose du système d'enseignement français, estiment qu'il est urgent de réformer démocratiquement l'Université dans ses structures, son fonctionnement et son recrutement, et s'associent d'avance à tous les efforts qui pourraient être déployés dans ce sens *.

Pratiquement, la liaison se fera, quand elle existe, grâce à la question du ravitaillement des grévistes. Dans l'Ouest encore, les nombreuses structures de collecte mises en place permettent aux paysans de donner ou de vendre à très bas prix des denrées qui vont aux familles de grévistes ou aux grévistes eux-mêmes. En échange, certains étudiants ou ouvriers en grève aident les paysans pour les travaux des champs. De véritables petites communes populaires se créent, sur un modèle plus ou moins explicitement maoïste.

Il y a eu création d'un front intersyndical (CGT, FO, CFDT...) le 31 mai avec occupation de la salle

---

* Communiqué du CNJA, 11 mai 1968, AHC du CHSP, fonds Chapsal, « Tracts 1968 », 2SP 52-53.

transformée pour l'occasion en Maison du peuple. Le maire a mis à disposition cette salle. Les étudiants et les travailleurs s'y réunissent :

– discussion sur les grèves,

– critique du capitalisme,

– soirées culturelles : histoire de la Commune, lectures d'extraits de Brecht.

D'autre part, le 1er juin, accord avec le recteur pour que les grévistes puissent avoir accès aux restaurants universitaires ; ceci est mené par les syndicats et les comités d'action (ceci inspiré par l'essai de Nanterre). La municipalité apporte une contribution de 1 F par repas, ce qui met le déjeuner à 2 F pour le gréviste.

L'organisation du ravitaillement n'en est qu'à ses débuts. Dans les premiers contacts les paysans par solidarité ont fait don de lapins, de volailles... Les difficultés de transport étaient considérables (essence, véhicules). Mise en place d'une instance de jumelage avec les différentes communes de l'Ille-et-Vilaine.

Viande apportée au prix de revient (foie de veau à 7 F le kg, pommes de terre nouvelles à 0,50 F le kg).

La distribution se fait dans les usines occupées.

Les paysans ont sollicité les ouvriers en grève pour une aide aux foins et les élèves des écoles techniques pour aider à la réparation des machines agricoles.

Mise en train d'un stockage de denrées un jour à l'avance dans les villages pour faciliter le ramassage.

Des comédiens ont commencé à faire de l'information spectaculaire, ce qui semble avoir beaucoup d'impact *.

---

* Tract du Mouvement du 22 Mars, 4 juin 1968, cité dans *Ce n'est qu'un début, continuons le combat : Mouvement du 22 mars, op. cit.*, p. 107.

La liaison ouvriers-paysans, pratiquée çà et là spontanément pour régler les questions de ravitaillement, inspire aux étudiants révolutionnaires la volonté de faire appel au monde agricole tout entier. Un comité d'action ouvriers-étudiants-paysans témoigne de ce rêve d'union révolutionnaire sans qu'il soit possible de préciser quelle activité il a eu vraiment.

Paysans,

Depuis les barricades étudiants et ouvriers s'unissent dans la lutte commune.

Pour que le peuple travailleur participe réellement à la vie économique, sociale et politique du pays.

Paysans il n'y a pas de politique agricole.

Le marché commun se décide sans consultation des paysans.

Les crédits sont insuffisants.

Qui garantit vos revenus ?

Pour une solution rapide, réelle et efficace.

*Tous unis dans l'action !*

Les dix millions de grévistes décidés à lutter jusqu'au bout demandent aux paysans de les soutenir.

*Donnez à manger aux grévistes et à leur familles.*

Comment ? En déposant les produits de votre travail dans les coopératives.

*Nous les ferons distribuer.*

*Tous à la Sorbonne !!!*

Ouvriers-étudiants-paysans vous attendent.

Comité de liaisons étudiants-ouvriers *.

---

* Tract du Comité d'action ouvriers-étudiants-paysans, s.d, AHC du CHSP, fonds Chapsal, « Tracts 1968 », 2 SP 52-53.

# 5

# LA GRANDE PALABRE CULTURELLE

Pourquoi consacrer un chapitre spécifique aux milieux de la culture au risque de les isoler et d'en surestimer l'importance ? La raison en est simple : ces milieux du théâtre, de la littérature, des arts, du cinéma sont particulièrement en effervescence en 1968. Visés par la remise en cause de toutes les autorités, y compris et surtout culturelles, dans des métiers où la profession est vécue comme une vocation, ils font face à une véritable commotion qui va les pousser à se redéfinir. La « créativité », un des nouveaux mots-balises qui émergent pendant le mouvement de 1968, évacue l'idéologie du don, du talent comme des privilèges parmi d'autres. Cette critique est prise au sérieux, d'autant plus qu'il existe une forme de surenchère entre les artistes, catalysés par des étudiants devenus le nouveau référent de la radicalité révolutionnaire [1]. Parce que l'histoire de l'art a, depuis la fin du XIX^e siècle, sacralisé le modèle de l'avant-garde, défini par ses capacités de rupture et ses potentialités révolutionnaires (au moins sur le plan esthétique et si possible politique), les artistes se doivent de répondre à l'appel de la révolution.

Ils y répondent. Un même scénario s'observe, avec des phases identifiables, dans les différents secteurs. Premièrement, des actions « militaro-symboliques » visant à l'investissement sauvage de structures institutionnelles contestées, emblèmes d'une culture vieillie – y compris lorsqu'on pense être au cœur du modernisme artistique, comme le plaide Jean-Louis Barrault à l'Odéon : la Société des gens de lettres, l'École de la rue de Vaugirard, l'École des beaux-arts, les Maisons de la culture sont ainsi prises d'assaut par cette armée de guérilleros parisiens. Deuxièmement, le moment d'autocritique et d'intense réflexivité. À Villeurbanne pour les Assises du théâtre, aux États généraux du cinéma et ailleurs, on s'interroge : que signifie écrire dans cette société ? Y faire du théâtre ou du cinéma ? Pour qui ? Dans quel but ? etc. Troisième moment, le plus délicat, le plus éphémère et le plus intéressant : la tentative inégalement aboutie, selon les acteurs, d'intégrer ces réflexions dans de nouveaux dispositifs, de nouvelles pratiques de leur art.

## *Le gauchisme culturel*

> Le comité d'action révolutionnaire qui, en liaison avec des militants du mouvement révolutionnaire étudiant, a investi l'ex-théâtre de France et l'a transformé en lieu de meeting permanent ouvert à tous,

communique qu'il a transféré dans la nuit du 17 au 18 mai la responsabilité de l'occupation illimitée des lieux à un comité d'occupation formé d'acteurs, d'étudiants et de travailleurs, dont la position politique est dans la ligne de la sienne. Il est bien entendu que les buts de l'occupation restent les mêmes, à savoir :

– le sabotage de tout ce qui est « culturel » : théâtre, art, littérature, etc. (de droite ou de « gauche », gouvernemental ou d'« avant-garde » et le maintien de la haute priorité de la lutte politique sur toutes les autres) ;

– le sabotage systématique de l'industrie culturelle et en particulier de l'industrie du spectacle, pour laisser la place à une création collective véritable ;

– la concentration de toutes les énergies sur les objectifs politiques tels que l'élargissement du mouvement révolutionnaire, la lutte dans la rue contre le pouvoir, le renforcement de l'union entre les travailleurs révolutionnaires, les étudiants révolutionnaires et les artistes révolutionnaires ;

– l'extension de l'action directe, par exemple par l'occupation du plus grand nombre possible de lieux de travail, de diffusion ou de décision *.

Ce tract, distribué dans l'Odéon occupé depuis deux jours, résume quelques lignes de force de ce que l'on pourrait appeler le « gauchisme culturel » : le vandalisme culturel y est assumé, radicalisant une critique

* Tract du CAR (Comité d'action révolutionnaire) de l'Odéon, 17 mai 1968.

ébauchée depuis plusieurs années (notamment par les situationnistes) sur la culture-alibi, au nom de la lutte politique. La création collective surgit comme l'alpha et l'oméga de la résolution des impasses en matière culturelle. La machinerie culturelle est dénoncée comme l'aliénation maximale, dans un langage marxiste revisité par la pensée anti-autoritaire. Tout est encore beaucoup plus clair dans la langue sans fioriture du comité d'action de Censier, « Nous sommes en marche. » Le texte fait de la critique drastique de la « culture » un préalable absolu à toute action révolutionnaire.

> *Préambule.* Notre révolution ne peut être sociale et culturelle que si elle remet en cause radicalement la notion de culture comme elle l'a déjà fait pour celle de travail. L'idée de culture ne saurait être séparée de l'institution d'une *véritable éducation permanente.*
>
> *Variation 1.* La « culture » n'est pas une valeur. Elle n'est pas un avenir.
>
> *La culture est une histoire morte.*
>
> *Variation 2.* La « culture » est l'expression déréalisée d'un monde « a-culturé ». Elle se présente comme l'expression « gratuite » d'une civilisation qui refuse et masque les conditions de sa production ainsi que celles de la société qu'elle prétend exprimer et représenter.
>
> *Variation 3.* La « culture » se veut représentation du monde tel qu'il est ou voudrait être. Elle manifeste ainsi sa véritable impuissance créatrice et, en le transfigurant, devient la marque d'un monde aliéné.

L'histoire de la culture est l'histoire symbolique des différentes aliénations humaines.

*Variation 4.* La « culture » en ne créant que du *superflu* entérine la division luxe-nécessaire et s'en fait la fidèle conservatrice.

La « culture » en se voulant *divertissement* ou *distraction* ignore volontairement le labeur, le sien comme celui qu'elle entend compenser.

La « culture » est une activité compensatoire pour une minorité de privilégiés.

*Variation 5.* L'art, la beauté sont les antidotes des vicissitudes du « travail » et de la « vie » pour ceux que ces vicissitudes n'ont pas totalement aliénés.

*Variation 6.* La « culture » se voudrait « création pure » de ceux qui en ont le temps et la possibilité, opposée à la consommation passive de ceux qui en sont privés. Elle se présente comme une « fin », un « idéal » à atteindre *individuellement*, même et surtout quand elle se prétend culture populaire.

*Variation 7.* La « culture » ne saurait être une activité libre et gratuite de l'esprit, consommée en tant qu'imaginaire. Partie intégrante de l'activité économique, elle est intégrée au système d'exploitation comme tout autre produit. L'ambition des réformistes de la « culture » est de vendre cet « objet de luxe » comme objet de consommation courante : culture populaire *.

Ces discours, cristallisés plus qu'inventés en 1968, se retrouvent dans le pamphlet du peintre d'art brut

* Tract du comité « Nous sommes en marche », communiqué du CAR, 16 mai 1968.

Jean Dubuffet *Asphyxiante Culture*, publié en 1968. Dubuffet cible ses attaques contre la politique de démocratisation culturelle lancée par André Malraux depuis 1959, date de création du premier ministère des Affaires culturelles. Dès le titre, le livre exprime l'air du temps spontanéiste, hostile à toute forme institutionnalisée de la culture, et voit, non dans la médiation, mais dans la création et même la créativité de tous, la vraie réponse aux exigences démocratiques : après avoir pourfendu le totalitarisme doux du conditionnement des esprits dans les Maisons de la culture, fabriques à esprits béats et donc serfs, Dubuffet fustige avec entrain la sacralisation de l'art et le culte de Malraux, ses « braillements patriotiques », ses « grands-prêtres », sa bureaucratie parasitaire.

> La caste possédante, aidée de ses clercs (qui n'aspirent qu'à la servir et s'y insérer, nourris de la culture élaborée par elle à sa gloire et dévotion), ne tâche pas du tout, ne nous y trompons pas, quand elle ouvre au peuple ses châteaux, ses musées et ses bibliothèques, qu'il y prenne l'idée de s'adonner à son tour à la création. Ce n'est pas des écrivains ni des artistes que la classe possédante, à la faveur de sa propagande culturelle, entend susciter, c'est des lecteurs et des admirateurs. La propagande culturelle s'applique, bien au contraire, à faire ressentir aux administrés l'abîme qui les sépare de ces prestigieux trésors dont la classe dirigeante détient les clefs, et l'inanité de toute visée à faire œuvre créative valable en dehors des chemins par elle balisés […].

Dans ce domaine est nocif tout ce qui tend à la hiérarchisation, à la sélection, à la concentration, pour ce que le résultat est de stériliser le vaste, l'innombrable fourmillant terreau des foules. La propagande culturelle agit proprement dans la forme d'un antibiotique. S'il y a un domaine qui, à l'opposé de la hiérarchisation et de la concentration, requiert le foisonnement égalitaire et anarchique, c'est assurément celui-là [...].

Simplificateur, unificateur, uniformisant, l'appareil de la culture, fondé sur l'élimination des rebuts et défauts, sur le principe de filtrer pour ne garder que le meilleur épuré de sa gangue, n'obtient finalement que de stériliser les germinations. Car c'est justement des rebuts et défauts que la pensée aurait tiré son aliment et son renouvellement. Fixateur de pensée, l'appareil culturel, plomb aux ailes [...].

C'est à tort que j'ai parlé ci-devant d'un ministère de la Culture, c'est plus précisément de l'enculturation qu'est chargé ce ministère.

La position féconde est en définitive celle de refus et contestation de la culture, plutôt que celle de simple inculture. Cette dernière est sans doute la plus dangereuse pour ce qui est de donner facile prise à l'enculturation et conduire son homme au grotesque professorat en Sorbonne ou à la grotesque Académie des belles-lettres. Soulignons pourtant que ce qui est à considérer est le degré de fermeté de la posture de révolte et l'ampleur de son étendue. Il n'importe après cela qu'elle émane d'un homme plus ou moins instruit, comme il est égal, pour revenir à l'image des meubles, pour celui qui les jette au vent, qu'ils soient pauvres tabourets ou fauteuils de brocart, son refus de la possession demeurant en tout cas le même et seul important. L'important est d'être *contre*.

Il serait temps maintenant de fonder des instituts de déculturation, sortes de gymnases nihilistes, où serait délivré, par des moniteurs spécialement lucides, un enseignement de déconditionnement et de démystification étendu sur plusieurs années, de manière à doter la nation d'un corps de négateurs solidement entraînés qui maintienne vivante, au moins en de petits cercles isolés et exceptionnels, au milieu du grand déferlement général d'accord culturel, la protestation *.

## *Le théâtre*

Commençons par le théâtre. Le coup de force de l'Odéon lui donne une centralité qui était en fait déjà la sienne dans la politique d'action culturelle. Malraux s'était beaucoup appuyé sur les hommes de théâtre qui, bien souvent, furent choisis pour diriger les maisons de la culture [2]. Plus qu'ailleurs peut-être, l'exigence de démocratisation est intégrée dans le code

* Jean Dubuffet, *Asphyxiante culture*, Paris, Minuit, 1968, cité dans *La Politique culturelle en débat, Anthologie, 1955-2005*, textes réunis et présentés par Geneviève Gentil et Philippe Poirrier, Paris, Comité d'histoire du ministère de la Culture/Documentation française, 2006, p. 60-62.

génétique du théâtre populaire que Vilar, le Théâtre national populaire et le Festival d'Avignon incarnent encore dans une forme de passion fondatrice : tous les jeunes théâtreux de 1968 sont peu ou prou des fils, parfois proches, parfois en rupture, de Vilar.

Pour l'instant, c'est Jean-Louis Barrault qui est violemment pris à partie. Les deux textes qui suivent annoncent la transformation de l'Odéon en une agora livrée à tous les vents de la parole libertaire. Le deuxième tract lance l'un des slogans phares de 1968. Peut-être écrit par Paul Virilio, le sémillant architecte, acteur principal avec Jean-Jacques Lebel de la prise de l'Odéon le 14 mai au soir – bien que les pères putatifs soient plusieurs à réclamer cette paternité –, il résonne comme le programme le plus exact et le plus tenu de ce qui va se passer durant un mois dans cet ex-théâtre.

> L'occupation de l'Odéon par le comité d'action révolutionnaire du théâtre, par des travailleurs et des étudiants solidaires qui décident que l'Odéon *Théâtre de France* cesse pour une durée illimitée d'être un théâtre.
>
> Il devient à partir du 16 mai
>
> – un lieu de rencontre entre ouvriers, étudiants et artistes,
>
> – une permanence révolutionnaire créatrice,
>
> – un lieu de meeting politique ininterrompu.
>
> Voté par l'assemblée générale – sise dans la grande salle du Théâtre de France, le 16 mai *.

* Communiqué du CAR, 16 mai 1968, cité dans le *Journal de la Commune étudiante*, *op. cit.*, p. 256.

« L'imagination prend le pouvoir »... Cela ne va pas sans controverse. Certains gauchistes rétorquent que ce n'est pas l'imagination mais les travailleurs qui doivent prendre le pouvoir [3] !

L'imagination prend le pouvoir.

La lutte révolutionnaire des travailleurs et des étudiants qui est née dans la rue s'étend maintenant aux lieux de travail et aux pseudo-valeurs de la société de consommation. Hier Sud-Aviation à Nantes, aujourd'hui le Théâtre dit « de France », l'Odéon.

Le théâtre, le cinéma, la peinture, la littérature, etc., sont devenus des industries accaparées par une « élite » dans un but d'aliénation et de mercantilisme.

Sabotez l'industrie culturelle.
Occupez et détruisez les institutions.
Réinventez la vie.
*L'art c'est vous !*
*La révolution c'est vous !*
Entrée libre
À l'ex-théâtre de France, à partir d'aujourd'hui *.

L'occupation de l'Odéon s'est faite en dépit d'une hostilité visible des travailleurs du théâtre, que les

* Tract du CAR, 17 mai 1968, cité en annexe dans la thèse de Marie-Ange Rauch-Lepage, *Le Théâtre en 1968, Histoire d'une crise*, thèse de doctorat de lettres et sciences humaines sous la direction de Robert Abirached, université Paris-X, 1994.

insurgés auraient aimé transformer en alliés. L'esprit maison et la fragilité des décors et des costumes, dont ils se sentent responsables, expliquent leurs réticences. Le risque d'incendie est une hantise des techniciens, de Barrault mais aussi de l'administration de la rue de Valois. Il faut imaginer l'Odéon surchargé nuit et jour d'une population vagabondant entre scène et salle, fumant, mangeant, dormant souvent sur place. Il est difficile de faire entendre ces raisons fort peu révolutionnaires, mais le comité de l'Odéon prend conscience du danger.

Camarades !!!

Le Théâtre de France a été déclaré lieu ouvert à tous !

Nous vous demandons *instamment*, lorsque vous pénétrerez dans la salle, de respecter rigoureusement les consignes de sécurité propre à tout théâtre :

1. Interdiction formelle de fumer dans la salle et dans les couloirs.

2. L'entrée de la scène est strictement réservée aux membres du service d'ordre et aux techniciens du théâtre pour les raisons suivantes :

a) risque d'incendie du plateau, des rideaux de scène et des coulisses,

b) risque de chutes du rideau de fer et des cintres.

*Nous insistons sur le fait que ces risques sont graves à la fois pour votre sécurité et dans l'éventualité d'une provocation toujours possible* *.

---

* Mesures de sécurité édictées par le comité de l'Odéon, texte cité en annexe de la thèse de Marie-Ange Rauch-Lepage, *Le Théâtre en 1968…, op. cit.*

À partir du 17 mai, les représentants du comité d'occupation de l'Odéon vont se démener pour que les travailleurs du spectacle, syndicats d'acteurs et techniciens se solidarisent avec l'Odéon et se mettent en grève. C'est ainsi que plusieurs milliers de comédiens diffusent ce tract, le 17 mai 1968, entraînant la généralisation de la grève à tous les théâtres parisiens privés et publics, en dépit d'une petite minorité très hostile.

> Les travailleurs du spectacle réunis au TNP, salle Gémier, avec l'accord du syndicat, et à l'amphithéâtre Michelet, ont voté et approuvé à une très large majorité la motion présentée à l'initiative du CAR-Odéon,
>
> – se rallient à l'action des étudiants et des travailleurs dans le combat pour la contestation de la société et de ses structures,
>
> – approuvent l'occupation de l'Odéon, non comme une agression particulière contre une personne ou un répertoire, mais comme un symbole de la contestation de la culture bourgeoise et de la représentation théâtrale,
>
> – organisent en leur sein un comité chargé de chercher avec les comités étudiants et travailleurs les moyens aptes à permettre une action commune en vue de donner aux uns et aux autres la possibilité de participer à la transformation de la société *.

C'est une dizaine de jours plus tard, alors que tous les théâtres sont occupés, que se réunit à Villeurbanne

* Tract des travailleurs du spectacle, 17 mai 1968, cité dans Patrick Ravignant, *L'Odéon est ouvert*, *op. cit.*, p. 210.

et à huis clos une quarantaine de directeurs de Maisons de la culture, Centres dramatiques nationaux ou autres scènes nationales, à l'instigation de Roger Planchon, maître des lieux [4]. Les débats accouchent d'un texte rendu public le 25 mai 1968 : « La déclaration de Villeurbanne ». Cette fois, la critique vient de l'intérieur de l'institution. Elle a, comme le relève le critique Bernard Dort, l'« amère saveur de l'autocritique ». Battant leur coulpe, les responsables de ces institutions condamnent la culture « héréditaire, particulariste, bourgeoise » qu'ils y ont dispensée. Dans un même mouvement, ils mettent en avant l'existence d'un « non-public » – concept forgé pour l'occasion – irrémédiablement étranger aux libations culturelles offertes, même à tarif réduit.

> Jusqu'à ces derniers temps, la culture en France n'était guère mise en cause par les non-cultivés que sous la forme d'une indifférence dont les cultivés, à leur tour, se souciaient peu. Çà et là, toutefois, certaines inquiétudes se faisaient jour, certains efforts étaient entrepris avec le désir de s'arracher à l'ornière, de rompre avec le rassurant souci d'une plus équitable répartition du patrimoine culturel. Car la simple « diffusion » des œuvres d'art, même agrémentée d'un peu d'animation, apparaissait déjà de plus en plus incapable de provoquer une rencontre effective entre ces œuvres et d'énormes quantités d'hommes et de femmes qui s'acharnaient à survivre au sein de notre société mais qui, à bien des égards, en demeuraient exclus : contraints de participer à la production des biens matériels mais privés

des moyens de contribuer à l'orientation même de sa démarche générale. En fait, la coupure ne cessait de s'aggraver entre les uns et les autres, entre ces exclus et nous tous, qui, bon gré mal gré, devenions de jour en jour davantage complices de leur exclusion.

D'un seul coup la révolte des étudiants et la grève des ouvriers sont venues projeter sur cette situation familière et plus ou moins admise un éclairage particulièrement brutal. Ce que nous étions quelques-uns à entrevoir, et sans trop vouloir nous y attarder, est devenu pour tous une évidence : le viol de l'événement a mis fin aux incertitudes de nos fragiles réflexions. Nous le savons désormais, et nul ne peut plus l'ignorer : la coupure culturelle est profonde, elle recouvre à la fois une coupure économico-sociale et une coupure entre générations. Et dans les deux cas, c'est – au plan qui nous concerne – notre attitude même à l'égard de la culture qui se trouve mise en question de la façon la plus radicale. Quelle que soit la pureté de nos intentions, cette attitude apparaît en effet à une quantité considérable de nos concitoyens comme une option faite par des privilégiés en faveur d'une culture héréditaire, particulariste, c'est-à-dire tout simplement bourgeoise.

Il y a d'un côté le public, notre public, et peu importe qu'il soit, selon les cas, actuel ou potentiel (c'est-à-dire susceptible d'être actualisé au prix de quelques efforts supplémentaires sur le prix des places ou sur le volume du budget publicitaire) ; et il y a, de l'autre, un « *non-public* » : une immensité humaine composée de tous ceux qui n'ont encore aucun accès ni aucune chance d'accéder prochainement au phénomène culturel sous les formes qu'il persiste à revêtir dans la presque totalité des cas *.

Au-delà des bornes chronologiques de ce livre et de celles trop aisément assignées au mouvement de 1968, la rébellion s'exporte au festival d'Avignon en juillet 1968, alors qu'elle est en reflux à Paris. En juin, Vilar avait annoncé un « festival de la contestation », réduit dans sa programmation à cause des grèves mais riche en débats. Dès l'ouverture, les premiers tracts reprennent la critique du mois de mai avec une radicalité qui, à Avignon et en raison de la stature mythique de Vilar, n'est pas dépourvue d'une certaine mauvaise conscience [5].

Du 17 juillet au 14 août, en dépit des grèves et des préoccupations politiques des Français, le Festival d'Avignon aura lieu. Les spectacles français annulés ont été remplacés d'ores et déjà par les organisateurs : 15 concerts. Et 42 films inédits (« Vive la grève du Festival de Cannes qui nous permet d'boucher nos trous »). Maurice Béjart (Bruxelles) et le Living Theatre (États-Unis) sont toujours au programme. Le mot « colloque » étant périmé depuis peu, le reste du temps sera consacré aux discussions en « tribune libre » et les technocrates de la culture populaire dirigeront les débats axés sur un thème

* Déclaration de Villeurbanne, 25 mai 1968, citée en annexe dans Robert Abirached (dir.), *La Décentralisation théâtrale*, t. III : *1968, le tournant*, Avignon, Actes Sud, 1994, p. 195-200.

nouveau : « La place et le rôle du théâtre dans la société contemporaine ». Si vous voulez défendre la bonne conscience des éducateurs de masse, la culture populaire enrégimentée, les opérations commerciales camouflées, le pontificat et le paternalisme. Si vous aimez qu'on pense pour vous, venez nombreux en Avignon, la fête risque d'être réussie *.

Le décor est dressé. L'action commence le 18 juillet à la suite de l'interdiction par le préfet du Gard d'une pièce hors festival, *La Paillasse aux seins nus*, montée par Gérard Gelas, jeune metteur en scène avignonnais, et sa troupe du Chêne noir. La censure du spectacle a été décidée le jour même, après réception d'un rapport des Renseignements généraux qui voit dans la chartreuse de Villeneuve-lès-Avignon – où devait se jouer la pièce en question – un bastion terroriste potentiel.

La pièce *La Paillasse aux seins nus* retracerait les événements de mai dernier en mettant en avant les « provocations policières » et l'impression de ruine et de dévastation laissée par certains quartiers de Paris après les émeutes. Elle a été écrite par le nommé Gelas Gérard, anarchiste notoire, membre de l'ex-Mouvement du 22 mars qui abrite comme chef Nahon Philippe, responsable local de l'ex-Mouvement du 22 mars, contact donné par les renseignements parisiens pour les étudiants gauchistes qui viennent pour perturber le 22e Festival d'Avignon.

* Tract du 13 juillet 1968, Boîte 1968, Archives de la Maison Jean Vilar, Avignon.

La question se pose de savoir si derrière cette façade théâtrale ne se dissimule pas le noyau actif des étudiants anarchistes, auxquels certaines rumeurs et informations prêtent l'intention de saboter le Festival d'Avignon. Il est certain que la position en retrait de l'autre côté du Rhône que cette troupe a choisie pour cadre de ses activités théâtrales pourrait dans une autre optique constituer une excellente base de départ pour des actions à mener sur Avignon. Les locaux de la chartreuse, véritable termitière avec ses souterrains et ses dédales, constituent en effet un entrepôt idéal pour le stockage de moyens agressifs et une solide place forte d'où il serait malaisé de déloger des éléments décidés à occuper les lieux. Un premier travail de pénétration en profondeur de ce milieu est en cours. Il aura pour objectif l'identification précise et complète de tous les membres de la troupe, les fréquentations et la surveillance de leurs allées et venues *.

Dès lors, le festival se trouve quotidiennement perturbé. Pendant tout le mois, Vilar et son équipe s'acharnent à intégrer à la dynamique d'Avignon des hommes, des femmes, des spectacles, des discours qui ne veulent pas l'être. Julian Beck, présent à l'Odéon, et sa troupe américaine, le Living Theatre, pôle de cristallisation de la contestation durant toute la seconde quinzaine de juillet, finissent par quitter les

---

* La troupe du Chêne noir vue par les Renseignements généraux, 18 juillet 1968, Archives départementales du Vaucluse, Préfecture, Cabinet, 143 W art 8751, boîte 78, Festival 1968.

lieux le 29. Et s'en expliquent en 11 points. « Déclaration en 11 points » dont le numéro 7 sera peu après transformé en affiche et collé partout dans Avignon :

> Nous quittons le festival parce que le temps est venu pour nous de commencer enfin à refuser de servir ceux qui veulent que la connaissance et le pouvoir de l'art appartiennent seulement à ceux qui peuvent payer, ceux-là mêmes qui souhaitent maintenir le peuple dans l'obscurité, qui travaillent pour que le pouvoir reste aux élites, qui souhaitent contrôler la vie de l'artiste et celle des autres hommes. *Pour nous aussi la lutte continue* *.

## *Le cinéma*

Au lendemain de l'occupation de la Sorbonne, une « commission du cinéma » est créée à la Sorbonne et les locaux de l'École nationale de photographie et de cinématographie de la rue de Vaugirard sont investis par ses étudiants. Le 17 mai, un rassemblement syndical de techniciens, d'acteurs, d'élèves en cinéma de l'IDHEC (Institut des hautes études cinématographiques) et de la rue de Vaugirard appelle à une assemblée générale dans l'après-midi, à laquelle sont également conviés des cinéastes, afin que tous marquent leur solidarité avec les étudiants et protestent contre la répression. Environ un

* Déclaration en 11 points du Living Theater, 29 juillet 1968, Archives de la Maison Jean Vilar, Boîte 1968, Avignon.

millier de personnes se retrouvent rue de Vaugirard. Les motivations initiales sont rapidement dépassées par une contestation plus globale du pouvoir gaulliste et des structures du cinéma français. Les personnes rassemblées en ce 17 mai décident de se transformer en « États généraux du cinéma français » qui, le lendemain, se déclarent en grève illimitée.

I. Le bureau du Syndicat des techniciens de la production cinématographique CGT convoque tous les cinéastes et tous les collaborateurs de la profession cinématographique à participer ce soir, à 21 heures, à l'ouverture des assises permanentes du cinéma, dans les locaux de l'ENPC, 85, rue de Vaugirard, Paris-6e, occupés depuis mercredi, 18 heures, par les élèves.

Paris, 17 mai 1968, 14 heures.

II. Considérant qu'un cinéma et une télévision libres n'existent pas dans l'état actuel, considérant qu'une infime minorité d'auteurs et de techniciens ont accès aux moyens de production et d'expression, considérant qu'à tous les niveaux et que pour toutes les catégories professionnelles du cinéma des changements décisifs s'imposent,

considérant qu'aujourd'hui le cinéma a une mission capitale à remplir et qu'il est bâillonné à tous les niveaux dans le système actuel,

les réalisateurs, techniciens, acteurs, producteurs, distributeurs, critiques de cinéma et de télévision, résolus à mettre fin à l'état de choses présent, ont décidé de convoquer les États généraux du cinéma français.

Nous vous invitons tous à participer à ces États généraux dont la date sera précisée ultérieurement *.

Une assemblée extraordinaire, dite « États généraux du cinéma », groupant un millier de professionnels, s'est tenue le 17 mai à l'École nationale de photographie et du cinéma occupée par ses élèves.

L'assemblée remet en cause le pouvoir actuel et ses structures et adopte le principe d'une grève illimitée de l'industrie cinématographique avec pour objectif la refonte totale de la profession cinématographique en vue d'assurer la gestion démocratique du cinéma par ceux qui le font **.

Pendant ce temps, à Cannes, le festival continue, mais plus pour très longtemps. De Paris, François Truffaut et quelques autres informent les festivaliers, un peu à l'écart de la tourmente parisienne, de la réunion du 17 mai. Venus pour parler de l'affaire Langlois, ils font pression pour que le Festival de Cannes s'arrête, pensant qu'il se couvrirait de ridicule à projeter des films lorsque toute la France se met en grève. Cette position n'est partagée ni par le public local, ni par le directeur du festival, Robert Favre Le Bret, ni forcément par les cinéastes, notamment étrangers, qui présentent leur production à Cannes. D'où des échauffourées pour empêcher les projections. Finalement, une partie du jury ayant démissionné, une

---

* Communiqué du comité révolutionnaire cinéma-télévision, 17 mai 1968, cité dans *Le Cinéma s'insurge*, Paris, Éditions Le Terrain vague, 1968, p. 6-7.

** Communiqué des États généraux, 18 mai 1968, *ibid.*

partie des cinéastes retirant leurs films de la compétition, le festival s'arrête officiellement.

> Le Festival de Cannes est arrêté.
>
> Le cinéma entre en lutte contre le pouvoir gaulliste. [...]
>
> Les cinéastes, journalistes, producteurs, qui se trouvent à Cannes, retirent leur participation au festival.
>
> Nous refusons d'être les moyens d'un abrutissement général au service d'une société capitaliste que nous remettons en question.
>
> Nos objectifs sont ceux de tous les travailleurs actuellement en lutte. Nous voulons la réorganisation des moyens de production et de distribution, la suppression des censures *.

Premier acte des États généraux réunis dans la grande salle de la rue de Vaugirard, le 21 mai 1968 : la déchéance du Centre national de la cinématographie (CNC), créé en 1946, dans l'optique à la fois corporative et démocratisatrice de l'élan d'après-guerre. Désormais, la main de l'État apparaît non comme le gage de la justice et du progrès, mais comme celle de l'aliénation et de la répression.

---

* « Communiqué des festivaliers », 19 mai 1968, dossier États généraux, fonds René Allio, IMEC. Document que m'a généreusement transmis Sonia Bruneau – que je remercie ici. Pour de plus amples développements, voir sa thèse, *Les Cinéastes insurgés en Mai 1968. Généalogie d'une figure d'engagement collectif*, thèse de doctorat sous la direction de Sylvie Lindeperg, université Paris-III-Sorbonne nouvelle, 2008.

Les États généraux du cinéma français considèrent les structures réactionnaires du CNC comme abolies. En conséquence, ils décident que son existence, sa représentativité et ses règlements ne sont plus reconnus par la profession. Les nouvelles structures de notre profession devront naître des États généraux.

À l'issue de l'assemblée du 21 mai 1968, nous signons et invitons l'ensemble de notre profession à se joindre à nous pour témoigner de ce fait.

Les États généraux du cinéma français réunis à l'École de photographie et de cinématographie *.

Le 22 mai, une assemblée générale extraordinaire est convoquée pour se prononcer sur un projet de réforme des structures du cinéma. C'est ainsi que plus de 1 600 techniciens, metteurs en scène et acteurs se retrouvent dans la nuit du 26 au 27 mai au Centre culturel de Suresnes sous la présidence de Pierre Goupil, représentant CGT des techniciens, flanqué de Claude Chabrol et d'Yves Robert. Toute la nuit défilent les rapporteurs des dix-neuf projets défendus. C'est la nuit de tous les possibles : « Tout projet de film a droit d'être réalisé… », « Tous les cinémas sont égaux entre eux ». On demande la suppression du vedettariat… À l'aube, on vote. Le projet de Louis Malle obtient 429 voix devant celui du chef-opérateur Pierre Lhomme qui en reçoit 325, et deux autres se partagent les voix de ceux qui ne se sont pas endormis.

---

* L'abolition du CNC, déclaration des États généraux du cinéma, 21 mai 1968.

Un texte de synthèse est écrit et c'est de nouveau à Suresnes, le 5 juin, que Pierre Vaneck lit les nouvelles résolutions devant l'assemblée.

Le cinéma reflète dans son microcosme les monopoles et les privilèges de la société de consommation. Le théâtre, la musique, les arts, les lettres sont placés devant le même problème : faits pour les hommes, ils ne viennent à leur rencontre que mutilés par la société bourgeoise, et par les valeurs culturelles dont elle se pare. Faite pour la contestation permanente, pour une critique et une prise de conscience, la vie culturelle, en fait, ne répond pas, dans ses formes actuelles, à l'exigence profonde du corps social. L'imagination est descendue dans les rues. De ce phénomène, qui est une révolution, est née l'idée que la vie culturelle doit devenir un service public. Elle est un besoin, comme la liberté, l'eau ou le pain.

Les États généraux du cinéma traduisent cette aspiration commune. Les étudiants soulevés par une vague irrésistible de contestation, les travailleurs lancés dans une lutte concrète pour la conquête des moyens de production, nous obligent à formuler, et d'abord pour nous-mêmes, cette exigence de base. Le cinéma doit se dépasser lui-même, s'étendre, et se fondre avec tous les arts et techniques de l'expression audiovisuelle. Des structures nouvelles, qui brisent le mandarinat des privilèges, qui proposent l'accès de tous à toutes les fonctions, éligibles, révocables et contrôlables, sont l'armature du projet présenté. La création d'un secteur public autogéré, accompagnée d'un arsenal précis contre les monopoles, leur survie et leur renaissance, est la façon pratique et immédiate de faire marcher le cinéma au milieu de tout un peuple *.

Devant le rejet dudit texte de synthèse censé réorganiser le secteur cinématographique, les cinéastes décident alors de voter une série de principes. Ce sont les « six points de Suresnes » qui marquent la fin d'une certaine forme des États généraux. Pour certains, c'est l'aveu d'une impuissance ; pour d'autres, c'est un point de départ.

Les États généraux du cinéma français sont nés d'un mouvement populaire de contestation et de lutte contre l'ordre économique, social et idéologique existant, celui du capital, protégé par l'appareil d'État.

Les États généraux ont pour objectif de faire de la vie culturelle, et donc du cinéma, essentiel à la vie de la nation, un service public prioritaire.

Et cela par les moyens suivants, en priorité :

1. destruction des monopoles, création d'un organisme national et unique de diffusion et d'exploitation des films, avec perception directe dans les salles, création d'un organisme national des moyens techniques (laboratoires, studios, pellicule, etc.),

2. l'autogestion afin de lutter contre le mandarinat, la sclérose et la bureaucratie ; les responsables de tous les échelons seront élus pour un temps limité, contrôlés et révocables par les institutions qui les auraient élus.

---

* Projet de nouvelles structures, États généraux du cinéma, 5 juin 1968, cité dans Sylvain Zegel, *Les Idées de mai*, Paris, Gallimard, 1968, p. 238-239.

3. création de groupes de production autogérés, qui ne seront pas soumis à la loi sur le profit capitaliste,

4. abolition de la censure,

5. intégration de l'enseignement de l'audiovisuel dans le cadre général de l'enseignement rénové : autogestion par les enseignants et les étudiants, ouverture à toutes les classes sociales,

6. union étroite du cinéma avec une télévision autogérée, indépendante du pouvoir et de l'argent.

Les points énumérés ci-dessus constitueront nécessairement les principes de base des nouvelles structures du cinéma, telles qu'elles seront définies par les États généraux par le moyen d'une discussion collective et détaillée * [6].

Si la nouvelle forme dramatique de 1968 trouve son accomplissement dans le théâtre de rue, le cinéma, plus nettement encore, invente dans le tumulte de l'action et dans la nécessité de filmer un réel rebelle, un format qui lui convient : c'est le « ciné-tract ». Tournés en mai-juin 1968, montés directement à la prise de vue, ces ciné-tracts d'environ trois minutes sont des œuvres collectives et anonymes. D'après Jean-Luc Godard, « les ciné-tracts, c'est une idée de Chris Marker [...]. C'était un moyen simple et pas cher de faire du cinéma politique, pour une section d'entreprise ou un comité d'action, puisque la bobine coûte

* Les six points de Suresnes, 5 juin 1968, « Compte rendu de l'assemblée générale extraordinaire de Suresnes », 5 juin 1968, archives personnelles d'Étienne Fauduet, reproduit en annexe de la thèse de Sonia Bruneau, *Les Cinéastes insurgés en Mai 1968*, *op. cit.*

50 francs tout compris. Et surtout, l'intérêt est moins la diffusion que la fabrication. Ça a un intérêt local de travailler ensemble et de discuter. Ça fait progresser. […] Ça permet de repenser à un niveau très simple et très concret le cinéma[7] ». Préludes à la conversion mao et vidéo de Godard qui, on le sait, a réalisé totalement ou en partie onze ciné-tracts.

Qu'est-ce qu'un « ciné-tract » ?

C'est 2' 44" (soit une bobine 16 mm de 30 m à 24 images/secondes) de film muet à thème politique, social ou autre, destiné à susciter la discussion et l'action.

Essayons d'exprimer par « ciné-tract » nos pensées et nos réactions !

Pourquoi ?

Pour : contester – proposer – choquer – informer – interroger – affirmer – convaincre – penser – crier – rire – dénoncer – cultiver

Avec quoi ?

Un mur, une caméra, une lampe éclairant le mur

Des documents, photos, journaux, dessins, affiches, livres, etc. Un crayon feutre, du scotch, de la colle, un mètre souple, un chronomètre

Des idées

Comment ?

L'ordre des documents à filmer (et leur durée) est primordial. Il faut donc faire un petit scénario ou plan de travail.

Partir d'une idée simple, la décomposer en images, selon le matériel disponible, en sachant à la fois dépasser « le premier jet » et renoncer à l'effet trop ambitieux. Réduire le texte (de beaux cartons bien lisibles comme au temps du cinéma muet) à l'essentiel : le plus concis, le plus clair, le plus frappant.

Avant le tournage, faire un essai, chronomètre en main, pour décider de la durée de chaque plan à filmer. Pour les textes, c'est simple, c'est le temps de « lecture lente ». Pour les images, il faut « sentir » le rythme : selon l'impact propre de l'image, son rapport plastique avec ce qui la précède et ce qui la suit, le rôle qu'on lui attribue (information – commentaire – ponctuation – vibration). La suite des images est un discours lié tantôt de près, tantôt de très loin, au discours décrit. C'est de la variété et du jeu de ces discours que sont faits le choc et l'efficacité possible du « ciné-tract ».

Utiliser si possible le zoom, non pour l'« effet de zoom » (à réserver aux très rares moments où il est indispensable), mais pour gagner du temps en faisant des cadrages très précis (gros plans sur documents, détails de documents...) sans bouger la caméra.

Tourner (en image par image si le modèle de la caméra le permet, autrement en contrôlant le chronomètre) le « ciné-tract » en continuité, dans l'ordre de projection et sans « blancs » intermédiaires. Normalement, le « ciné-tract » doit être utilisé sans montage. Il doit être prêt à *être utilisé dès sa sortie du laboratoire*.

Important :

Chaque « ciné-tract » porte un numéro affecté par nous dès réception de la demande. Il convient donc que le premier plan soit un carton indiquant un numéro. « Ciné-tract 055 » par exemple.

Utiliser de préférence la pellicule négative.

Le montage devant être aboli, on a préféré jusqu'ici la technique de filmage des photos et documents fixes, qui permet une plus grande sûreté d'exécution. On peut cependant imaginer l'utilisation de scènes animées en gardant à l'esprit la nécessité d'un négatif « prêt à être utilisé » dès sa sortie du laboratoire. Autrement dit, si on s'aperçoit d'une erreur de tournage, il faut tout recommencer, dans l'ordre, sur une autre bobine, jusqu'à un tournage impeccable. Bonne école au demeurant : c'est comme le direct à la télévision.

Avant de retirer la pellicule de la caméra, préparer l'étiquette de la bobine « à développer ».

Nous envoyer la pellicule, de préférence accompagnée d'un résumé du « ciné-tract ».

Le développement et le tirage des copies sont assurés par nous.

Les auteurs de « ciné-tracts » s'accordent à considérer ce travail comme une activité de cinéastes amateurs, sans but lucratif. Les aides financières éventuelles ne serviront qu'à fabriquer encore davantage de « ciné-tracts * ».

## *Littérature*

Dès le 8 mai, une trentaine d'intellectuels connus se mobilisent et signent dans *Le Monde* un texte, vraisemblablement rédigé par Maurice Blanchot, qui

* « Ciné-tractez ! », document dactylographié, archives ISKRA-SLON, reproduit en annexe dans la thèse de Sonia Bruneau, *Les Cinéastes insurgés en Mai 1968*, *op. cit.*

affirme leur solidarité totale avec le mouvement étudiant. Selon Boris Gobille, la précocité notable de l'engagement de ces marxistes existentialistes (réseau des *Temps modernes*), surréalistes (Jean Schuster) et communistes oppositionnels (Dyonis Mascolo, Marguerite Duras) tient à la « résonance des mots d'ordre étudiants avec leurs propres trajectoires politiques [8] ».

> La solidarité que nous affirmons ici avec le mouvement des étudiants dans le monde – ce mouvement qui vient brusquement, en des heures éclatantes, d'ébranler la société dite de bien-être parfaitement incarnée dans le monde français – est d'abord une réponse aux mensonges par lesquels toutes les institutions et les formations politiques (à peu d'exceptions près), tous les organes de presse et de communication (presque sans exception) cherchent depuis des mois à altérer ce mouvement, à en pervertir le sens ou même à tenter de le rendre dérisoire. Il est scandaleux de ne pas reconnaître dans ce mouvement ce qui s'y cherche et ce qui y est en jeu : la volonté d'échapper, par tous les moyens, à un ordre aliéné, mais si fortement structuré et intégré que la simple contestation risque toujours d'être mise à son service. Et il est scandaleux de ne pas comprendre la violence immense à l'abri de laquelle se préservent la plupart des sociétés contemporaines et dont la sauvagerie policière n'est que la divulgation. C'est ce scandale que nous tenons à dénoncer sans plus tarder, et nous tenons à affirmer en même temps que, face au système établi, il est d'une importance capitale, peut-être décisive, que le mouvement

des étudiants, sans faire de promesses et, au contraire, en repoussant toute affirmation prématurée, oppose et maintienne une puissance de refus capable, croyons-nous, d'ouvrir un avenir.

[Ce texte est signé de Mmes et MM. Robert Antelme, Maurice Blanchot, Maurice Nadeau, Louis-René des Forêts, Marguerite Duras, Jean Schuster, Michel Leiris, Claude Roy, Dionys Mascolo, Jean-Marc Lambert, Jérôme Peignot, Vincent Bounoure, Pierre Klossowski, Nathalie Sarraute, Monique Wittig, Georges Michel, Jean-Louis Bédouin, Guy Cabanel, Adrien Dax, Jean Ricardou, André Gorz, Jean-Paul Sartre, Jacques Lacan, Roger Blin, André Pieyre de Mandiargues, Marthe Robert, Michel de M'Uzan, Monique Lange, Guy Dumur, François Châtelet, Max-Pol Fouchet, Henri Lefebvre, François Erval, Geneviève Serreau, Pierre Bernard *.]

Le 21 mai, les écrivains effectuent à leur tour leur « prise de l'Odéon », avec des enjeux générationnels et politiques sans doute plus aigus. Ne serait-ce que parce qu'il existe une structure de rassemblement dont la légitimité, à son acmé au sortir de la guerre, vacillait jusqu'à ce que Mai 68 lui porte l'estocade finale. En effet, l'occupation des locaux de la Société des gens de lettres, l'hôtel de Massa, par un groupe d'écrivains et de poètes revendiquant la fondation d'une nouvelle Union des écrivains, signifie la fin du Comité national des écrivains (CNE) et de toute la mythologie aragonienne, dépassée par de nouvelles avant-gardes.

* « Manifeste des intellectuels », *Le Monde*, 10 mai 1968.

Les écrivains soussignés ont décidé d'occuper les locaux de la Société des gens de lettres. Par ce geste symbolique frappant une institution vétuste et non représentative, mais qui bénéficie de privilèges injustifiés, de puissants moyens matériels et de l'appui des pouvoirs publics, ils décident de marquer leur volonté de donner à l'écrivain un statut nouveau dans une société nouvelle.

Ils décident de fonder dans les anciens locaux de la Société une Union des écrivains, en étroite liaison avec les étudiants et les travailleurs du livre.

Ouverte à tous ceux qui considèrent la littérature comme une pratique indissociable du procès révolutionnaire actuel, cette Union sera un centre permanent de contestation de l'ordre littéraire établi.

Bureau provisoire : Philippe Boyer, Yves Buin, Michel Butor, Henri Deluy, Jean-Pierre Faye, Jean-Claude Montel, Maurice Roche, Paul Louis Rossi, Jacques Roubaud, Nathalie Sarraute, Franck Venaille, Pierre Guyotat, Jean Duvignaud, Alain Jouffroy, Guillevic. Les écrivains suivants s'associent à l'appel : Jean-Paul Sartre, Simone de Beauvoir, Jean Cayrol, Guy Emmanuel Richard, Jérôme Peignot, Bernard Pingaud, Jacques Favrel, Jean Thibaudeau, Simone Lacouture, Geneviève Serreau, Claude Roy, Michel Leiris, Maurice Nadeau, André Pieyre de Mandiargues, Max-Pol Fouchet, Daniel Guérin, Marguerite Duras, Jacques Madaule, Jean Hélion, Guy Dumur, Jacques Brenner, Robert André, Monique Lange, André Dalmas, Clara Malraux, Clarisse Francillon, François Bott, Jacqueline Piatier, Jean-Roger Carroy, Joyce Mansour, Dionys

Mascolo, K.D. Kaupp, Louis René des Forêts, Pierre Klossowski, Yves Berger, Alfred Kern, André du Bouchet, Vera Feyder, Jean Cassou, Claude Delmas, Olivier de Magny.

De son côté, Henri Michaux approuve l'occupation des locaux de la Société des gens de lettres *.

Dans le champ littéraire comme dans les autres arts, s'effectue ce que Boris Gobille appelle une « reproblématisation » de l'écrivain – c'est-à-dire une réflexion sur sa place et sa fonction dans la société – qui est investie de significations souvent antagonistes. D'un côté, le mouvement de Mai 68 encourage l'effacement de l'auteur ; l'écriture qui sourd des murs de la ville n'a ni noms propres ni notes de bas de page. Cette écriture collective et anonyme, celle des tracts, des slogans, des textes discutés dans les comités d'action apparaît à certains comme le devenir révolutionnaire d'une écriture qui ferait corps avec l'Histoire.

Ceux qui restent et ceux qui fuient emploient le même vocabulaire pour désigner, et le piétinement insensé des séances, et l'endurance hors du commun qu'il faut pour y résister. – C'est impossible, disent *les uns et les autres*. Nier un texte, c'est aussi élaborer ce texte. Tel texte qui, s'il était lu ailleurs, entraînerait l'adhésion, est ici rejeté. Le premier mouvement

* « L'appel fondateur de l'Union des écrivains, 21 mai 1968 », Archives de l'Union des écrivains, carton 9, cité dans Boris Gobille, « Les mobilisations de l'avant-garde littéraire française en mai 1968 », art. cité, p. 40.

est le refus du texte soumis au jugement. Le dressage à l'approbation aura été tel qu'une fois lâchée, la liberté, avant tout, refuse. C'est bien entendu au niveau de la critique du travail d'un seul que l'élaboration collective se situe. En deçà, elle est illusoire. En deçà encore, un non-sens. Première lecture : la méfiance est à son comble. D'emblée, le procès est fait au texte de relever – encore et toujours – de l'irréductible solitude de l'opération mentale. Son auteur, ignoré, est objectivement puni, dans son irresponsabilité même. Le « fruit de ses entrailles » est massacré. Deuxième lecture : la méfiance diminue. Troisième, cinquième lecture : la peine de *l'individu* étant purgée, la communauté fonctionne. Un texte, passé au laminoir, rejeté, bafoué, nié, disparu, renaît, et sous une forme souvent à peine différente de la première. Donc, à certaines variantes près, ce texte devient *commun*. Il a traversé le tunnel. Sort. Prend son vol *.

Mais à l'Union des écrivains, on n'a aucune envie de s'abolir en tant qu'écrivain, mais plutôt d'examiner comment échapper à la prolétarisation rampante et comment les producteurs pourraient se réapproprier

* Genèse d'une écriture collective au comité d'action écrivains-étudiants, extrait de comité d'action étudiants-écrivains, « Sur le comité d'action écrivains-étudiants », texte écrit en septembre 1968, publié dans *Les Lettres nouvelles*, juin-juillet 1969, « Un an après. Le comité d'action écrivains-étudiants », p. 146-147, cité dans Boris Gobille, « Les mobilisations de l'avant-garde littéraire française en mai 1968 », art. cité, p. 50.

leurs œuvres en dépassant la logique du profit des médiateurs parasites.

1. L'Union des écrivains s'est fondée le mardi 21 mai 1968 dans le contexte des grèves et occupations des locaux pratiquées par le mouvement étudiant et le mouvement ouvrier, et cela en relation avec l'occupation de l'hôtel de Massa.

2. Le but de l'Union est de se définir elle-même en définissant l'écrivain. À partir de la situation de fait qui existe aujourd'hui, elle étudiera les conditions d'exercice de l'activité littéraire dans la société actuelle et les moyens d'en finir avec un système de production et de consommation dont l'écrivain lui-même est victime (commission professionnelle). Simultanément elle s'interrogera sur la fonction de l'écrivain dans une société autre, en cours de gestation, dont il doit par sa pratique même favoriser l'avènement (commission idéologique).

3. L'Union des écrivains, issue du grand mouvement de contestation qui mobilise les étudiants et l'ensemble des travailleurs, entend rester fidèle aux objectifs de ce mouvement et lutter contre toute tentative qui chercherait à le diviser. Fondées par des écrivains, ses réunions sont ouvertes à tous ceux (étudiants, travailleurs du livre et de l'édition, enseignants, traducteurs, comédiens, lecteurs, etc.) qui sont intéressés à la contestation de l'ordre culturel et social établi. Dans la mesure de ses moyens, elle entend contribuer à l'édification d'une société nouvelle de type socialiste, fondée sur la propriété collective des moyens de production et leur gestion démocratique, qui ne soit

pas dominée par un appareil bureaucratique, ni orientée vers la seule consommation *.

Bernard Pingaud, membre éminent de la nouvelle Union, raconte dans un document personnel la semaine qui a suivi la prise de l'hôtel de Massa.

Mais, en même temps, nous étions soucieux de nous mettre rapidement au travail et de passer de la phase du happening permanent à celle d'une discussion sérieuse, sur des thèmes précis. Le nom d'écrivain ne nous faisait pas peur. Nous ne nous sentions pas coupables de le porter puisqu'il désignait effectivement notre état. Et notre problème n'était pas de nous blanchir de cette tare originelle, mais, encore une fois, de sortir du sommeil naïf dans lequel, en tant qu'écrivains, nous avions vécu jusqu'aux « événements », pour examiner précisément ce que signifiait dans une société comme la nôtre, ce que pourrait signifier demain une activité que nous exercions, d'ailleurs, les uns et les autres, de façon très différente, mais à laquelle nous restions tous attachés. Ce travail supposait un minimum d'organisation, à commencer par un accord amiable qui garantirait notre présence à Massa contre toute velléité d'expulsion **.

---

* « Union des écrivains, déclaration du 28 mai 1968 », cité en annexe dans Patrick Combes, *La Littérature et le mouvement de 1968*, *op. cit.*

** Bernard Pingaud, « La première semaine », mai 1968, cité dans Boris Gobille, « Les mobilisations de l'avant-garde littéraire française en mai 1968 », art. cité, p. 41.

## *Art et architecture*

L'architecture est un milieu très présent dans le mouvement de Mai, grâce à un certain nombre d'étudiants gauchistes regroupés dans le « groupe C » : Roland Castro, Christian de Portzamparc, Pierre Grandveau, Dominique Montassut[9]... Le paradoxe est que, en matière d'architecture, tout est dit avant 1968. Les expériences novatrices du groupe C dans les années 1960 se sont généralisées à l'ensemble de l'École des beaux-arts et un décret sur la réforme de l'enseignement de l'architecture est déjà dans les tiroirs du ministre concerné. Néanmoins, les étudiants-architectes font savoir leurs revendications qui, comme dans d'autres secteurs, expriment un double refus : le refus antibourgeois et anti-artiste de parvenir, de se mettre au service d'un urbanisme à vocation pacificatrice, gardé par un Ordre des architectes fondé sous Vichy et que les étudiants tenteront de dissoudre, en vain. De l'autre, un refus de déclassement d'une profession disqualifiée par l'industrialisation et la logique de préfabrication. À cela, il faut ajouter la critique d'un enseignement désuet, retranché dans des références anciennes et sans aucune liaison avec la réflexion entamée sur la ville dans les sciences sociales contemporaines.

> La profession d'architecte, par le contrôle qu'elle exerce sur l'enseignement, par les modes d'intervention qu'elle cautionne, renforce et perpétue le rôle répressif actuel de l'acte architectural en voulant

> conserver le monopole de cette intervention. En réalité, elle ne détient plus que des miettes de responsabilité dans l'acte architectural. [...] L'architecte usurpe le titre d'homme de synthèse alors que chaque discipline qui intervient dans l'espace opère sa propre synthèse. [...] En aucun cas, la formation qu'il a reçue ne l'a rendu capable de justifier la prétendue mise en forme des données socio-économiques. Il n'est pas maître de son langage parce qu'il ignore et masque son incompétence derrière une subjectivité « artistique ». Or, comme nous l'avons démontré, cette subjectivité artistique est l'expression de ses fantasmes idéologiques bourgeois selon lesquels il veut créer le monde à son image (voir l'opération des Halles) *.

La logique de politisation de l'art en mai 1968 est évidemment particulièrement patente dans le domaine de l'architecture et de l'aménagement de l'espace.

> Certes, l'architecte est un technicien et, de ce fait, il a des problèmes qui lui sont propres.
>
> Cependant il est aussi un citoyen auquel ne peut échapper que sa profession s'insère dans un cadre plus général, non seulement au niveau du rapprochement des techniques et de la recherche des moyens pluridisciplinaires ayant prise sur la décision, mais

* *Plate-forme d'orientations politiques, de discussions et d'hypothèses d'enseignement*, École d'architecture, commission Enseignement, fin mai 1968, cité dans J.-L. Violeau, « Les architectes et le mythe de mai 68 », dans Geneviève Dreyfus-Armand *et al.*, *Les Années 68*, *op. cit.*, p. 239-240.

encore au niveau même de la société dont il fait partie et qui le conditionne.

L'aménagement de l'espace est, en soi, une action politique. Il est donc nécessaire d'avoir soi-même opéré une option politique si l'on veut cesser d'être dans l'inconscience. L'acte le plus modeste, situé dans ce cadre auquel nul n'échappe, a un contenu politique. Les conséquences en sont d'autant plus graves que les décisions sont plus hautes et c'est pourquoi augmente parallèlement la nécessité de connaître l'avis des gens concernés *.

Le 12 mai, les artistes fabriquent les premières affiches révolutionnaires, dont le produit des ventes est mis à la disposition du mouvement étudiant. À partir du 20 mai, les musées ferment et le nouveau comité d'action des arts plastiques siège dans l'École des beaux-arts, occupée depuis le 14. C'est le 24 mai que soixante artistes, peintres et sculpteurs signent la déclaration suivante :

Nous accusons cette société de faire des arts un moyen de prestige et non un chantier de communication entre les hommes. Nous dénonçons toute tentative d'où qu'elle vienne de porter atteinte à la liberté de création. Nous travaillons dès aujourd'hui par tous les moyens en notre pouvoir et tous les

* « Commission de l'aménagement de l'espace », une nouvelle charte de l'architecture, citée dans Sylvain Zegel, *Les Idées de mai, op. cit.*, p. 135-136.

moyens à inventer à imposer la véritable intégration de l'art dans la société *.

Les artistes, pour qui les valeurs révolutionnaires doivent avant tout s'éprouver sur le plan artistique, vont créer des centaines d'affiches pendant le mois de mai 1968. Cette production importante, qui, aujourd'hui encore, reste un symbole du mouvement, réussit à nouer problématique politique et geste artistique en inventant de nouveaux motifs et de nouveaux modes collectifs de fabrication. L'atelier rebaptisé « populaire » des Beaux-Arts est le lieu nodal de l'utopie d'une création collective, ainsi que l'explique cet article publié dans le journal maoïste *La Cause du peuple*.

À l'entrée de l'atelier on peut lire : « Travailler dans l'atelier populaire, c'est soutenir concrètement le grand mouvement des travailleurs en grève qui occupent leurs usines, contre le gouvernement gaulliste antipopulaire. En mettant toutes ses capacités au service de la lutte des travailleurs, chacun dans cet atelier travaille aussi pour lui, car il s'ouvre par la pratique au pouvoir éducateur des masses populaires. »

Ainsi le style de travail bourgeois qui était en pratique a complètement disparu : les projets d'affiches, faits en commun après une analyse politique des événements de la journée ou après des discussions

---

* « Déclaration des artistes, peintres et sculpteurs », 24 mai 1968, citée par Laurence Bertrand-Dorléac, « Les artistes et la révolution », dans Geneviève Dreyfus-Armand *et al.*, *Les Années 68*, *op. cit.*, p. 226.

aux portes des usines, sont proposés démocratiquement en fin de journée en assemblée générale.

Voilà comment on juge : l'idée politique est-elle juste ? L'affiche transmet-elle bien cette idée ?

Puis les projets acceptés sont réalisés en sérigraphie et lithographie, par des équipes qui se relaient nuit et jour.

Des dizaines d'équipes de colleurs se sont constituées, rejointes par celles des comités d'action de quartiers et des comités de grève des usines occupées, chacune relatant ses expériences et ses discussions parmi la population.

Depuis, des équipes de production d'affiches populaires s'installent dans différents comités d'action de Paris et de banlieue, d'autres s'installent en province afin de réaliser plus étroitement la liaison étudiants-ouvriers et paysans pauvres.

La lutte continue.

De plus en plus, les différentes couches de la population propagent par ces affiches les idées justes des travailleurs. Et les étudiants et artistes progressistes, tout en se plaçant concrètement au service de la lutte du peuple, se mettent à son école et révisent leur point de vue en se liant aux masses *.

## *La recherche scientifique*

Plus étonnante est la résonance de l'ébranlement de Mai dans le milieu de la recherche, réputé imperméable

* Création collective à l'atelier populaire des Beaux-Arts, cité par Sylvain Zegel, *Les Idées de mai, op. cit.*, p. 131-132.

aux soubresauts politiques et au monde social. Or, des groupes de chercheurs du Centre national de la recherche scientifique sont accueillis à l'Odéon et envisagent la rédaction d'un manifeste précisant les grandes lignes de la nouvelle pensée révolutionnaire. L'argument classique de l'objectivité de la science est retourné. Sont affirmées au contraire les dispositions particulières des savants à l'autocritique et à la contestation, car le savoir procède et avance de cette façon : la science en construction est en révolution permanente ! C'est ce qui est affirmé dans un tract destiné aux chercheurs, employés et cadres des laboratoires. En plus de l'homologie entre contestation politique et contestation scientifique, on notera que s'ajoute, de façon un peu contradictoire, la volonté de ne nuire à aucune corporation. Ce corporatisme qui pointe sous les discours révolutionnaires n'est pas un cas isolé.

> La révolution qui commence doit nous mobiliser totalement. Il ne s'agit plus de réformes, ni d'aménagement dans une société dont les structures sont désormais périmées et condamnées. Les grandes industries, les sciences, la recherche, si elles sont également touchées par cette mutation fondamentale, sont cependant à même de comprendre la nécessité de cette volonté de transformation.
>
> En perpétuelle réévaluation, les sciences et les grandes disciplines de la technicité ont depuis longtemps admis le principe de la révolution permanente (les connaissances doivent s'adapter à chaque instant). Il est juste qu'aujourd'hui où cette révolution atteint la société sous toutes ses formes et dans

toute son étendue, les travailleurs et les chercheurs choisissent de participer activement, et malgré les sacrifices souvent énormes que cela implique, à la transformation effective de la société industrielle de consommation.

Industriels, laborantins et travailleurs, soyez dignes de la discipline que vous pratiquez ! Engagez-vous dans la dynamique du mouvement actuel !

Il n'est pas question pour nous de porter atteinte à telle ou telle corporation, encore moins de la plonger dans une situation économique non viable. C'est notre société que nous jugeons inviable, ce sont ses structures que nous voulons détruire * !

## *L'information radiotélévisée*

En 1968, alors que la radio apparaît comme un média émancipé dont la légèreté et l'ubiquité ont permis de retransmettre activement les manifestations de rue au quartier Latin, la télévision française est un symbole de la tutelle politique sur l'information. « Pas de rectangle blanc pour un peuple adulte. » Ce slogan accompagnant un dessin de Faizant dit l'enjeu essentiel que représente l'ORTF : « nouvelle Bastille [10] » à prendre, le petit écran qui, chaque soir, fait son sermon devant les fidèles téléspectateurs, maintient le

* Tract destiné aux chercheurs, employés et cadres des laboratoires du CNRS, mai 1968, cité dans Patrick Ravignant, *L'Odéon est ouvert*, *op. cit.*, p. 213.

peuple français dans un état de mineur dont il veut sortir. C'est d'autant plus urgent que, en 1968, 61 % des ménages sont dotés d'un poste téléviseur. Dès le 11 mai, à la suite de l'interdiction de la diffusion d'un sujet sur les étudiants dans le cadre de l'émission *Panorama*, journalistes et producteurs de mensuels protestent contre la carence d'informations et l'absence de liberté. Le procès de la censure est largement mené alors que, de fait, pendant la première semaine des événements, de nombreuses images des manifestations, des interviews des leaders étudiants, passent à la télévision. Le 14 mai, un communiqué des organisations syndicales de l'ORTF proteste cette fois contre le traitement de la manifestation du 13 mai.

Syndicat national de radiodiffusion et de télévision (CGT),
Syndicat interprofessionnel de radiodiffusion et de télévision (CFDT),
Syndicat national autonome,
Fédération syndicale unifiée (SUT, SUA, SUPA),
L'Intersyndicale des journalistes.

Paris, le 14 mai 1968

À l'appel de ses organisations syndicales, le personnel de l'ORTF a participé massivement à la grève du 13 mai et à la manifestation de la République à Denfert-Rochereau.

Il voulait ainsi faire connaître sa solidarité avec les étudiants et sa réprobation de l'attitude policière.

Les organisations protestent en outre contre le manque total d'objectivité des informations de l'ORTF, en particulier celles relatives aux événements de la semaine écoulée. Elles protestent également contre la parcimonie tendancieuse des informations diffusées lundi soir sur la manifestation. Elles considèrent que seul un statut démocratique de l'ORTF peut garantir l'autonomie de ce service public et l'objectivité de l'information, et que seul un statut des personnels mettant fin à l'actuelle juridiction d'exception est de nature à sauvegarder les intérêts du public et du personnel.

Les organisations syndicales conscientes de défendre les intérêts du public et du personnel sont décidées à œuvrer unanimement dans ce sens *.

Le 17 mai, les personnels de l'ORTF, réunis en assemblée générale, votent la grève. 12 000 personnes débraient, ce qui ne s'était jamais vu dans l'histoire de l'institution. Des revendications matérielles sont avancées – salaires et horaires –, mais l'essentiel tient à des exigences qualitatives : la liberté d'expression et l'indépendance de l'ORTF, qui suppose un changement de statut, sont les principaux chevaux de bataille et le résultat de la mise en place de commissions qui, à l'ORTF comme à la Sorbonne, effectuent un travail critique. Un groupe de producteurs grévistes résume

* Communiqué intersyndical de l'ORTF, 14 mai 1968, cité en annexe dans Jean-Pierre Filiu, *La Crise de l'ORTF en mai-juillet 1968*, *op. cit.*

l'effet de bouleversement qu'eut alors la dynamique de Mai sur le système d'information.

Ce que nous réclamons, c'est une décentralisation de l'ORTF. Il faut que les décisions ne soient plus prises par une seule personne, mais par tous ceux qu'elles touchent directement, dans le cadre de commissions paritaires ; il faut que le personnel, des ouvriers de plateau aux ingénieurs, soit associé à la gestion ; il faut que les producteurs et les réalisateurs aient la possibilité, au sein d'« unités de production », de décider du choix des sujets mais aussi des répartitions budgétaires. Ce que nous demandons, en fait, c'est que la structure centralisée, napoléonienne, verticale de l'ORTF soit remplacée par une structure d'association assurant une autonomie de décision.

Notre position est, dans un sens, plus difficile que celle des étudiants. Ils ont en face d'eux des professeurs qui parlent tout de même une langue suffisamment proche de la leur pour qu'une discussion soit possible. Nous, nous avons affaire à un ministre et à des directeurs qui parlent une langue totalement différente de la nôtre. On peut faire une « université libre » avec les professeurs et les étudiants. On ne peut pas faire une « télévision libre » avec des directeurs nommés par le pouvoir et un ministre de tutelle. Aucun dialogue n'est possible dans ce cadre-là. Il faut en créer un nouveau.

C'est le seul moyen de donner à la télévision des lettres de noblesse qu'elle n'a pas encore – au moins sur le plan de l'information – su conquérir. Pour la plupart des téléspectateurs, disons-le franchement, le journal télévisé est un spectacle bien plus qu'une source d'information. L'information « sérieuse », on la cherche ailleurs, dans les journaux ou sur les chaînes « périphériques ». *La plupart des gens trouvent normal – c'est une particularité navrante des mœurs politiques françaises – que la télévision soit contrôlée par le pouvoir en place. Tous les partis le pensent et nous savons bien que nous aurions des difficultés avec n'importe quel régime.* Pour trop de gens, la télévision est un service public comme un autre, comme la SNCF, l'eau et le gaz. Il faut que les trains roulent, que l'eau coule, que le gaz s'allume et que des images apparaissent sur l'écran du poste. Du moment que « ça marche », tout va bien. Le problème, c'est que la télévision a toujours marché comme une SNCF dont les trains partiraient uniquement à l'heure qui convient au ministre.

Il y a toute une éducation du public à faire pour qu'il comprenne ce que pourrait être une vraie liberté de l'information. Peut-être l'a-t-il entrevu, pendant quatre ou cinq jours, au plus fort de la crise, quand les journalistes de France-Inter ont pu prendre eux-mêmes la responsabilité de l'information et, surtout, quand la télévision a retransmis intégralement le débat de l'Assemblée nationale sur la motion de censure. La retransmission intégrale d'un débat parlementaire se fait couramment en Grande-Bretagne et aux États-Unis. En France, cela n'avait jamais été fait *.

---

* Communiqué des producteurs grévistes de l'ORTF, mai 1968, cité dans Philippe Labro *et al.*, *« Ce n'est qu'un début... »*, *op. cit.*, p. 123-124.

Le 17 mai, le personnel salarié interrompt le travail mais les programmes diffusés ne cessent effectivement sur les deux chaînes que le 22 mai. Les journalistes poursuivent leur activité et, en particulier, assurent la tenue biquotidienne du journal télévisé jusqu'au 25 mai, pour la première chaîne. Pendant la première quinzaine des événements, les images n'auront donc pas manqué, contrairement à la légende tenace de l'écran noir, résultant, comme le montrent Michelle Zancarini-Fournel et Marie-Françoise Lévy, de la mauvaise réputation d'une télévision lige du pouvoir et de la mise en grève de l'ORTF. Ce n'est qu'après le 25 mai, date à laquelle une centaine de journalistes votent la grève, que les images se raréfient. Les journaux télévisés sont alors réalisés par des journalistes non grévistes et le mois de juin est tout entier soumis à la logique de défense de la République gaullienne et de retour à la normale.

> Par 97 voix contre 23, les journalistes de l'Actualité télévisée, réunis en assemblée plénière, ont constaté que l'objectivité et l'impartialité de l'information télévisée n'était pas respectée.
>
> En effet, après que la direction de la télévision s'était engagée, par deux fois, à diffuser l'ensemble des réactions des représentants des groupes parlementaires et des représentants des syndicats, recueillies à la suite de l'allocution du président de la République, la direction générale de l'ORTF s'est finalement opposée à la diffusion de cet élément normal d'information.

De plus, une interview de monsieur Sauvageot, vice-président de l'UNEF, recueillie cet après-midi, a été diffusée tronquée à Télé-soir.

En conséquence, les journalistes de la télévision qui, en raison des circonstances, avaient tenu à assurer la continuité de l'information à la télévision avec l'accord de l'Intersyndicale des personnels de l'ORTF, ont décidé de cesser le travail.

Les journalistes ont informé l'Intersyndicale qui prendra les mesures appropriées *.

* Le vote de la grève chez les journalistes de la télévision, 25 mai 1968, cité en annexe dans Jean-Pierre Filiu, *La Crise de l'ORTF en mai-juillet 1968*, *op. cit.*

# 6

## Des formes politiques nouvelles

Le mouvement de Mai désarçonne, car la contestation est menée par des acteurs qui ne sont ni les professionnels ni les acteurs classiques de la contestation. La critique de tous les appareils politiques et syndicaux, de tous les lieux de savoir, même subversifs, est menée bruyamment. Toutes les langues d'autorité, y compris celles des officines gauchistes, sont regardées avec méfiance. L'irruption du politique en dehors des instances habituelles du discours politique n'est pas totalement inédite. En France, les étudiants de l'UNEF se sont déjà émancipés du grand parti ouvrier qu'ils trouvaient trop « tiède » pour mener leur propre lutte contre la guerre de « pacification » menée en Algérie. Mais, en 1968, c'est l'articulation base/élite qui est radicalement repensée dans la critique de toutes les médiations sociales, y compris au sein du mouvement étudiant (notamment l'UNEF). Penser en son nom propre implique que la base – jusqu'alors réceptacle d'idées conçues en haut lieu – reprend la parole. Cette « extension du champ des possibles [1] » suppose une démarcation nette par rapport aux anciens modes d'action.

Spontanéiste, festif, intuitif, cultivant l'action immédiate et « exemplaire », le nouveau répertoire d'action du mouvement est certes fait d'ancien et de nouveau : les occupations rappellent le Front populaire, mais les séquestrations mettent le curseur sur l'année 1968 ; l'atmosphère de fête et de joie renoue avec l'ancienne tradition ouvrière, tandis que le mouvement emprunte aussi ses méthodes aux luttes de guérilla menées dans le tiers-monde. La grève générale est un vieux mythe de l'anarcho-syndicalisme du début du siècle qui fait retour en 1968. La barricade, symbole du Paris révolutionnaire du XIX$^{e}$ siècle, est cependant investie d'un sens nouveau. Ce qui caractérise le mouvement de Mai, ce sont des formes (autant que des discours) politiques nouvelles. On invente « autre chose » : des formes d'organisation inédites (le comité d'action et l'assemblée générale), de nouveaux modes d'action revendicatifs (l'action exemplaire), un usage forcené du symbolique (le drapeau, les références historiques) et le rôle décisif, quasi grec, attribué à la parole et à la prise de parole comme émancipation immédiate. Comme le dit Michel de Certeau, encore étonné : « Il s'est produit cette chose inouïe : nous nous sommes mis à parler [2]. » La langue de Mai, parlée, inscrite, dessinée (dans la caricature), cette oralité contagieuse même dans l'écriture, reste le véhicule privilégié « occupé » par tous ceux qui ont voulu alors s'en saisir, comme ils ne l'avaient jamais fait auparavant.

## *Les comités d'action*

Le comité d'action est la forme même du mouvement de 1968. Dépassant le clivage étudiants/ouvriers, il se généralise dans tous les secteurs de la société, dès lors qu'une action d'occupation a été décidée : comités universitaires, comités de quartier, comités d'entreprise. Apparus le 3 mai, les comités d'action se multiplient jusqu'à atteindre le chiffre de 400 à Paris, à la fin du mois. Ce développement foisonnant est l'expression de l'adéquation profonde de ce type de structure à l'esprit du mouvement. Rapidement constitués, souples, ils expriment les aspirations à une démocratie directe en même temps qu'ils sollicitent l'imaginaire « conseilliste » de jeunes gens fascinés par les débuts de la révolution de 1917 [3].

### Comment créer des comités d'action ?

Si vous êtes un groupe de camarades, constituez-vous en comité, rédigez vos propres tracts, fixez des lieux de réunion journaliers, des rendez-vous pour les manifs. Contactez la coordination provisoire des CA, désignez un délégué pour la liaison.

Si vous êtes isolés, contactez la coordination et d'autres camarades (par téléphone, par pneu).

*À chaque comité sa réunion journalière.*

*À chaque comité son initiative de propagande auprès des travailleurs.*

*Restez groupés dans les manifestations et les combats.*

*Continuons la lutte, camarades, ensemble, nous pouvons vaincre* *.

Répondant au déficit de légitimité des organisations traditionnelles, le comité d'action, généralement formé de 10 à 30 membres – jamais plus –, veut inventer une nouvelle forme de « lutter ensemble » qui, à la limite, dissout toutes les affiliations idéologiques, religieuses, politiques qui lui préexistaient. Dans certains textes, comme dans celui du comité de Censier, affleure une idée de régénération de la société tout entière par l'action engagée.

Le comité d'action est l'organisation *à la base* de tous ceux qui veulent agir, quelles que soient leurs anciennes appartenances politiques, ou syndicales, qui aujourd'hui sont dépassées.

– Seule la spontanéité de l'ensemble des travailleurs permettra d'obtenir les résultats les plus radicaux, que nulle chapelle, nulle organisation ancienne, nul parti, nul nouveau chefaillon ne pourront exploiter à leur avantage personnel.

– Ce qu'il s'agit d'organiser, c'est le pouvoir des classes travailleuses. Les comités d'action sont l'instrument approprié pour y parvenir dans la période actuelle.

---

* Appel des comités d'action, 8 mai 1968, cité dans *La Sorbonne par elle-même*, *op. cit.*, p. 72.

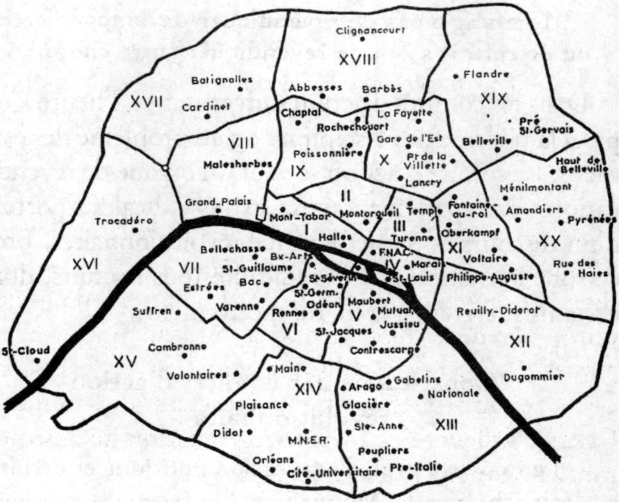


Carte des comités d'action parisiens en 1968 *.

– Les CA doivent, sur le lieu choisi par eux, prendre comme objectif, et le réaliser immédiatement, *tout ce que les autres organisations ne font pas.*

– Les masses n'ont rien à cacher, elles ont le droit de tout savoir. Seule la vérité est révolutionnaire. Ensuite, agir à leur niveau, de telle sorte que la moindre des revendications soit connue de tous, comme tout aussi importante que n'importe quelle autre.

Ainsi apparaîtra la *totalité* des revendications et, de leur incalculable somme, surgira l'évidence que le régime capitaliste ne peut satisfaire réellement la moindre d'entre elles.

* Carte des comités d'action parisiens en 1968, *ibid.*, p. 267. Collection particulière.

Il ne s'agit pas de revendiquer davantage de ceci ou de cela, il s'agit de revendiquer autre chose *.

Dans les comités d'action universitaires, l'heure n'est pas à la réforme des disciplines ou au problème des examens. Le comité d'action se veut un organe de revendications extraparlementaires, extrasyndicales, porteur d'un discours et d'une pratique révolutionnaires. Bref, ce sont les temples de la radicalité tous azimuts, dont certains survivent à la fin du mouvement.

Constituons des comités d'action révolutionnaire !

Le nouveau type d'expression politique et de lutte déclenché par le Mouvement du 22 mars a prouvé que le pouvoir se prend dans la rue.

À la violence de la bourgeoisie, les manifestants, pleinement soutenus par la population, ont opposé leur détermination politique : les mercenaires de la bourgeoisie ont connu les délices des cocktails Molotov et goûté les tendresses des pavés devant les barricades. Plusieurs centaines d'entre eux sont restés sur le carreau. Étudiants et ouvriers ont appris à se battre. Ils montreront dans l'avenir qu'ils n'ont pas oublié cette leçon.

Devant cette résistance et devant l'appui massif des masses travailleuses, l'État policier a reculé et a cédé sur les trois conditions premières imposées par les manifestants. Mais les problèmes de fond restent

* Tract du comité d'action de Censier, 22 mai 1968, *ibid.*

posés. La lutte contre la répression est la lutte contre l'État policier et l'exploitation capitaliste. Les flics ne sont que les larbins du gouvernement et le gouvernement le larbin actuel de la bourgeoisie.

Le 13 mai, étudiants et ouvriers se sont retrouvés dans la rue, ont entamé ensemble une discussion politique et, pour la poursuivre, ont occupé en permanence les facultés de l'université de Paris. Depuis, les grèves avec occupations d'usines se multiplient.

Pour l'aboutissement des revendications de tous les travailleurs, pour atteindre réellement nos objectifs, pour préparer dans l'action quotidienne la prise du pouvoir par le prolétariat travailleur et étudiant.

*Organisons-nous sur nos lieux de travail en comité d'action révolutionnaire* (CAR)

• Formons des *groupes de discussion* où tout peut être dit et mis en question, où les objectifs critiques nouveaux seront définis, et les luttes nécessaires organisées.

• Préparons dès maintenant la *coordination* de nos CAR à travers un contact permanent et une action commune.

• *Exprimons-nous* par des tracts, des journaux, des prises de parole dans la rue, des affiches sur les murs, des films, etc., pour que la voix des travailleurs domine enfin le mensonge de la bourgeoisie.

• Contre la répression policière, contre la violence du capitalisme, pour assurer l'autonomie de notre action politique et pour nous donner les moyens d'atteindre nos objectifs, organisons l'autodéfense.

*Constituons des CAR* *.

---

* Appel du Mouvement du 22 mars, 15 mai 1968, cité dans *Quelle université ? Quelle société ?*, *op. cit.*, p. 75.

En juin, ce sont les comités d'action qui deviennent les principaux môles de résistance à la reprise du travail. Le comité d'action ouvriers-étudiants s'est formé à la Sorbonne le 14 mai 1968. Préconisant l'autogestion révolutionnaire, il mène le combat contre le retour à la normale et pose la question du pouvoir alors que ce dernier semble vaciller à la fin du mois de mai.

> *Ce n'est qu'un début, nous continuons le combat.*
>
> Il faut que tous les hommes décidés à poursuivre le combat commencé par les étudiants se rassemblent pour qu'une réelle unité révolutionnaire se fasse dans le but de renverser le régime actuel, de détruire le système actuel pour construire une société où l'oppression sera absente sous tous ses aspects.
>
> *Travailleurs, continuez à occuper vos lieux de travail.*
>
> Le combat a lieu sur place. Séquestrez, pacifiquement, votre direction patronale : autant d'ennemis en moins à l'extérieur contre nous, et si possible faites *marcher votre entreprise pour vous*, et en relation avec le mouvement révolutionnaire de façon à lui apporter votre aide à la possibilité de vos moyens.
>
> *Vive la gestion directe, arme révolutionnaire des travailleurs au combat.*
>
> *C'est maintenant qu'il faut déclarer la guerre aux institutions.*
>
> *C'est maintenant qu'il faut refuser toute manœuvre parlementaire et syndicale destinée à dénaturer la lutte que nous menons* *.

---

* Tract du comité d'action ouvriers-étudiants, 29 mai 1968, cité dans *La Sorbonne par elle-même*, *op. cit.*, p. 274-275.

Les comités d'action vus par Wolinski *.

* *L'Enragé*, n° 1. © Maryse Wolinski. Photo : Collection Auguste de Châtillon.

## *L'action exemplaire et autres actions sauvages*

L'« action exemplaire » est issue du vocabulaire du Mouvement du 22 mars qui, rappelons-le, compte, à l'origine, des militants d'horizons politiques divers, anarchistes, JCR, pro-situationnistes, membres « organisés » et « inorganisés ». La tactique du 22 mars est de rompre avec les techniques classiques de la lutte étudiante : meetings, tracts, marches… Refusant les programmes, les mots d'ordre, les plans quinquennaux et l'échelle des salaires, les militants prônent l'action contre le verbe – qu'ils manient pourtant en poètes. D'abord agir, ensuite penser. Comme à l'Odéon, dit l'un d'entre eux, où l'action d'occupation a engendré beaucoup d'idées [4]. Cette action, qui permet de se compter, est « exemplaire » dès lors qu'elle dévoile les structures répressives de la société. D'où une nouvelle définition du militant révolutionnaire comme simple détonateur de l'action.

> Une action est exemplaire en ce sens que, d'une part, elle dévoile définitivement le caractère des flics, d'autre part, montre qu'il y a une certaine résolution au niveau de la lutte, que ce n'était pas protester qu'on voulait mais tenir la rue en permanence pour affirmer une volonté de pouvoir, et donc avoir des objectifs, et à ce moment-là des objectifs très concrets, et qu'on les tenait vraiment [...].
>
> Une lutte exemplaire pose le problème politique qui, sans se délier des conditions concrètes dans lesquelles les choses se produisent, est en même temps

susceptible d'être repris par un ensemble de gens. Il y a lutte exemplaire au sens où il n'y a pas imitation mais décalque. En même temps ce n'est pas une contagion, mais une clarification [...].

À partir du moment où un verrou reconnu tacitement, pas un verrou légal, a sauté, ça devient un acte exemplaire.

Ce sont là des actions qui transforment le rapport de pouvoir dans un cas concret, sur un point précis, et qui par conséquent sont perçues par nous comme un changement fondamental irréversible.

Le passage des luttes étudiantes aux luttes ouvrières est le point fondamental de toute l'évolution, et ce qui s'est passé n'aurait pas eu d'importance s'il n'y avait pas eu ce passage, c'est justement au niveau de la conscience la plus spontanée, et non directement politique. Des ouvriers sont venus, ont pu voir comment une intervention dans un certain style avait permis d'imposer un truc au pouvoir, qu'il y avait un double pouvoir que la bourgeoisie ne pouvait pas casser.

Cette expérience après 20 ou 25 ans de défaites de la classe ouvrière les unes après les autres, de concessions obtenues dans le cadre du système de base, cette expérience vécue de la transformation des rapports de pouvoir est exemplaire *.

L'action exemplaire est une brèche, parfois éphémère, dans le système qu'elle aura ainsi contribué à ébranler.

---

* « Qu'est-ce qu'une action exemplaire ? », cité dans Mouvement du 22 mars, *Ce n'est qu'un début, continuons le combat*, Paris, François Maspero, 1968, p. 59-62.

Mais l'important, ce n'est pas d'élaborer une réforme de la société capitaliste, c'est de lancer une expérience en rupture complète avec cette société, une expérience qui ne dure pas mais qui laisse entrevoir une possibilité : on aperçoit quelque chose, fugitivement, et cela s'éteint. Mais cela suffit à prouver que quelque chose peut exister *.

Travaux pratiques au musée de l'Homme :

À la suite d'une assemblée générale tenue vendredi matin, le personnel du musée de l'Homme (chercheurs, enseignants et techniciens) avait décidé d'occuper les bâtiments de fonction situés sur le toit du bâtiment et habités par le ministre de l'Intérieur, M. Christian Fouchet.

Vers 16 h 30, une délégation de sept membres de l'« état-major » du Musée et composée de M. Michel Leiris, attaché au département d'Afrique noire ; M. Gilbert Rouget, chef du département d'ethnomusicologie ; Mme Falck, chef du département arctique ; M. Beyle, conservateur de la bibliothèque du musée ; M. Levrault, chef du service technique ; MM. Sagan et Dupaigne, attachés au département d'Asie, escalada la grille qui sépare les terrasses communicantes du musée et de l'appartement et informa Mme Fouchet de son intention d'occuper les lieux au profit des installations du musée.

Mme Fouchet put téléphoner à son mari et, peu après, la police arrivait sur les lieux et procédait à

* Daniel Cohn-Bendit dans « Cohn-Bendit s'entretient avec Jean-Paul Sartre », *Le Nouvel Observateur*, 20 mai 1968.

l'arrestation de la délégation. Transférés à la police judiciaire de l'ancien hôpital Beaujon, les sept membres de la délégation du personnel du musée de l'Homme ont été interrogés, puis relâchés vers 20 heures [...].

Depuis longtemps, les questions de locaux faisaient l'objet d'un conflit latent entre le gouvernement et les chercheurs du musée de l'Homme. Le musée, créé à l'occasion de l'Exposition internationale de 1937 pour remplacer l'ancien musée d'Ethnographie, abrite des installations muséo-graphiques (service des recherches et bibliothèque, l'unique grande bibliothèque ethnologique de Paris), diverses sociétés ethnographiques, le musée de la Marine, dont un projet des Affaires culturelles prévoyait le transfert aux Invalides.

L'appartement en question (très vaste et à deux niveaux) est situé sur le toit du musée, dominant une large vue du site parisien. Il avait été initialement occupé par le fondateur du musée de l'Homme, Paul Rivet, et fut tour à tour occupé par les services de recherche du musée, trop à l'étroit, ou utilisé par le gouvernement comme appartement de fonction. Le président Coty l'avait habité à partir de 1958 jusqu'à sa mort et après lui M. Christian Fouchet, alors ministre de l'Éducation nationale. Une promesse aurait été faite vendredi soir de libérer l'appartement le 1er juillet *.

* « L'appartement de M. Christian Fouchet "occupé" pendant un quart d'heure par sept dirigeants du musée de l'Homme », *Le Monde*, 26-27 mai 1968.

Un autre exemple d'inventivité militante : à l'Odéon, le comité d'action révolutionnaire voulant exploiter à fond la situation de déréliction du pouvoir, préconise de nouveaux types de grève. Une campagne est menée pour reprendre le travail mais avec une totale gratuité des services, une grève des loyers, des contraventions... Un chapelet de nouvelles formes de luttes pour faire émerger d'autres organisations sociales possibles.

Travailleurs !

Alliez le grand public à votre cause !

Faites des grèves étudiées, non désordonnées !

Grèves de gratuité absolue des services publics (PTT lettres non affranchies, téléphone sans taxation, bus sans receveur, trains et métro sans tickets, etc.), des médicaments, des services médicaux et hospitaliers.

Grève des loyers, traites, quittances, contraventions, EDF, GDF, impôts, dettes paysannes.

La grève n'est pas un arrêt du travail, c'est la continuation de celui-ci au service du peuple !

Les ordures dans Paris constituent un danger pour tous.

Travailleurs ! Organisez-vous !

L'abolition de l'esclavage des salariés est réalisable et irréversible.

Organisez-vous !

Débarrassez la voie publique en investissant vos camions-bennes, vos réserves d'essence, en constituant des petits groupes autonomes contre les forces de répression.

Pour la gratuité.
Pour la révolution et contre la réforme,
Tous unis ! *

## *L'action symbolique*

Beaucoup de contemporains ont vu en Mai 68 une révolution symbolique, qui signifiait plus qu'elle ne transformait effectivement : habile dans le maniement de symboles, le mouvement remet en question des relations, met en branle des déplacements, des révisions. Ainsi, la géographie classique des émeutes est-elle en partie renouvelée et le choix des occupations relève d'une stratégie symbolique évidente : les lieux de savoir et de culture sont visés, mais lorsque, dans la nuit du 23 mai, la Bourse est incendiée, l'effet de sens est compréhensible par tous. De même, l'occupation de l'Odéon répond en écho à l'indifférence vis-à-vis du Palais-Bourbon que personne durant le mois de mai n'a songé à prendre d'assaut. Comme le dit l'un des slogans de l'Odéon : « Quand l'Assemblée nationale devient un théâtre bourgeois, tous les théâtres bourgeois doivent devenir des assemblées nationales. »

Ce mouvement révolutionnaire inédit, inventant sa pratique dans l'inspiration de l'instant, est en même

---

* Tract du comité d'action révolutionnaire de l'Odéon, 22 mai 1968, cité dans Patrick Ravignant, *L'Odéon est ouvert*, *op. cit.*, p. 217-218.

temps affamé de références historiques susceptibles d'inscrire sa geste dans la grande saga de la Révolution. La famille révolutionnaire, en particulier les maos et les trotskistes, fonctionne à l'identification avec les grands ancêtres. Tout d'abord, on note une extraordinaire réactivation du symbolisme révolutionnaire qui voit en 1968 l'accomplissement de 1789, voire de l'an II.

> L'Odéon est un viol permanent de nous tous par chacun de nous et de chacun de nous par nous tous. C'est un viol de nos vieilles structures mentales, de nos habitudes, de notre langage, de notre pensée endormie. Les révolutionnaires de 89 ont pris la Bastille. Nous avons pris la *Parole* ! Retournez le chiffre 89 et vous obtenez 68 * !

Autre grande référence omniprésente en mai-juin 1968 et dans les années qui suivent : la Résistance. D'une façon générale, la métaphore de la Seconde Guerre mondiale est utilisée massivement : le pays est « occupé », le Parti communiste et la CGT sont les « collabos » d'un pouvoir « fasciste ». Hantés par le théâtre de l'Occupation, qui nourrit encore bien des mémoires familiales vingt-cinq ans après la fin de la guerre, de nombreux étudiants politisés n'ont pas trop de difficulté à s'imaginer en nouveaux « résistants [5] ». Voici le programme du festival d'Avignon, relu et réinterprété dans ce sens.

* Intervention de la salle, tribune libre de l'Odéon, séance du 1er juin 1968, citée dans *ibid.*, p. 104.

Menu

*Cellule d'interrogatoire du Palais des Papes*

Le bal laid du XX^e siècle

Wanted !

Massacre de printemps

Ni fleurs ni couronnes

Requiem pour le temps présent

*Prison des Carmes*

Le stinking theatre

Parliament now

Mysteries and smaller business

Antigone

*Cellule d'interrogatoire du Palais des papes*

Cinéma de re-création

Mister pavingstone

Black panthers

Fusils volés

*Camp de concentration des Célestins*

Mensonge de notre temps avec les collaborateurs de l'ORTF

*Procès ouvert*

Assises

Le théâtre est la société *.

Mais c'est un imaginaire politique foisonnant, signe d'une riche culture historique, qui anime les étudiants. Dès lors, les tracts multiplient les occurrences historiques, de Pétain à la Commune. À noter la republication

* Tract annonçant le programme du festival d'Avignon, juillet 1968, festival d'Avignon, boîte 1968, archives de la Maison Jean Vilar.

en juin 1968 des soixante-cinq numéros en fac-similé du *Cri du Peuple*, de Jules Vallès, édité sous la Commune du 21 mars au 23 mai 1871.

Camarade Pompidou,

Si j'ai bien compris le sens de ton allocution dans ce fatras verbeux caractéristique de l'affolement le plus total, si j'ai bien compris, tu crois pouvoir nous donner à choisir, choisir entre ce que tu as le culot monstre d'appeler l'*ordre*, la *République*, les libertés démocratiques et le « communisme totalitaire », fruit de la conjuration des médiocres du Comité central du Parti communiste français.

Et tu crois sans doute que cette alternative plébiscitaire recueillera les voix de la majorité des travailleurs ?

Après les appels au calme, à la famille (je crois qu'on a déjà entendu ça dans la bouche d'un bien triste maréchal), après le bâton du CRS, les promesses fumeuses, après la menace, de nouveau la carotte !

Au cas où d'ailleurs le prolétariat français ne baisserait pas pavillon, tu te fais fort d'intervenir avec toute la détermination nécessaire, en battant le rappel des commandos et des tanks de l'armée de métier : cela s'appelle la dictature militaire, camarade Premier ministre.

Ce langage je ne l'ai jamais entendu dans la bouche de l'indésirable Cohn-Bendit, mais plutôt dans celle du fossoyeur de la Commune, de l'assassin de 70 000 fédérés, dans la bouche du Versaillais Thiers, il y a de cela un siècle déjà.

Tu as la mémoire un peu courte, camarade Pompidou !

*Nous allons nous charger de te la rafraîchir un peu, et de te faire sentir une bonne fois la force et la détermination du prolétariat de France* *.

Dans ce rejeu, conscient ou inconscient, de la Commune, de la révolution d'Octobre, de la Libération de Paris – du côté de la droite cette fois, comme le montre le défilé gaulliste du 30 mai –, les hymnes et les emblèmes font l'objet de captures symboliques polarisées. Car si, à gauche, on a la mémoire longue et le sens du symbole, à droite, on l'a aussi, différemment : c'est l'*Internationale* contre la *Marseillaise*, le tricolore contre le rouge et le noir, le V de la victoire contre le poing levé. Le drapeau catalyse ce symbolisme des couleurs qui fait rage.

Merde au tricolore – le drapeau

Ils sont quinze cent mille qui sont morts pour cette saloperie-là... Quinze cent mille dans mon pays, quinze millions dans tous les pays...

Quinze cent mille morts, mon Dieu : quinze cent mille morts pour cette saloperie ; quinze cent mille éventrés, déchiquetés, anéantis dans le fumier d'un champ de bataille ; quinze cent mille que nous n'entendrons plus *jamais*, que leurs amours ne reverront plus *jamais*...

---

* « Non au chantage », tract du comité d'action révolutionnaire de Censier, 4 juin 1968, AHC du CHSP, fonds Chapsal, « Tracts 1968 », 2SP52-53.

Terrible morceau de drap cloué à ta hampe, je te hais férocement : oui, je te hais dans l'âme ; je te hais pour toute la misère que tu représentes, pour le sang frais, le sang humain aux âpres odeurs qui gicla sur tes plis ; je te hais au nom des squelettes...

Ils étaient quinze cent mille...

Je te hais pour tous ceux qui te saluent ; je te hais à cause des peigne-culs, des coyons et des putains, qui traînent dans la boue leur chapeau devant ton ombre ; je hais en toi toute la vieille oppression séculaire, le dieu bestial, le défi aux hommes que nous ne savons pas être ; je hais tes sales couleurs, le rouge de leur sang, le bleu que tu volas au ciel, le blanc livide de tes remords...

Laisse-moi, ignoble symbole ; pleurer tout seul, pleurer à grands coups, les quinze cent mille jeunes hommes qui sont morts, et n'oublie pas, malgré tes généraux, ton fer doré et tes victoires, que tu es pour moi de la race vile des torche-culs.

6 mars 1924 Jean Zay

*Mot d'ordre :*

*Déchirer* tous les drapeaux tricolores ; *peignez*-les en *rouge*, en *noir*, faites-en ce que vous voudrez, *mangez*-les, mais...

*qu'ils disparaissent*

*Merde aux frontières* *.

Les gauchistes aiment à vilipender le chauvinisme d'un Parti communiste qui a évolué sur la question de la nation. Le numéro 4 de *L'Enragé* présente un montage de citations d'Aragon, transfuge du surréalisme et

* Tract, comité d'action révolutionnaire, 28 mai 1968, *ibid.*

converti au communisme au début des années 1930, et de Waldeck Rochet, secrétaire général du Parti communiste.

Waldeck Rochet : « Nous, communistes, nous avons toujours combattu et nous combattrons sans ménagement le nihilisme national dont se réclament certains éléments anarchistes prétendument "révolutionnaires". C'est notre fierté, au contraire, d'avoir rendu à la classe ouvrière, selon la belle expression d'Aragon, les *couleurs de la France.* » (10 juin 1968)

Aragon : « Les trois couleurs à la voirie !
Le drapeau rouge est le meilleur !
Leur France, jeune travailleur,
N'est aucunement ta Patrie. » (1932)

Waldeck Rochet : « Car *La Marseillaise* n'est pas un hymne gaulliste, c'est le chant national du peuple français, son chant de lutte contre l'oppression et pour la liberté. » (10 juin 1968)

Aragon : « Je salue l'*Internationale* contre *La Marseillaise.*

Cède le pas, ô Marseillaise,
À l'Internationale, car voici
L'automne de tes jours, voici
L'octobre où sombrent tes derniers accents.
Qu'un sang impur
Abreuve nos sillons.
On va bien voir lequel est le plus rouge
Du sang du bourgeois ou du sang de l'ouvrier. » (1934)

Waldeck Rochet : « Le drapeau tricolore n'est pas la propriété privée du patronat et de son pouvoir, c'est le bien du peuple tout entier. Nous n'oublions pas, nous, communistes, que le mot patriote est né de la grande Révolution française. »

Aragon : « Plus encore que le patriotisme, qui est une hystérie comme une autre, mais plus creuse et plus mortelle qu'une autre, ce qui nous répugne, c'est l'idée de patrie, qui est vraiment le concept le plus bestial, le moins philosophique, dans lequel on essaie de faire entrer notre esprit. » (15 octobre 1925) *

En mai-juin, certains voient rouge. Le drapeau rouge, comme dans une corrida, a le don d'exciter l'ire de nombreux Français. À Strasbourg, le 2 juin, une manifestation de 6 000 personnes attaque le Palais universitaire où flotte un drapeau rouge. Une violente bagarre s'ensuit. De nombreux anciens combattants veulent enlever ce tissu qui les offense. Une véritable bataille symbolique autour du drapeau s'observe un peu partout à partir de fin mai, engendrant des fractures.

Monsieur le Président,

J'ai le très vif regret de vous donner ma démission de membre de l'Association des anciens élèves de la rue Saint-Guillaume.

Le drapeau rouge qui a flotté pendant plusieurs semaines suffit, je pense, à expliquer mon désir de ne plus garder de lien avec la vieille maison à laquelle j'étais attaché et où mes jeunes camarades

* Drapeau rouge ou drapeau bleu-blanc-rouge, ou les oscillations du Parti communiste vu par *L'Enragé*, n° 4.

ne paraissent plus se soucier des traditions d'honneur et de patriotisme qui étaient les nôtres : je constate que notre association – sans doute, ne le pouvait-elle pas ? – n'a pas réussi à imposer un minimum de décence à leurs manifestations.

Veuillez agréer, Monsieur le Président, les assurances de ma considération la plus distinguée.

Robert de D., ambassadeur de France, 28 juin 1968 *.

## *La prise de parole*

Quelques mois après les événements, Michel de Certeau se souvient : « En mai dernier, on a pris la parole comme on a pris la Bastille en 1789 [6]. » Le langage est pris d'assaut comme une institution publique, la plus retranchée de toutes. À côté des inspirés, il y a les bredouillants, les timides, les énervés dont il est plus difficile de retrouver les traces. L'un des lieux où prend corps le désir de parler est l'Odéon, qui très vite enregistre d'étonnantes confessions. L'une d'entre elles commence par ces mots sulfureux en un endroit pareil : « Oui, je suis flic. » La décision de créer une « tribune libre » où tous peuvent s'exprimer est absolument inédite : il ne s'agit pas d'écouter et de communier dans les discours révolutionnaires, mais

* Lettre de Robert de D., ambassadeur de France, 28 juin 1968, AHC du CHSP, fonds Chapsal, « Tracts 1968 », 2SP 52-53.

d'expérimenter la libre expression de soi comme pratique d'émancipation. À côté des « touristes » et des célébrités, de nombreux hommes et femmes ordinaires ont fait leurs premiers pas sur la scène de l'Odéon, pour la première fois acteurs de leur vie. Le comité Salle siégeant jour et nuit a retranscrit les interventions, avec le souci de conserver l'oralité et la spontanéité de ces flots de parole. On y touche du doigt quelque chose de l'esprit de Mai, si difficile à circonscrire.

UN HOMME : Je travaille dans la police !

« Oui, je suis flic, et aujourd'hui j'ai honte de ma profession ! »

« Avec leurs procédés de nazis, leur abjecte répression, leur mentalité de bêtes sauvages qui les pousse à frapper n'importe qui, sans même savoir si leurs victimes manifestaient ou non ; il y a parmi eux de véritables sadiques dont la place légitime serait derrière les barreaux d'une prison, ou mieux d'un asile : ceux-là violent à quatre ou cinq des fillettes de quinze ans, jettent des grenades lacrymogènes dans les maisons et dans les cars bourrés de détenus, torturent des jeunes pour le plaisir ; en utilisant de tels individus la police se déshonore, elle se déshonore aussi en obéissant à des ordres criminels, et en ne marchant pas aujourd'hui la main dans la main avec les étudiants et les travailleurs insurgés !... »

UN OUVRIER : Hitler a foutu les hommes au four crématoire. De Gaulle a conservé les hommes et foutu leur esprit au four crématoire ! *(Applaudissements.)*

UN TOURISTE ANGLAIS : Je demande qu'à l'Odéon le sujet soit plus large et ne s'en tienne pas seulement à la France !

UN COMMERÇANT GAULLISTE : Les étudiants et les ouvriers n'ont pas les mêmes intérêts : on est étudiant pour ne pas être ouvrier. *(Huées.)*

RÉPONSE D'UN ÉTUDIANT : La question n'est pas là ; le problème c'est qu'un ouvrier puisse étudier... *(Vifs applaudissements.)*

UN OUVRIER : Le bourgeois n'est pas un ouvrier qui a réussi : c'est avant tout un état d'esprit. Le problème est de changer les structures profondes, être des gens qui pensent. Dans la société américaine l'ouvrier a un grand confort, mais il ne pense pas. Je demande qu'on puisse faire vivre sa famille en travaillant normalement, et en ayant le temps de vivre, au sens large du terme, c'est-à-dire aussi de penser... *(Applaudissements.)*

UN GARÇON DE CAFÉ : Je gagne 1 400 F par mois. J'ai deux enfants, je pars de chez moi à 8 heures, je rentre à 10 heures du soir. Je vois mes enfants une fois par semaine. Eh bien, je trouve ça payer trop cher sa vie ! *(Ovations.)*

UN REPRÉSENTANT DE COMMERCE : L'abrutissement des gens est méthodiquement organisé par le gouvernement, par exemple à la télévision. Un monde capitaliste ne peut pas accepter la critique car il se détruirait lui-même...

LE COMMERÇANT GAULLISTE : C'est faux ! La preuve c'est qu'on vous laisse parler à l'Odéon !

LE REPRÉSENTANT DE COMMERCE : Pour le moment, le pouvoir a trop de soucis avec les grèves.

Mais dès que le travail reprendra, vous verrez qu'il nous enverra les CRS.

29 mai 1968

UN MÉDECIN MARXISTE : *(Il commence par la traditionnelle critique marxiste du capitalisme.)* Le Parti communiste représente la seule force vraiment révolutionnaire. Votre mouvement va tout droit au fascisme. *(Sifflements.)* Vous faites du néocapitalisme, parce qu'en niant tout, vous ne niez rien. Vos idéaux sont ceux d'Hitler et Mussolini *(Hurlements de la salle.)* : oui, c'est le même romantisme nihiliste à la base ! Vous vous coupez du communisme parce que vous en avez peur ! *(Cris d'indignation.)*

UNE FEMME DE CINQUANTE ANS : Il faut s'en référer au christianisme : lui seul peut nous sauver ! *(Crise de fou-rire dans la salle.)* Il faut construire avec l'aide de Dieu ! *(Nouveaux rires et sifflets.)* Votre mouvement s'enlise, car il est plein de tendances qui s'opposent : seule la foi pourrait les unifier !

DANS LA SALLE : – Une prière SVP ! – Le christianisme c'est l'inaction ! – Franco est chrétien !

RÉPLIQUE DE LA « BIGOTE » : Il n'y a pas eu un seul chrétien sur terre !

– Du calme, il n'y a que des crétins ! *(Rires.)*

UNE JEUNE FEMME : Il y a un problème qu'on n'a pas soulevé dans cette salle, c'est celui de vieux travailleurs qui sont vraiment dans une situation dramatique. Comment faire pour élever au moins leur minimum vital ? *(Vifs applaudissements.)*

COMMUNIQUÉ : On demande un médecin. La « bigote » se précipite. Quelqu'un s'écrie : « Ce n'est pas pour donner l'extrême-onction ! » *(Rires.)*

UN OUVRIER ESPAGNOL : Ce que nous vivons prouve qu'il y a aujourd'hui dans la masse un élan révolutionnaire très profond, très violent. Mais cet élan ne mènera à rien s'il n'est pas unifié dans une action et une pensée communes. Si on se bat on a besoin de savoir pourquoi on se bat. Jusqu'à présent les étudiants n'ont pas été capables de donner une réponse valable. Et jusqu'à présent le seul mouvement révolutionnaire vraiment efficace et fort reste le Parti communiste. *(Protestations dans la salle.)* Le grand danger pour la révolution, ce sont tous les groupuscules qui agissent chacun de leur côté, qui ne font rien pour unir leurs efforts, qui discréditent le communisme auprès de l'opinion...

UN ÉTUDIANT : Je ne suis pas d'accord avec le camarade. Je pense que c'est, au contraire, la première fois qu'on voit coexister dans les manifestations et sur les barricades le drapeau rouge et le drapeau noir, les anarchistes, les communistes, les trotskystes, les maoïstes, etc. C'est un grand pas vers l'avant. *(Applaudissements.)* Je dirai en plus que cette diversité est nécessaire. On ne veut plus du règne d'un parti, d'une pensée ; il faut que chacun puisse exprimer ses idées personnelles. Plus il y aura de groupes, mieux ça vaudra. Loin de nuire à la lutte, cette diversité la renforce, car le but de cette révolution, c'est qu'on se libère de tous les cadres oppressifs, aussi bien le pouvoir que les syndicats et les partis... *(Très vifs applaudissements.)*

L'OUVRIER ESPAGNOL : Tout ce que vous dites, et d'ailleurs tout ce qu'on dit en général dans cette salle, est très loin des réalités de la rue. *(Applaudissements et protestations.)* Vous feriez mieux de parler des salaires qui sont diminués pour les grévistes. C'est beaucoup plus urgent !

L'ÉTUDIANT : On n'a pas fait les barricades pour avoir une augmentation de salaire ! Pour ça, il suffisait de faire une grève comme il y en a eu tant, en allant une fois encore, comme des moutons, à l'appel des syndicats, de la Bastille à la République ! Cette fois les rues ne servent plus aux défilés de cocus pacifiques, elles servent au dépavage et à la résistance aux flics. *(Ovations.)*

LE MÉDECIN COMMUNISTE : Tout ça c'est bien joli, mais tant que les ouvriers resteront cloîtrés dans les usines, la révolution ne pourra pas avancer. Or par leurs continuelles provocations les étudiants empêchent les ouvriers d'agir. *(Huées et sifflets.)* Oui, à cause des barricades, si les ouvriers levaient aujourd'hui le petit doigt, le gouvernement enverrait l'armée, et ce serait le massacre, ou la guerre civile...

QUELQU'UN DANS LA SALLE : Il faudra bien en venir à la guerre civile un jour ou l'autre !

UNE FEMME : Vous parlez de révolution, de changer l'homme, de transformer les esprits, mais vous n'évoquez jamais le problème qui reste pour chacun le problème essentiel : Dieu, la Création...

LA « BIGOTE » : Dieu est là pour répondre à nos questions et nous aider à comprendre ! *(Hurlements et fou-rire.)*

UN JEUNE SCOUT : Le marxisme lutte contre Dieu, donc Dieu existe car on ne lutte pas contre une chose qui n'existe pas ! *(Huées.)*

L'OUVRIER ESPAGNOL : Marx n'a jamais lutté contre le christianisme. Son opinion est que Dieu est un reflet de la société humaine : lisez le *Manifeste communiste*. Il suffit de changer la société, le reflet, c'est-à-dire Dieu, tombera... *(Applaudissements.)*

UN IMPRIMEUR : La révolution doit s'étendre à toute l'humanité. L'humanité tout entière doit se liguer pour définir les bases et les buts de la lutte à mener contre cette civilisation. *(Tonnerre d'applaudissements.)* Il faudrait réunir des états généraux de tous les mouvements de jeunes européens, des mouvements des pays de l'Est, des militants pour l'émancipation du tiers-monde, des gens du Black Power, et proclamer ensemble une Charte de l'homme futur. *(Bruyantes ovations.)* Cette révolution n'a de raison d'être que si elle est internationale, parce que la notion de patrie, de nation, de frontières, est aujourd'hui une monstruosité, lorsqu'on pense qu'on fait en quelques heures le tour du globe. *(Applaudissements.)* L'idée de patrie correspond au côté animal de l'homme : c'est le territoire, la tanière ; nous entrons dans une ère psychologique, ceci est la première révolution psychologique de l'histoire, elle a un grand but : l'épanouissement total de l'individu ; c'est pourquoi les vieilles théories et doctrines sont périmées : c'est l'homme qui compte, pas les dogmes où on l'a enfermé pendant des siècles ! *(Acclamations.)* Il faut changer les besoins de l'homme, modifier complètement sa psychologie actuelle qui le rend esclave des voitures et des machines à laver. *(Applaudissements tonitruants.)*

UNE JEUNE FILLE : Il faut faire la distinction entre les besoins réels et les besoins artificiels fabriqués par la production capitaliste pour accroître la vente de ses marchandises. Dans la société nouvelle il faudra satisfaire et développer les besoins réels... *(Peu d'applaudissements.)*

L'IMPRIMEUR : C'est-à-dire que la production et la consommation doivent être organisées en fonction de l'épanouissement des individus, et non des réactions individuelles détournées et canalisées en vue d'augmenter la production. *(Applaudissements.)*

LE MÉDECIN COMMUNISTE : Vous ne semblez pas comprendre que le fascisme est sur le point de triompher ; et ce n'est pas en discutant de la sorte que vous l'arrêterez !

L'IMPRIMEUR : Vous parlez toujours de fascisme, mais c'est encore une formule, une étiquette : on en a marre des étiquettes ! *(Énorme ovation.)* Vous agitez le fascisme comme un épouvantail, mais c'est un fantôme : celui de Mussolini et de ses adeptes. De Gaulle n'est pas le fascisme : c'est le gaullisme, et c'est déjà pas mal. *(Applaudissements et rires.)* En fait il y a aujourd'hui deux sortes d'individus : ceux qui ont conscience de la nécessité du bouleversement à opérer, et les autres. Mais les vrais révolutionnaires sont ceux qui comprennent qu'il faut changer notre manière de penser et de vivre, qu'il faut se libérer de tous les systèmes, de tous les partis, et du vôtre en particulier, le Parti communiste. *(Acclamations.)* Car vous êtes étroitement liés au monde que vous critiquez, vous en êtes le produit ; vous avez bâti un système intellectuel où vous voulez enfermer l'homme et la vie. Les vrais révolutionnaires travaillent pour un épanouissement de l'homme et de la vie. Alors l'humanité ne sera plus divisée en idéologies ennemies, mais chacun aura la sienne, correspondant à sa nature profonde, et sera en perpétuel dialogue avec les autres. *(Applaudissements.)* Mais pour en arriver là, il faudra sans doute qu'on se batte, et je ne serai pas surpris de retrouver un jour les communistes dans les rangs gaullistes *(Applaudissements et protestations.)*... parce qu'il n'y aura pas de place pour vous dans ce monde-là, et vous le savez très bien...

QUELQU'UN DANS LA SALLE : Beaucoup de chrétiens sont au premier rang de la révolution : il faut que le mouvement affirme ouvertement qu'il ne les rejette pas. L'anticléricalisme est une vieille porte pourrie et enfoncée. Mais il y en a encore trop et ça dessert la révolution. Il y a même des curés qui sont avec nous !

DANS LA SALLE : Allons à Notre-Dame pour donner à bouffer aux enfants des grévistes !

LA « BIGOTE » : Nous sommes tous frères ! *(Hurlements, on veut la sortir, le service d'ordre intervient pour calmer la salle.)* *

Mais dans la rue aussi, une forme de fluidité sociale exceptionnelle autorise les dialogues les plus libres, comme s'en fait l'écho Maurice Clavel dans le journal *Combat*.

* « La prise de la parole », comité de la tribune libre de l'Odéon, 25 et 29 mai 1968, cité dans Patrick Ravignant, *L'Odéon est ouvert*, *op. cit.*, p. 78-79, 93-98.

Dialogue sur le Boul' Mich', dans un attroupement qui enfle et oscille, entre un ouvrier trapu, l'air très bon, et un sociologue de la recherche scientifique. « Mais explique-moi ça un peu mieux, mon gars ! Moi je suis pas allé à l'école ! Comme tu dis, je suis un gros cégétiste aliéné !

– C'est très simple, tu vas comprendre : c'est toute la dialectique de l'Être et de l'Avoir ! »

Mais un autre ouvrier, plus loin, semblant en appeler à quelque instance suprême : « C'est tout de même pas prétentieux, d'exister ! » Et d'autres trésors que j'oublie, hélas, à mesure, à cause de la sorte de respect que j'en ai, qui m'interdit de noter, de jouer au journaliste, à cause du courant de vie nouvelle où je suis trop pris pour faire autre chose que revivre. On respire et on se regarde : on se retrouve.

Ainsi, dans ces débats confus et indéfinis de la Sorbonne, soudain de loin en loin frappe la note du *vrai*. On se secoue, d'abord surpris : Oui, c'est *vrai*. Et quoiqu'il nous semble à présent le reconnaître de toute éternité, il est vrai aussi que *cela n'a jamais été dit avant*. Neuve nudité. Mais là je ne peux pas crier « Ça, garde ça ! » Cela s'est déjà perdu au passage. Et pourtant ce fut. Une phrase fusante a révélé une réalité qui attendait, ou peut-être n'attendait plus. Le structuralisme linguistique en a pris un sacré coup ce printemps *.

---

* Dialogue sur le Boul'Mich, entendu par Maurice Clavel, *Combat*, mai 1968, repris dans *Combat de franc-tireur pour une libération*, Paris, J.-J. Pauvert, 1968, p. 139.

### « *Assez d'actes, des mots !* »

Pour la première fois sans doute, une révolte sociale devient un phénomène langagier, car l'insurrection est étroitement liée à son expression : les mots pour le dire inventent une langue libertaire, iconoclaste, au tropisme surréaliste, qui est en même temps un enjeu politique. La répression passe par un système linguistique sous tutelle. Changer les mots, c'est changer les représentations et envisager l'ouverture à d'autres possibles. Des deux côtés, les mots ont pesé : pensons à la « chienlit » de De Gaulle, terme surgi de Rabelais et qui exerce son attrait mystérieux tout en excitant la curiosité des lexicographes.

> Ce n'est pas la première fois que le général de Gaulle emploie le mot « chienlit ». À notre connaissance, le général a, jadis, parlant du régime de la IVe République et du système des partis, évoqué la « chienlit parlementaire ».
>
> Avant son retour au pouvoir en 1958, il a également déclaré un jour : « Si la chienlit continue, si je ne reviens pas aux affaires, je crois que les communistes finiront par l'emporter. » (Cité par J.-R. Tournoux dans *La Tragédie du général*, p. 195.)
>
> Les jeunes grévistes de la faculté de médecine apprendront certes avec plaisir que le premier de nos compatriotes à avoir fait l'usage – du moins dans la langue écrite – du terme de « chienlit » est leur maître, François Rabelais, au chapitre vingt-cinq de son *Gargantua*, dans les circonstances suivantes : [...]

Chienlit ou chie-en-lit figure dans les dictionnaires.

Selon le *Robert* se dit « d'une personne qui souille son lit » et par extension des « masques de carnaval ». Au figuré signifie « mascarade ».

Pour le *Larousse* : « masque de carnaval qui court les rues » ou « personne accoutrée ridiculement » et littéralement « celui qui chie au lit. Celui qui laisse passer par derrière un bout de chemise sale ».

Henry de Montherlant l'utilise ainsi : « Il prend un masque de carnaval, il devient chienlit. »

Enfin selon le *Dictionnaire des injures* de Robert Édouard (chez Tchou), « quelle chienlit » signifie « quel défilé de pantins, de guignols » ajoutant : « désigne une assemblée de gens huppés, habiles à masquer leurs sentiments, voire à les échanger avec ceux de leur entourage, en somme ce qu'il est convenu d'appeler le "Tout-Paris" ».

« À l'origine désignait "des noceurs qui s'enivraient au point de s'oublier sur leur propre couche quand ils s'affalaient au petit matin blême *". »

On parle et on écrit beaucoup en mai-juin. Seuls ou presque, les écrits sont restés parfois dans la fragilité d'une inscription murale photographiée, dans un tract conservé ou dans la presse parallèle : *L'Enragé*, *Action*, l'organe des comités d'action soutenu par l'UNEF, *La Cause du peuple*, le journal de l'UJCml ou *L'Avant-garde*. Tous ont leur style. Au total, une masse d'écrits,

* « La "chienlit" de Rabelais à de Gaulle », *Le Monde*, 21 mai 1968.

de poèmes, de slogans qui, le plus souvent sans auteur, fruits de l'inspiration anonyme et commune, ont voulu renouveler les rapports entre l'oral et l'écrit. Le mouvement valorise en effet l'oralité des cultures dominées contre la normativité répressive de l'écrit dans les sociétés bureaucratiques. Les inscriptions murales sont des morceaux d'oralité gravés dans la pierre. Elles restent l'un des symboles de la ville en révolution, relèvent d'une pratique politique et poétique de l'inscription. D'où la nouvelle catégorie forgée en juin 1968 par Alain Jouffroy des « inscrivains [7] ». Les graffitis et les slogans que l'on va lire ci-dessous sont donc des formes signifiant pleinement le mouvement : concentration de sens, allergie à la phraséologie militante – on est bien loin de « Le fascisme ne passera pas » –, usage de l'ironie par antiphrase – « Nous sommes tous des juifs allemands » –, de l'anagramme – « BERLIET – Liberté » –, de la parodie, du pastiche, du détournement : « Défense d'uriner dans les couloirs sous peine de confiscation de matériel. » Certains fragments explosent dans une déflagration de sens : « L'ennui pleure », « La société est une fleur carnivore [8] ». Le comité d'action révolutionnaire (CAR) de l'Odéon organise une exposition permanente des phrases, formules, slogans les plus réussis trouvés dans le comité Salle, au foyer du premier étage, dans les couloirs ou dans l'entrée.

Nous refusons d'être récupérés, hlmisés, diplômés, recensés, endoctrinés, sarcellisés, sermonés, matraqués, télé-manipulés, gazés, fichés, exploités...

Soyez salés, pas sucrés !

Déboutonnez votre cerveau aussi souvent que votre braguette !

Appuyons-nous sur nos idées : elles finiront bien par céder !

Quand l'Assemblée nationale devient un théâtre bourgeois, tous les théatres bourgeois doivent devenir des assemblées nationales !

Faites l'amour et recommencez...

Nous voulons : les structures au service de l'homme, et non pas l'homme au service des structures. Nous voulons avoir le plaisir de vivre, et non plus le mal de vivre.

CRS qui visitez en civil, faites très attention à la marche en sortant !

Suppression du droit de vote avant la retraite !

CRS, vous pouvez résilier votre engagement ici.

Cours, camarade ! Le vieux monde est derrière toi !

Les armes de la critique passent par la critique des armes.

Si tu veux être heureux, pends ton propriétaire !

SVP coup d'État !

Attention les cons nous cernent ! Ne nous attardons pas au spectacle de la contestation, mais passons à la contestation du spectacle !

Déculottez vos phrases pour être à la hauteur des sans-culottes !

Les gens qui travaillent s'ennuient quand ils ne travaillent pas. Les gens qui ne travaillent pas ne s'ennuient jamais !

Propriétaires d'opinions s'abstenir !

Ceux qui parlent de lutte des classes sans se référer à la réalité quotidienne parlent avec un cadavre dans la bouche.

Parlez à vos voisins !

Le régime gaulliste est un régime amaigrissant !

Soyez réalistes, demandez l'impossible !

La bourgeoisie n'a pas d'autre plaisir que celui de les dégrader tous !

Baisez-vous les uns les autres sinon ils vous baiseront !

Aimez-vous les uns sur les autres !

Ne vous emmerdez plus ! Emmerdez les autres !

Millionnaires de tous les pays, unissez-vous ! Le vent tourne !

Mettez un flic sous votre moteur !

Fais attention à tes oreilles : elles ont des murs !

Il n'y aura plus désormais que deux catégories d'hommes : les veaux et les révolutionnaires. En cas de mariage, ça fera des *réveaulutionnaires*...

Manquer d'imagination c'est ne pas imaginer le manque.

Non aux bidonvilles, non aux villes bidons !

Alors Fouchet, ça gaze ?

Défense d'uriner dans les couloirs sous peine de confiscation du matériel ! *

Ailleurs, sur les murs de Paris récemment blanchis par Malraux, fleurissent d'autres mots d'ordre laconiques, d'autres éclats de rire, d'autres clowns tristes.

---

* Liste de slogans inscrits sur les murs de l'Odéon occupé, mai-juin 1968, citée dans Patrick Ravignant, *L'Odéon est ouvert*, *op. cit.*, p. 88-90.

Vivre sans temps morts.
Jouir sans entraves.
Nous voulons vivre.
Les anarchistes sont toujours là !
La culture est l'inversion de la vie.
L'ennui pleure.
Créez.
Urbanisme, propreté, sexualité.
Plutôt la vie.
La marchandise est l'opium du peuple.
Vive les émeutiers de Caen !
Ne travaillez jamais.
Ici commence l'aliénation.
Hurle.
À bas la charogne stalinienne, à bas les groupuscules récupérateurs.
L'imagination prend le pouvoir.
L'isolement nourrit la tristesse.
Les marches sont tristes.
À bas l'État.
CRS = SS.
Et si on brûlait la Sorbonne ?
Soyez solidaires et non solitaires.
Même si Dieu existait il faudrait le supprimer.
Ne changeons pas de maîtres, devenons les maîtres de notre vie.
Production et consommation sont les deux mamelles de notre société.
N'allez pas en Grèce cet été. Restez à la Sorbonne.
Cohn-Bendit à l'Élysée.
Cours, camarade, le vieux-monde est derrière toi.
Godard le plus con des Suisses prochinois.

À travail aliéné, loisir aliéné.
Pas de caserne pour l'Esprit.
Seule la vérité est révolutionnaire.
À bas les journalistes et ceux qui veulent les ménager.
Quand le dernier des sociologues aura été pendu avec les tripes du dernier bureaucrate, aurons-nous encore des problèmes ?
Les syndicats sont des bordels.
La plus belle sculpture, c'est le pavé de grès, le lourd pavé cubique, c'est le pavé qu'on jette sur la gueule des flics.
L'art est mort, ne consommez pas son cadavre.
L'art est une névrose académique.
À bas le sommaire, vive l'éphémère.
La jeunesse est une ivresse éternelle, c'est la fièvre de la raison.
Avec Marcuse, pour une société érotisée et nouvelle.
Seul l'un existe.
La société est une fleur carnivore.
Haut-parleur = ambiance programmée = répression.
La publicité te manipule.
L'ennui transpire dans l'achèvement.
Monolithiquement bête, le gaullisme est l'inversion de la vie.
Je jouis dans les pavés.
Flics = SS.
CRS = SS.
Flics = tarés.
SS = Flic + Fric = ##.
CRS = esclave-traître. Ceux sur qui vous frappez sont toujours plus sympathiques que ceux qui vous commandent.

CRS = bons à rien.
Contre la violence policière, la violence dans la rue.
Flic = esclave-traître. Prenez l'e(m)ploi de votre vie.
6 mai = 1 000 blessés étudiants et jeunes travailleurs. Le gaullisme montre son visage policier et antipopulaire.
À bas la répression.
Ça saigne…
Libérez nos camarades.
Créativité, spontanéité, vie.
Volez.
Éjacule tes désirs.
Prends la vie.
Consommez plus, vous vivrez moins.
La culture est en miettes.
On achète ton bonheur. Vole-le *.

## *Les comités d'action : creusets du « tout politique »*

Ces formes nouvelles, notamment les comités d'action, accueillent des thèmes politiques renouvelés ou émergents : les femmes, les régions, les travailleurs étrangers. Exclus parmi les exclus, ils constituent autant de nouveaux acteurs qui font irruption en mai 1968 pour former ce qui fera le plus clair des

* Exemples de graffitis inscrits sur les murs de Paris, relevés par Walter Lewino, cités dans Walter Lewino, *L'Imagination au pouvoir*, avec des photos de Jo Schnapp, Paris, Éditions Le Terrain vague, juin 1968.

luttes des années 1970. Les textes que l'on présente ici sont extraits de la production de quelques comités d'action, en général universitaires. Plusieurs, notamment le très emblématique « Nous sommes en marche », sont localisés à Censier. C'est dire qu'ils ne sont représentatifs que d'eux-mêmes, mais, à travers l'ampleur des thèmes abordés et la radicalité des propos, ils traduisent ce que fut l'aspiration d'une partie au moins du corps social.

La « révolution culturelle » est un préalable. Sans qu'elle ait nécessairement grand-chose à voir avec la GRCP (Grande révolution culturelle prolétarienne) des maos, il apparaît à chacun que, contrairement à ce que préconise la vulgate marxiste, ce sont d'abord les superstructures mentales qu'il faut changer, et que l'économie suivra. Cette croyance forte dans le pouvoir de la politique (et des mots) et dans la capacité de transformer une société par le haut transmue les militants de Mai en « modernes fils des Lumières [9] ».

1. Nous vivons une période prérévolutionnaire ; une période prérévolutionnaire est celle qui voit la naissance d'une nouvelle idéologie ; celle-ci reste à créer.

2. Les utopistes sont ceux qui croient qu'en se contentant de changer les structures sociales, on changera l'esprit des hommes. [...]

10. Nos structures psychiques, sclérosées et archaïques doivent se saborder pour céder la place à l'imagination d'un monde nouveau.

11. Nous vivons une période « sensible » ; quiconque ne le saisit pas ne peut rien comprendre au monde.

12. Arrêter la fuite en avant.

13. Toutes les notions existantes sont périmées et à repenser.

14. Le changement n'est pas une fin en soi ; entre la rigidité et l'agitation, il y a une marge suffisante pour tous ceux qui veulent se donner la peine de penser.

15. On est jeune par l'esprit et non par l'âge ; tout esprit jeune, encore libre de structurations psychiques trop déterminées, peut imaginer des idées nouvelles et être créatif.

16. Seule l'autonomie véritable permet la créativité.

17. La notion de conflit de génération doit disparaître du monde ; elle n'est qu'un maquillage de la lutte pour le pouvoir.

18. Que les « pères » jouent leur rôle de père, et la révolution sera évolution.

19. Toute personne qui considère l'émotion comme étrangère à la pensée logique doit se défaire sur-le-champ de cette vision idéaliste.

20. Toute création part d'une émotion vécue.

21. La redécouverte personnelle est irremplaçable pour la formation de l'esprit [...] *.

---

* « Propositions préliminaires pour une révolution culturelle », comité d'action « Nous sommes en marche », mai 1968, citées dans *Quelle université ? Quelle société ?*, *op. cit.*, p. 173 et suivantes.

La sexualité, le mariage et la famille sont analysés comme des espaces de lutte, d'aliénation et d'émancipation possibles, bref comme des lieux politiques par excellence. Avec des conclusions parfois surprenantes.

Le mouvement féministe, parti d'une authentique contestation de la société patriarcale, a finalement contribué à l'achèvement de l'aliénation féminine. Fascinées par une image idéalisée de la virilité et de ses apanages, avantages et privilèges, les femmes ont tout simplement cumulé les charges traditionnelles de leurs fonctions aliénées et les responsabilités tout aussi aliénantes du fonctionnariat masculin.

En se limitant à des revendications juridiques et économiques, en décalquant une absurde et impossible guerre des sexes sur une lutte des classes authentique et historique, le féminisme a manqué la révolution, trompé ses adeptes et créé une confusion de langage plus aliénante encore que le langage univoque des seigneurs et maîtres de la féodalité [...].

Seule une relation-communication sexuelle complète est apte à dévoiler les aliénations et montre la nécessité de l'autonomie de l'individu au sein du groupe. Or des efforts surhumains sont faits pour guérir mais rien pour prévenir : non seulement il n'y a aucune éducation sexuelle mais même pas d'enseignement.

Toute éducation sexuelle et même tout enseignement sont impossibles à l'heure actuelle pour une raison bien simple. Tous les parents et tous les éducateurs sans exception sont aliénés [...].

La maternité est un leurre. La plupart des femmes font des enfants comme les hommes vont au bordel, par désœuvrement, parce qu'elles ne savent que faire de cette peau qu'elles ne parviennent pas à donner [...].

Le vœu du mariage et du couple éternel n'est pas plus réaliste. Il repose d'ailleurs sur l'aliénation de la femme acceptée par les deux partenaires ; celle-ci n'ayant, entre autres, pas le droit, au contraire du mari, d'avoir des rapports sexuels hors mariage.

Cependant la vie de couple est la meilleure école de la communication pour qui veut bien la jouer. La vie de couple suppose une vie quotidienne commune dans ses détails les plus petits et les plus naturels qui ne doivent jamais être ignorés, à moins que l'on veuille nier une partie de soi-même, ce qui aboutit toujours à bloquer plus ou moins irréversiblement la communication.

Au sujet du couple ou de la famille, il n'y a donc aucun dogme à avoir. Commençons par donner l'éducation sexuelle, les moyens anticonceptionnels ; commençons par saborder les tabous qui dénaturent les rapports sexuels des filles comme des garçons avant l'installation dans une vie commune de plus ou moins longue durée. Commençons par détruire les tabous sur l'infériorité sexuelle de la femme [...] *.

L'internationalisme, l'anti-impérialisme et l'anticolonialisme sont des carburants plus traditionnels, mais il s'agit en 1968 de les arracher à l'orbite du communisme et ainsi de donner du sens à ce qui se passe à

* « Autonomie, famille et société », thèses du comité d'action « Nous sommes en marche », mai 1968, *ibid.*

l'est de l'Europe au même moment. Coïncidence fortuite ou communauté de lutte ? Les militants de Mai, au moment où, à Varsovie, la répression est déjà d'actualité, tentent d'orienter l'ensemble des vents contestataires de l'Est et de l'Ouest par l'anticommunisme virulent qui unit les étudiants.

> Étudiants, ouvriers,
>
> Vous êtes peut-être étonnés que dans cette situation, où tout le système social a été remis en question, la plus grande centrale syndicale se cantonne dans des revendications concernant le niveau de vie – que le plus grand parti ouvrier se contente d'exiger un « gouvernement démocratique ». Vous êtes peut-être étonnés qu'ils n'ont pas hésités [*sic*] à désavouer les étudiants qui avaient fixé le but d'une transformation totale de la société, et qu'ils se soient rangés en cela du côté du gouvernement de la répression. Timidité ? Erreur ? Habitude ? vous demandez-vous.
>
> Permettez que nous, travailleurs venus des pays de l'Est, où le pouvoir des partis communistes est établi, que nous vous disions : nous ne sommes pas étonnés. Il ne s'agit pas du tout seulement d'habitude, ni de leur point de vue, d'une erreur, et malheureusement même pas de timidité... Il s'agit d'une position délibérée.
>
> Les journaux des pays de l'Est présentent de la crise française une image bénigne, selon laquelle seuls les « monopoles » seraient en cause, et la perspective ne serait qu'enrichir d'un beau souvenir de plus l'histoire des luttes ouvrières. Ils essaient de

taire ou de minimiser les aspects les plus importants du mouvement : le rôle de la jeunesse, des étudiants et intellectuels, des groupes politiques non encadrés par le PC, l'internationalisme, la « révolution culturelle », la spontanéité de l'organisation et du débat, l'idéal d'une société socialiste. Et il en est de même de la présentation de l'autre camp : les brutalités policières, la perfidie du gouvernement, l'hostilité de la bourgeoisie *.

L'anti-impérialisme de la Tricontinentale est bien présent.

La nature du mouvement étudiant et ouvrier français est fondée sur la contestation de l'infrastructure et de la superstructure de la société capitaliste.

Cette contestation doit se traduire pour nous par un engagement total au-delà des frontières.

En effet, contester les structures capitalistes dans le cadre national, c'est aussi contester les rapports internationaux établis par ces structures.

L'internationalisme prolétarien est l'expression de cet engagement. Il ne s'agit pas d'un problème de droit, puisque le droit est l'expression de ces structures contestées [...].

Le comité doit informer les travailleurs manuels, intellectuels, français des liens qui existent entre la lutte qu'ils mènent actuellement et celle des peuples opprimés, car l'exploiteur est le même : le capitalisme et l'impérialisme. Il se doit de les informer

* Tract, comité d'action Europe centrale, Censier, mai 1968, AHC du CHSP, fonds Chapsal, « Tracts 1968 », 2SP 52-53.

sur le développement de la lutte des peuples d'Asie, d'Afrique et d'Amérique latine.

Il doit être au service du mouvement révolutionnaire qui se développe actuellement en France et dont l'issue commande, dans une grande mesure, la solution des problèmes des trois continents. C'est-à-dire la lutte pour la révolution socialiste dans les trois continents et le monde.

Son aide est double :

– Participation totale au mouvement révolutionnaire au même titre que tous les militants français.

– Participation spécifique qui doit se traduire par une action d'information et de mobilisation, menée auprès des ouvriers et étudiants étrangers et dont les modalités, les moyens doivent être étudiés, en accord avec les objectifs du mouvement révolutionnaire français actuel.

Comité des trois continents

(salle U – escalier A – 2e étage – Sorbonne – AG ts ls jours à 17 h.) *

Le coup d'État des colonels en Grèce, un an auparavant, en 1967, a amené un contingent d'étudiants exilés à Paris.

Avec les jeunes Vietnamiens,

Avec les étudiants italiens, allemands, espagnols, américains,

Avec vous camarades français,

---

* Plate-forme d'orientation, comité des trois continents, Censier, mai 1968, *ibid.*

Dans le cadre de l'insurrection mondiale de la jeunesse contre l'oppression, le capitalisme, l'impérialisme,

Contre la réapparition provocatrice d'un régime fasciste en Europe

Luttent aussi les étudiants grecs dans le Front universitaire de résistance « Rigas Ferraios »

Chaque jour, chaque heure des dizaines d'étudiants, de jeunes, subissent des tortures atroces dans les cachots de la police fasciste.

Pour faire face aux manifestations des étudiants, la junte a fermé les universités de Salonique et d'Athènes pendant plusieurs jours. Les étudiants ont riposté par des distributions massives de tracts, en couvrant les murs d'inscriptions, en désarmant des patrouilles de la police militaire, avec des manifestations éclair.

*Les étudiants, les jeunes Grecs sauront vite mettre en application l'expérience des luttes récentes de leurs camarades français.*

*Camarades, n'oubliez pas cette lutte sans merci, engagée dans l'obscurité de l'oppression la plus féroce.*

*Soyez solidaires de la jeunesse antifasciste grecque.*

Organisation panhéllenique des étudiants « Rigas Ferraios »,

Fédération des étudiants grecs à l'étranger *.

La lutte anticoloniale est retournée vers la métropole, dans un esprit qui anticipe les *Post-Colonial Studies* puisque l'organisation spatio-administrative de la

* Tract de la jeunesse antifasciste grecque, Front universitaire de résistance « Rigas Ferraios », Censier, mai 1968, *ibid.*

France, avec ses DOM (départements d'outre-mer) et ses TOM (territoires d'outre-mer) est condamnée au nom de l'impensé colonial qui en régit le cœur. De même et selon la même logique, l'immigration de travail venant des Caraïbes est rapportée à son décalque transatlantique inversé. Elle est explicitement comparée à la traite des esclaves qui, historiquement, a uni l'Afrique, la France et les Antilles. Les locaux de *La Jeune Guyane* et le siège du BUMIDOM (Bureau pour le développement des migrations dans les départements d'outremer) ont été occupés le 19 mai, pour protester contre cette situation.

> À 0 heure, le 30 mai, les camarades guadeloupéens, martiniquais et guyanais ont investi les locaux du BUMIDOM.
>
> Qu'est-ce que le BUMIDOM ?
>
> C'est le bureau chargé de l'immigration des originaires des départements d'outre-mer.
>
> En termes clairs, c'est l'organisme gouvernemental qui orchestre la « traite moderne » de nos frères pour avoir une masse de travailleurs plus exploitables en France et dans le but de vider nos pays de leurs forces vives pour briser l'élan révolutionnaire de nos peuples.
>
> C'est pourquoi nous faisons appel aux camarades français pour qu'ils viennent en masse au 7, rue Crillon – Paris 11e – Bastille – apporter leur soutien aux camarades travailleurs et étudiants qui occupent le BUMIDOM.
>
> Venez nombreux témoigner votre solidarité et participer aux débats sur les colonies françaises :

Le comité d'occupation du BUMIDOM

Le comité d'occupation de l'association pour la jeune Guyane

Le comité d'occupation de l'AMITAG, amicale des travailleurs antillo-guyanais *.

Dans la nuit du 5 au 6 juin, la police en expulse les occupants.

Travailleurs antillais, guyanais, réunionnais,

Le pouvoir gaulliste continue sa répression sauvage contre nos camarades étudiants ouvriers.

*La Jeune Guyane* occupée depuis le 19 Mai 68 par les étudiants ouvriers guyanais, réunionnais, antillais a été attaquée par les CRS le 5 juin 68 à 13 h 00.

Après avoir été délogés à coups de grenades lacrymogènes, nos camarades ont été brutalisés et arrêtés pour une soi-disant « vérification d'identité » (nous n'en sommes pas dupes, nos camarades se trouvent probablement dans les camps de concentration de Beaujon).

Nous appelons tous les camarades étudiants ouvriers à s'unir en masse afin d'exiger la libération immédiate de nos jeunes camarades **.

---

* « Halte à la traite moderne », tract, comités d'occupation du BUMIDOM, de *La Jeune Guyane* et de l'AMITAG, 30 mai 1968, *ibid.*

** Appel aux travailleurs antillais, guyanais, réunionnais, comité d'action étudiants-ouvriers des pays sous domination coloniale française, Sorbonne, 6 juin 1968, cité dans *La Sorbonne par elle-même, op. cit.*, p. 291.

Le jacobinisme de l'État central est, lui aussi, analysé comme une domination de type colonial. L'ébranlement de Mai qui pointe l'oppression politique, l'exploitation économique et l'aliénation culturelle, permet de faire le pont avec les doléances de certaines régions qui se vivent comme exclues, dominées par un habitus centralisateur. La journée d'action du 8 mai permet l'expression nouvelle d'une identité régionale blessée.

Grève générale en Bretagne : 8 mai

*L'ensemble des organisations syndicales :* ouvrières (CFDT, CGT), agricoles (FRSEAO, CRJAO), enseignantes (FEN, SNI, SGEN, SNES) et étudiante (AGER) de Bretagne et des Pays-de-Loire ont invité toute la population des 5 départements bretons et de 4 départements voisins à suivre *une grève générale le mercredi 8 mai*, et à *participer aux puissantes manifestations* qui seront organisées dans chaque département : « *pour la défense de l'emploi*, la garantie des ressources, l'amélioration du pouvoir d'achat, la reconquête de la Sécurité sociale, une politique économique et sociale conforme à ces objectifs ».

Après la marche sur Paris, puis sur Rennes en octobre 1966, après les manifestations agricoles de Redon et de Quimper (1967), après celles des ouvriers à Redon, Fougères, Concarneau récemment, une telle initiative répond tout particulièrement à *l'aggravation de la situation économique et sociale de la Bretagne*.

C'est *pour protester contre cette situation* que l'ensemble des ouvriers, des paysans, des enseignants et des étudiants de Bretagne s'unissent *pour la première fois*, à l'occasion du 8 mai.

De ce fait, *ils s'élèvent contre le libéralisme économique et la centralisation* qui condamnent leur pays à une paupérisation et à une *prolétarisation* croissantes à la périphérie européenne.

*Ils refusent la domination* des grandes entreprises capitalistes et la carence de l'État qui ne font qu'accentuer sans arrêt le phénomène de *colonisation interne* de leur pays.

La jeunesse étudiante bretonne invite tous les étudiants rennais *à se joindre à la grève générale du 8 mai*, et à prendre part massivement aux manifestations qui sont organisées :

– pour réclamer des débouchés à la fin de leurs études ;

– et manifester leur solidarité avec les ouvriers et les paysans de Bretagne en lutte, comme eux, pour la *décolonisation de leur région.*

Car la Bretagne veut vivre *.

Cette prise de conscience, encore marginale mais néanmoins présente dans les archives de mai 1968, annonce les revendications du régionalisme politique des années 1970 – « Vivre et travailler au pays » –, les premières depuis les années Vichy, mais cette fois ancrées à gauche.

---

* Tract de la Jeunesse étudiante bretonne, 7 mai 1968, fonds « Tracts de 1968 », Archives départementales d'Ille-et-Vilaine.

Réunis à la Sorbonne le 16 mai à 23 heures, répondant à l'appel de l'UNEF, les travailleurs, enseignants, étudiants socialistes bretons, catalans, corses, occitans luttant pour une authentique promotion sociale, économique, culturelle et politique des peuples et des régions, se constituent en comité d'action.

Opprimées par les structures capitalistes de l'État bourgeois, les universités comme les régions ne trouveront leur plein épanouissement que dans l'établissement d'une démocratie véritable. C'est pourquoi nous revendiquons la création d'universités autonomes dans les régions autonomes.

L'université autonome doit s'ouvrir à tous sans discrimination sociale et permettre la participation effective des étudiants au fonctionnement, en reconnaissant l'exercice de leurs droits politiques et syndicaux.

Le contenu de l'enseignement doit répondre aux préoccupations réelles de la société, la culture bourgeoise s'effacer devant une culture authentique populaire.

L'université nouvelle sera un facteur de désaliénation des règles et l'instrument essentiel de leur promotion.

La région autonome sera le cadre de la démocratie socialiste. Elle implique la consultation et la participation des citoyens à toutes les décisions qui les concernent, par le plein exercice de leurs droits politiques et syndicaux.

En conséquence nous demandons :

La *reconnaissance* de l'appropriation régionale des ressources et des moyens de production.

Un *plan régional démocratique* qui soit l'expression des besoins fondamentaux des travailleurs.

La *création d'un pouvoir régional*, à savoir une assemblée élue au suffrage universel et dotée des compétences nécessaires et un exécutif régional responsable devant le peuple.

*Nous nous déclarons solidaires du puissant mouvement des étudiants luttant pour l'établissement d'une société d'hommes et maîtres d'eux-mêmes* *.

* Motion, comité d'action pour la révolution socialiste des régions, 16 mai 1968, cité dans *La Sorbonne par elle-même*, *op. cit.*, p. 286.

# Épilogue

« Un événement n'est pas ce qu'on peut voir ou savoir de lui, mais d'abord ce qu'il devient pour nous [1]. » Pour finir, et non pour conclure, voici trois textes très fins et peu connus, qui montrent ce que Mai 68 est devenu, quelques mois plus tard, pour quelques esprits éclairés, spectateurs empathiques autant qu'acteurs.

Roland Barthes, Michel de Certeau, Pierre Vidal-Naquet : un littéraire et deux historiens sensibles aux signes des rues graffitées, polygraphiées, couvertes d'affiches, et à la parole inaugurale du mois de mai ; trois hommes à l'écoute – de Certeau passe beaucoup de temps à l'Odéon et Vidal-Naquet, avec d'autres collègues historiens de la Sorbonne, participe activement au mouvement –, trois piétons du Paris révolutionné qui ne prétendent pas juger de l'extérieur le mouvement. En effet, ces textes, sur des modes divers, se caractérisent par un même refus de l'explication, de la causalité, de l'assignation immédiate d'un sens, comme si Mai avait découragé ce réflexe professionnel de l'historien.

C'est un autre intérêt de ces textes : ils expriment, en filigrane, l'effet-boomerang de la contestation sur les disciplines du savoir. De Certeau explique longuement dans son ouvrage *La Prise de parole* à quel point l'outillage symbolique des sciences sociales fut chahuté. C'est déjà ce bouleversement que l'on peut lire en mai 1968 et qui annonce quelques problématiques importantes des années 1970 : l'écriture comme violence, l'ordinaire de l'histoire et la culture plurielle, l'analyse de la croyance révolutionnaire et de la construction de l'événement… Chacun dans son style, ils enregistrent les ébranlements subis et affirment aussi l'espoir que la parenthèse ouverte par le mois de mai ne soit pas refermée dans l'oubli d'elle-même.

Roland Barthes déchiffre l'écriture intransitive et scrute l'originalité du régime de parole qui éclôt pendant les événements. Plus révolutionnaire que la révolution, il constate avec ironie l'accord de tous les acteurs sur le système symbolique, qui devrait être la cible ultime de toute révolution.

> Décrire l'événement implique que l'événement a été écrit. Comment un événement peut-il être écrit ? Qu'est-ce que cela peut vouloir dire que l'« écriture de l'événement » ?
>
> L'événement de mai 1968 semble avoir été écrit de trois façons, de trois écritures, dont la conjonction polygraphique forme peut-être son originalité historique.

1. *La parole*

Toute secousse nationale produit une floraison brusque de commentaires écrits (presse et livres). Ce n'est pas cela dont on veut parler ici. La parole de mai 1968 a eu des aspects originaux, qu'il faut souligner.

1. La parole radiophonique (celle des postes dits périphériques) a collé à l'événement, au fur et à mesure qu'il se produisait, d'une façon haletante, dramatique, imposant l'idée que la connaissance de l'actualité n'est désormais plus l'affaire de l'imprimé, mais de la parole. L'histoire « chaude », en train de se faire, est une histoire auditive *, l'ouïe redevient ce qu'elle était au Moyen Âge : non seulement le premier des sens (avant le tact et la vue), mais le sens qui fonde la connaissance (comme pour Luther il fondait la foi du chrétien). Ce n'est pas tout. La parole informative (du reporter) a été si étroitement mêlée à l'événement, à l'opacité même de son présent (il suffit de songer à certaines nuits de barricades), qu'elle était son sens immédiat et consubstantiel, sa façon d'accéder à un intelligible instantané ; cela veut dire que, dans les termes de la culture occidentale, où rien ne peut être perçu privé de sens, elle était l'événement même. La distance millénaire entre l'acte et le discours, l'événement et

* Il faut se rappeler ces rues remplies d'hommes immobiles, ne voyant rien, ne regardant rien, les yeux à terre, mais l'oreille collée au transistor élevé à hauteur du visage, figurant ainsi une nouvelle anatomie humaine.

le témoignage, s'est amincie : une nouvelle dimension de l'histoire, liée désormais immédiatement à son discours, est apparue, alors que toute la « science » historique avait au contraire pour tâche de reconnaître cette distance, afin de la contrôler. Non seulement la parole radiophonique renseignait les participants sur le prolongement même de leur action (à quelques mètres d'eux), en sorte que le transistor devenait l'appendice corporel, la prothèse auditive, le nouvel organe science-fictionnel de certains manifestants, mais encore, par la compression du temps, le retentissement immédiat de l'acte, elle infléchissait, modifiait l'événement, en un mot l'écrivait : fusion du signe et de son écoute, réversibilité de l'écriture et de la lecture qui est demandée ailleurs, par cette révolution de l'écriture que la modernité essaie d'accomplir.

2. Les rapports de force entre les différents groupes et partis engagés dans la crise ont été essentiellement *parlés*, en ce sens que le déplacement tactique ou dialectique de ces rapports le long des journées de Mai s'est opéré *à travers et par* (confusion de la voie et de la cause qui marque le langage) le communiqué, la conférence de presse, la déclaration, le discours. Non seulement la crise a eu son langage, mais encore la crise a été langage (un peu au sens où André Glucksmann a pu parler du langage de la guerre) : c'est la parole qui a, en quelque sorte, labouré l'histoire, l'a fait exister comme un réseau de traces, comme une écriture opérante, déplaçante (ce n'est que par un préjugé poussiéreux que nous considérons la parole comme une activité

illusoire, tapageuse et vaine, et que nous l'opposons aux actes) ; la nature « parlée » de la crise est ici d'autant plus visible qu'elle n'a eu, à proprement parler, aucun effet meurtrier, irrémédiable (la parole est en effet ce qui peut être « repris » ; son antonyme rigoureux, au point de la définir, ne peut être que la mort) *.

3. La parole étudiante a débordé si pleinement, fusant de partout, allant et s'inscrivant partout, que l'on aurait quelque droit à définir superficiellement – mais aussi peut-être essentiellement – la révolte universitaire comme une *prise de la parole* (comme on dit : *prise de la Bastille*). Il apparaît rétrospectivement que l'étudiant était un être frustré de parole ; frustré, mais non privé : par origine de classe, par vague pratique culturelle, l'étudiant dispose du langage ; le langage ne lui est pas inconnu, il n'en a pas (ou n'en a plus) peur ; le problème était d'en prendre le pouvoir, l'usage actif. Aussi, par un paradoxe qui n'est qu'apparent, au moment même où la parole étudiante revendiquait au seul nom des contenus, elle comportait en fait un aspect profondément ludique ; l'étudiant a commencé de manier la parole comme une activité, un travail libre, et non, malgré les apparences, comme un simple instrument. Cette

* L'insistance avec laquelle on a répété, de part et d'autre, que, quoi qu'il arrive, *après* ne pourrait plus être comme *avant* traduit sans doute, dénégativement, la crainte (ou l'espoir) que précisément *après* redevienne *avant* : l'événement étant parole, il peut, mythiquement, s'annuler.

activité a pris des formes différentes, qui correspondent, peut-être, à des phases du mouvement étudiant le long de la crise.

a) Une parole « sauvage », fondée sur l'« invention », rencontrant par conséquent tout naturellement les « trouvailles » de la forme, les raccourcis rhétoriques, les joies de la formule, bref le *bonheur d'expression* (« *Il est interdit d'interdire* », etc.) ; très proche de l'écriture, cette parole (qui a frappé assez vivement l'opinion) a pris logiquement la forme de l'*inscription ;* sa dimension naturelle a été le mur, lieu fondamental de l'écriture collective.

b) Une parole « missionnaire », conçue d'une façon purement instrumentale, destinée à transporter « ailleurs » (aux portes des usines, sur les plages, dans la rue, etc.) les stéréotypes de la culture politique.

c) Une parole « fonctionnaliste », véhiculant les projets de réforme, assignant à l'Université une fonction sociale, ici politique, là économique, et retrouvant de la sorte certains des mots d'ordre de la technocratie antérieure (« adaptation de l'enseignement aux besoins de la société », « collectivisation de la recherche », primauté du « résultat », prestige de l'« interdisciplinaire », « autonomie », « participation », etc. *).

La parole « sauvage » a été assez rapidement éliminée, embaumée dans les plis inoffensifs de la

* Si l'on rassemble ces mots d'ordre, dispersés dans bon nombre de motions comme les morceaux d'un puzzle, on s'aperçoit que l'image finale qu'ils forment n'est rien d'autre que celle de l'Université américaine.

« littérature » (surréaliste) et les illusions de la « spontanéité » ; en tant qu'écriture, elle ne pouvait être qu'inutile (en attendant d'être intolérable) à toute forme de pouvoir, possédé ou revendiqué ; les deux autres paroles restent souvent mêlées : mélange qui reproduit assez bien l'ambiguïté politique du mouvement étudiant lui-même, menacé, en raison de sa situation historique et sociale, par le rêve d'une « social-technocratie ».

2. *Le symbole*

Les symboles n'ont pas manqué dans cette crise, on l'a souvent remarqué ; il en a été produit et consommé avec une grande énergie ; et surtout, fait frappant, ils ont été *entretenus* par une complaisance générale, partagée. Le paradigme des trois drapeaux (rouge/noir/tricolore), avec ses associations pertinentes de termes (rouge et noir contre tricolore, rouge et tricolore contre noir), a été « parlé » (drapeaux hissés, brandis, enlevés, invoqués, etc.) par tout le monde, ou presque : bel accord sinon sur les symboles, du moins sur le système symbolique lui-même (qui, *en tant que tel*, devrait être la cible finale d'une révolution occidentale). Même avatar symbolique pour la barricade : symbole elle-même, dès avant que la première fût construite, de Paris révolutionnaire, et elle-même lieu d'investissement de tout un réseau d'autres symboles. Emblème complet, la barricade a permis d'irriter et de démasquer d'autres symboles ; celui de la propriété, par exemple, loge désormais, pour les Français, à ce qu'il est apparu, beaucoup plus dans l'auto que dans la maison. D'autres symboles ont été mobilisés : le monument (Bourse, Odéon), la manifestation, l'occupation, le vêtement et, bien entendu, le langage, dans ses aspects les plus codés (c'est-à-dire symboliques, rituels *). Cet inventaire des symboles devrait être fait ; non tellement qu'on doive en attendre une liste très éloquente (c'est peu probable, en dépit ou à cause de la « spontanéité » qui a présidé à leur libération), mais parce que le régime symbolique sous lequel un événement fonctionne est étroitement lié au degré d'intégration de cet événement dans la société dont il est à la fois l'expression et la secousse : un champ symbolique n'est pas seulement une réunion (ou un antagonisme) de symboles ; il est aussi formé par un jeu homogène de règles, un recours consenti en commun à ces règles. Une sorte d'adhésion presque unanime ** à un même discours symbolique semble avoir marqué finalement acteurs et adversaires de la contestation : presque tous ont mené le même jeu symbolique.

3. *La violence*

La violence que, dans la mythologie moderne, on rattache, comme si cela allait de soi, à la spontanéité

---

* Par exemple : lexique du travail révolutionnaire (« comités », « commissions », « motions », « points d'ordre », etc.), rituel de la communication (tutoiement, prénoms, etc.).

** Le plus important, dans cet inventaire, serait au fond de repérer la façon dont chaque groupe a joué ou n'a pas joué le jeu symbolique : refus du drapeau (rouge ou noir), refus de la barricade, etc.

et à l'effectivité, la violence, symbolisée ici concrètement puis verbalement par « la rue », lieu de la parole désenchaînée, du contact libre, espace contre-institutionnel, contre-parlementaire et contre-intellectuel, opposition de l'immédiat aux ruses possibles de toute médiation, la violence est une écriture : c'est (on connaît ce thème derridien) la trace dans son geste le plus profond. L'écriture elle-même (si l'on veut bien ne plus la confondre obligatoirement avec le style ou la littérature) est violente. C'est même ce qu'il y a de violence dans l'écriture qui la sépare de la parole, révèle en elle la force d'inscription, la pesée d'une trace irréversible. À cette écriture de la violence (écriture éminemment collective), il ne manque même pas un code ; de quelque façon qu'on décide d'en rendre compte : tactique ou psychanalytique, la violence implique un langage de la violence, c'est-à-dire des signes (opérations ou pulsions) répétés, combinés en figures (actions ou complexes), en un mot un système. Profitons-en pour redire que la présence (ou la postulation) du code n'intellectualise pas l'événement (contrairement à ce qu'énonce sans cesse la mythologie anti-intellectualiste) : l'intelligible n'est pas l'intellectuel.

Telles sont à première vue les orientations que pourrait prendre une description des traces dont se constitue l'événement. Cependant, ce genre de description risquerait d'être inerte si on ne la rattachait, dès le début, à deux postulats, de portée encore polémique.

Le premier consiste à séparer rigoureusement, selon la proposition de Derrida, les concepts de parole et d'écriture. La parole n'est pas seulement ce qui se parle réellement, mais aussi ce qui se transcrit (ou plutôt se translitère) de l'expression orale, et qui peut très bien s'imprimer (ou se ronéotyper) ; liée au corps, à la personne, au vouloir-saisir, elle est la voix même de toute revendication, mais pas forcément de la révolution. L'écriture, elle, est intégralement « ce qui est à inventer », la rupture vertigineuse d'avec l'ancien système symbolique, la mutation de tout un pan de langage. C'est dire, d'une part, que l'écriture (au sens où on l'entend ici, qui n'a rien à voir avec le beau style ou même le style littéraire) n'est nullement un fait bourgeois (ce que cette classe a élaboré, c'est plutôt une parole imprimée), et, d'autre part, que l'événement actuel ne peut fournir que quelques fragments marginaux d'écriture, dont on a vu qu'ils n'étaient pas forcément imprimés ; on tiendra pour suspects toute éviction de l'écriture, tout primat systématique de la parole, parce que, quel que soit l'alibi révolutionnaire, l'une et l'autre tendent à *conserver* l'ancien système symbolique et refusent de lier sa révolution à celle de la société.

Le second postulat consiste à ne pas attendre de la description scripturale un « déchiffrement ». Considérer l'événement sous l'angle des chances de mutation symbolique qu'il peut impliquer, cela veut dire d'abord rompre soi-même, autant qu'il est possible (ce n'est pas facile, cela demande un travail continu, commencé, il faut le rappeler, ici et là, depuis quelques années), avec le système de sens que l'événement, s'il se veut révolutionnaire, doit avoir à charge d'ébranler. Le versant critique de l'ancien système est l'*interprétation*, c'est-à-dire l'opération par laquelle on assigne à un jeu d'apparences confuses ou même contradictoires une structure unitaire, un sens profond, une explication « véritable ». À l'interprétation, il faut donc peu à peu substituer un discours nouveau, qui ait pour fin non le dévoilement d'une structure unique et « vraie », mais l'établissement d'un jeu de structures multiples : établissement lui-même *écrit*, c'est-à-dire décroché de la vérité de parole ; plus précisément encore, ce sont les relations qui nouent ces structures concomitantes, assujetties à des règles encore inconnues, qui doivent faire l'objet d'une théorie nouvelle *.

Michel de Certeau accueille Mai 68 comme une des paroles mystiques qu'il a étudiées en historien. Curieux, très attentif à ce qui se dit, il vit ces quelques semaines comme une véritable rupture refondatrice [2].

*Un événement : la prise de parole*

En mai dernier, on a pris la parole comme on a pris la Bastille en 1789. La place forte qui a été occupée, c'est un savoir détenu par les dispensateurs de la culture et destiné à maintenir l'intégration ou l'enfermement des travailleurs étudiants et ouvriers dans un système qui leur fixe un fonctionnement. De la prise de la Bastille à la prise de la Sorbonne, entre ces deux symboles, une différence essentielle

* Roland Barthes, « L'écriture de l'événement », *Communications*, novembre 1968.

caractérise l'événement du 13 mai 1968 : aujourd'hui, c'est la parole prisonnière qui a été libérée.

Ainsi s'affirme, farouche, irrépressible, un droit nouveau, devenu identique au droit d'être un homme, et non plus un client voué à la consommation ou un instrument utile à l'organisation anonyme d'une société. Il commandait, par exemple, les réactions d'assemblées toujours promptes à le défendre dès qu'il semblait menacé au cours d'un débat : « Ici, tout le monde a le droit de parler. » Mais ce droit était seulement reconnu à qui parlait en son propre nom, car l'assemblée refusait d'entendre qui s'identifiait à une fonction ou qui intervenait au titre d'un groupe caché derrière les dires de l'un de ses membres : parler, ce n'est pas être le « speaker » d'une force de pression, d'une vérité « neutre » et objective, ou d'une conviction tenue d'ailleurs.

Une sorte de fête (quelle libération n'est pas une fête ?) a transformé du dedans ces jours de crise et de violences – une fête liée, mais non identifiable, aux jeux dangereux des barricades ou au psychodrame d'une catharsis collective. Quelque chose nous est arrivé. Quelque chose s'est mis à bouger en nous. Émergeant d'on ne sait où, remplissant tout à coup les rues et les usines, circulant entre nous, devenant nôtres mais en cessant d'être le bruit étouffé de nos solitudes, des voix jamais entendues nous ont changés. Du moins avions-nous ce sentiment. Il s'est produit ceci d'inouï : nous nous sommes mis à parler. Il semblait que c'était la première fois. De partout, sortaient les trésors, endormis ou tacites, d'expériences jamais dites. En même temps que des discours assurés se taisaient et que des « autorités » devenaient silencieuses, des existences gelées s'éveillaient en un matin prolifique. Une fois abandonnée la carapace métallique de l'auto et rompu le charme solitaire de la télé à domicile, avec la circulation brisée, les mass-médias coupés, la consommation menacée, dans Paris défait et rassemblé dans ses rues, sauvage et stupéfait de se découvrir un visage lavé de ses fards, une vie insoupçonnée surgissait.

Certes, la prise de parole a la forme d'un refus. Elle est protestation. Nous le verrons, c'est sa fragilité que de ne s'exprimer qu'en contestant, de ne témoigner que du négatif. Peut-être est-ce également sa grandeur. Mais en réalité, elle consiste à dire : « Je ne suis pas une chose. » La violence est le geste de qui récuse toute identification : « J'existe. » Si donc celui qui se met à parler nie les normes au nom desquelles on prétendrait le censurer, ou les institutions qui voudraient utiliser une force apparemment déliée de toute appartenance, il entend bien poser une affirmation. Un acte d'autonomie précède de loin l'inscription de l'autonomie au programme d'une revendication universitaire ou syndicaliste. D'où le scandale de voir substituer à cette exigence des mesures réformistes qui sont d'un autre ordre. D'où aussi le mépris pour ceux qui ne « parlent » pas, mais disent seulement leur peur (sous le pathos de l'acquiescement ou de la surenchère), leurs visées politiques (sous la rhétorique du « service » ou du « réalisme ») ou leur pouvoir (qui attend patiemment son heure).

Ce droit nouveau ne s'ajoute pas à une liste déjà longue. C'est un choix qui fonde et prévient les autres choix, telle une raison secrète qui prendrait à revers ou qui orienterait toutes les raisons. Il ne vient pas en plus du reste. Il décide du reste. Et voici que se sont déjà déployées les premières implications de cette invention initiale : l'expérience directe de la démocratie, la permanence de la contestation, la nécessité d'une pensée critique, la légitimité d'une participation créatrice et responsable pour tous, la revendication de l'autonomie et de l'autogestion, et aussi la fête de la liberté – pouvoir de l'imagination et festivité poétique... On peut également dessiner cette région nouvelle par ce qu'elle récuse : un savoir « détenu » dont l'apprentissage ferait de ses acquéreurs les instruments d'un système ; des institutions enrôlant chacun de ses « employés » pour des causes qui ne sont pas les siennes ; une autorité vouée à imposer son langage et à censurer le non-conforme, etc.

Mais plutôt qu'à ces généralités (indices de problèmes désormais ouverts), plutôt qu'à l'évocation d'une révolution culturelle (qui est précisément problématique), c'est à quelque chose de plus simple et de plus radical que nous devons d'abord nous référer. Bien qu'il ait été trop localisé, et souvent mal perçu hors des lieux où il se produisait, un *fait* est plus important que les revendications ou la contestation même qui l'exprimaient en des termes antérieurs à l'événement : un fait *positif*, un *style* de l'expérience. Une expérience créatrice, c'est-à-dire poétique. « Le poète a dégoupillé la parole », annonçait un papillon de la Sorbonne. C'est un fait dont nous sommes témoins pour l'avoir vu et y avoir participé : une foule est devenue poétique. Cachée peut-être jusque-là (mais cela veut dire qu'elle n'existait pas), une parole a explosé dans les relations qui l'ont permise ou qu'elle s'est donnée, avec la joie (ou le sérieux ?) de compartimentations brisées et de camaraderies imprévisibles. On s'est mis à discuter enfin de choses essentielles, de la société, du bonheur, du savoir, de l'art, de la politique. Une palabre permanente se répandait comme le feu, immense thérapeutique nourrie de ce qu'elle délivrait, contagieuse avant toute ordonnance et tout diagnostic ; elle ouvrait à chacun ces débats qui surmontaient à la fois la barrière des spécialités et celle des milieux sociaux, et qui changeaient les spectateurs en acteurs, le face à face en dialogue, l'information ou l'apprentissage de « connaissances » en discussions passionnées sur des options engageant l'existence. Cette expérience a été. Elle est *imprenable*.

Mais que nous signifie-t-elle ?

*Un choix*

Un déplacement s'est ainsi opéré, je ne dirai pas dans notre conception de la culture, mais dans l'expérience que nous en avons. Ce fait nous interroge. Peut-il être *oublié ?* Et si non, à quelle révision, à quelle conversion sommes-nous engagés ? De toute manière, il est provocateur et révélateur. Il implique et il exige un choix.

Même si ce moment n'a pas été un moment de vérité, même si c'est un défoulement et l'explosion d'une longue frustration, même si c'est un temps de folie (mais la folie annonce parfois de nouvelles raisons), même si à l'ivresse de la parole succèdent la gueule de bois et les désenchantements de lendemains qui recommencent avant-hier – toutes choses heureusement discutables –, une question nous a été posée. *Elle ne doit pas se perdre.* Or elle risque de se perdre, soit qu'on l'étouffe, après trop d'excès ou trop de peurs, dans le jeu des forces qu'a mobilisées et raidies son irruption, soit que les réformes dont elle aura été l'origine la fassent oublier et la noient dans les objectifs plus « sérieux » de réajustement syndicaux, universitaires ou politiques.

La mise en place et l'analyse de ces réformes, l'histoire des mouvements qui les ont permises ou organisées seront faites ailleurs. Elles sont nécessaires. Mais la question qui a été provocatrice sous la forme d'une contestation de la société, nous n'avons pas le droit de la mettre entre parenthèses, satisfaits du profit qu'en aura tiré cette société même. Nous ne pouvons admettre qu'il en reste seulement quelques améliorations dans les structures de l'enseignement ou dans les salaires des travailleurs (résultats certes appréciables), tandis qu'en s'immergeant de nouveau une expérience plus fondamentale ne laisserait que la trace d'une immense déception. Non, nous ne pouvons pas nous laisser distraire ainsi de l'essentiel. Pour nous, c'est une tâche d'en reconnaître la portée véritable, d'en expliciter le sens, d'en découvrir les suites pratiques et théoriques.

Cette tâche est d'autant plus impérative qu'elle est inscrite dans le fait lui-même, dans la mesure où s'y révèle une incapacité de proportionner une action cohérente à l'expérience qui a été faite. Du moins est-ce mon interprétation. Ce qui a été vécu *positivement* n'a pu s'énoncer que *négativement*. L'expérience, c'était la prise de parole. Ce qui a été dit, c'était une contestation qui, en récusant le système entier, ne pouvait être que trahie par toute organisation existante, par toute procédure politique ou par toute institution renouvelée. Massif, un mouvement d'en dessous a échappé aux structures et aux cadres préexistants ; mais par là même tout programme et tout langage lui manquaient. Dans cette société qu'il dénonçait, il ne pouvait que s'exprimer marginalement, alors que pourtant il constituait déjà une expérience de société. Son propre « refus » trahissait donc aussi la réalité, puisqu'il découpait seulement une frontière sans dire ce qu'était le pays intérieur – cette expérience même. Pour des raisons tactiques, la contestation camouflait également la disparité des expériences pour les rassembler dans l'unité d'une même contre-offensive. En fait, la prise de parole, invention commune, ne pouvait que créer des différences et il fallait reconnaître celles-ci pour analyser la nature de celle-là.

Toute négation se contente d'ailleurs d'inverser les termes de l'affirmation qu'elle contredit. Elle en est la victime, au moment précis où elle la dénonce comme autoritaire. Entre beaucoup d'autres, ce signe accuse encore un enseignement ou des institutions incapables de fournir à d'autres générations les instruments leur permettant de rendre compte d'une autre expérience que celle de leurs « cadres » ou de leurs maîtres. Certes, des affrontements violents avec le pouvoir ont démesurément grossi cette incapacité réciproque ; et depuis, des collaborations entre étudiants et enseignants ou entre ouvriers et « responsables » tendent à surmonter cette alternative entre la contestation ou la défense des *mêmes* termes. Mais le problème aujourd'hui capital est posé par la disparité entre une expérience fondamentale et le déficit de son langage, entre la « positivité » d'un vécu et la « négativité » d'une expression qui, sous la forme du refus, semble le symptôme plutôt que l'élaboration de la réalité qu'elle désigne.

Ce problème a immédiatement une portée politique. Un refus de la « société de consommation » met en cause le régime politique qui la soutient ou qui pourrait en changer les présupposés. Dès la première heure, des étudiants l'ont vu et ils l'ont dit. Mais ils ont appris que cette lucidité théorique laissait entière la question des moyens d'action, qu'elle n'analysait pas assez les forces en jeu et leur disponibilité en vue d'une modification des structures, que le « pouvoir étudiant » (notion d'ailleurs tardive et apparue après que s'est manifesté le pouvoir ouvrier) tirait son efficacité d'une opposition latente au pouvoir, mais ne parviendrait pas à en construire un autre. Récusant les organismes qui encadraient les puissances réelles du pays, le « mouvement » ne pouvait qu'être utilisé et « récupéré » par n'importe lequel d'entre eux. Un échec était inscrit à l'avance dans la contestation globale et permanente. C'est à cet échec que, dans une perspective politique, les étudiants n'ont pas le droit de consentir, ne serait-ce qu'au titre des rapports nouveaux à instaurer entre travailleurs ouvriers et travailleurs universitaires, ou entre la société et la fonction enseignante. Faute de quoi, on devrait opter pour une utopie évanescente ou pour un « réalisme » conservateur ; le mouvement se casserait en mille miettes pour devenir l'occasion de quelques réformes, le thème d'une littérature, la source d'un cynisme et, sur les bords du pays, cet anarchisme de *desesperados* dont naguère Victor Serge a lucidement décrit le processus de désagrégation. Ces fuites consécutives à l'incapacité de donner sa force pratique et théorique à une grande expérience feraient croire que la protestation initiale était déjà un alibi.

Ce terrain politique n'est pas le mien (sinon comme citoyen). Je veux simplement souligner la gravité de la question et son urgence. Il ne suffit pas de prendre une position de retrait qui, sous la forme d'un maquis mental, serait encore un renoncement. Il n'est pas possible, sans ruiner cela même qu'on veut défendre, de s'en tenir à cette assurance du dedans qui fait dire, au nom d'une expérience imprenable : « Le pouvoir ne peut plus entrer en nous. Nous n'avons plus de respect. Nous ne donnons plus prise à l'autorité. » Si elle ne s'organise pas, si elle ne s'inscrit pas, fût-ce comme une stratégie, *dans* le réseau des forces nationales pour changer *effectivement* un système, cette revendication de la conscience ne sera ni réformiste, ni révolutionnaire, mais elle s'épuisera en départs vers l'étranger ou en exils intérieurs, niant sa requête d'une participation pour se réfugier dans une émigration vagabonde ou dans une résistance idéologique et impuissante.

La même question réapparaît sur le terrain qu'a directement visé le mouvement lorsqu'il a réclamé une révolution culturelle. La prise de parole a d'abord son impact là où il s'agit de la culture. Il faut l'analyser là aussi, car elle met en cause la possibilité et les conditions d'une rénovation, en même temps que le rapport entre une expérience décisive et nos conceptions de la culture *.

Déjà historien reconnu des mondes antiques (d'où son intérêt pour le caractère « athénien » de la saisie de la parole en mai), mais aussi citoyen engagé dans la dénonciation de la guerre d'Algérie et de ses pratiques, Pierre Vidal-Naquet est impliqué dans les mouvements des nouvelles gauches des années 1960 : lutte anti-guerre du Vietnam, aventure du Parti socialiste unifié (PSU). Il suit les événements de son poste de la Sorbonne et s'astreint à collecter à chaud, en collaboration avec Alain Schnapp, les multiples traces écrites du bouleversement de ces semaines printanières. Son engagement politique se traduit en pratique professionnelle sous la forme du *Journal de la Commune étudiante* conçu pendant l'été, achevé à l'automne et publié en 1969 : un pavé de neuf cents pages encore fumant de l'air du mois de mai.

Héritier culturel des révolutions bourgeoises et prolétariennes du passé, le mouvement de Mai en a répété, sinon la violence et le sang – qui, en fin de compte, en dépit de la sauvagerie qui a marqué,

* Michel de Certeau, *La Prise de parole*, *op. cit.*

depuis les matraquages du 3 mai, certaines journées, ont été infiniment moindres que dans n'importe quelle expérience antérieure –, au moins des schèmes structuraux. Tel lycée de la région parisienne a connu successivement, en moins d'une semaine, l'explosion libérale de 1789, l'atmosphère raréfiée de 1793 et la réaction thermidorienne. Dans telle salle de la Sorbonne on saisissait sur le vif comment du mot d'ordre « les soviets partout » on aboutissait à la bureaucratisation. Ce schématisme a peut-être été encore accentué par la conscience répétitive qui caractérisait nombre de participants au mouvement. Ce fait n'est pas neuf, des hommes de 89 vivant une révolution romaine à Lénine répétant la Commune, à Trotski dénonçant Thermidor et découvrant en Espagne et les mencheviks et le général Kornilov, ou à Raymond Aron s'identifiant au Tocqueville de 1848, sans parler des nombreux « Versaillais » qui se révélèrent à eux-mêmes et aux autres après le 30 mai 1968, le langage des révolutions n'est senti comme neuf que lorsqu'elles sont terminées ! C'est mai 1968 qui servira désormais de modèle. Mais à l'historien soucieux de marquer l'originalité absolue de l'événement, le sociologue aura raison de montrer qu'il y a autre chose à tirer d'une comparaison entre les révolutions qu'une simple analyse linguistique. Et d'abord ceci – que Tocqueville a démontré une fois pour toutes dans *L'Ancien Régime et la Révolution* – que tout mouvement révolutionnaire, en même temps qu'il met en cause une société, la reflète et en accuse certains traits. Ainsi les lois de 1793 utilisent et renforcent l'arsenal terroriste de la monarchie absolue, ainsi le révolutionnaire professionnel de Lénine est à la fois l'adversaire et l'homologue du bureaucrate et du policier tsaristes.

Le mouvement de Mai a certes eu des contradictions qui lui sont propres et que les pages qui suivent mettront suffisamment en lumière : contradiction entre les groupes politiques et sociaux qui participaient au mouvement et les différentes stratégies qu'ils proposaient. Dans la mesure où c'était, en un sens, toute la société qui se mettait en mouvement, il est évident que des intérêts s'affrontaient et s'opposaient ; un cadre, même contestataire, n'a pas les mêmes intérêts qu'un ouvrier ; d'ailleurs, du seul fait que tous les groupes sociaux aient été concernés, que le champ du possible ait paru ouvert et qu'il n'y avait, par définition, aucune instance supérieure d'arbitrage constituée par et dans le mouvement, la voie était libre pour les revendications catégorielles. On ne s'expliquerait pas autrement que la hiérarchisation des augmentations de salaires ait pu finalement, en dépit de certaines oppositions (notamment celle de la CFDT), être acceptée si facilement. L'Université a connu elle aussi ce déchaînement des intérêts particuliers. Pour nombre d'assistants ou de maîtres-assistants, la revendication de la suppression des hiérarchies à l'intérieur des universités passait par leur propre élévation au rang de professeur. Des professeurs de province estimaient que l'occasion était unique de se faire nommer à Paris, d'autres qui avaient moins de 40 ans déclaraient avec candeur que la direction de l'Université devait être confiée aux professeurs de moins de 40 ans. Des chercheurs du CNRS dont le contrat était temporaire pensaient que leur devoir et l'intérêt de la recherche voulaient qu'il soit perpétué. Plus on montait dans la hiérarchie sociale et plus c'étaient les égoïsmes qui s'autodéterminaient plutôt que les générosités, mais il serait faux de croire que le mouvement étudiant a échappé à cet inévitable déchaînement d'appétits ; sans parler de ceux qui, armés soudain en anciens combattants, recherchaient les « emplois réservés », en l'espèce l'examen gratuit, chez certains de ceux qui réclamaient la suppression de la différence entre l'étude et la profession on sentait la volonté d'échapper aux nécessités de l'entrée dans la vie professionnelle et la volonté de demeurer éternellement des étudiants.

Ces dernières contradictions internes ne sont, en définitive, qu'un aspect de la relation fondamentale qui unissait le mouvement à la société qu'il contestait et combattait. Le mouvement a dénoncé « la société de consommation », mais il en a respecté et repris à son compte certaines des traditions et des moyens d'action. Le « week-end » est resté, presque tout au long du mouvement, sacro-saint, sinon à l'intérieur des facultés qui, les premiers temps, étaient très vivantes le dimanche, du moins à l'extérieur. Une seule manifestation, à Paris, fut organisée un samedi, celle du 1er juin, après le retour de l'essence et l'évasion vers le bonheur des autoroutes d'une grande partie de la population. Aucune ne fut organisée un dimanche, et ce n'est évidemment pas par hasard si le gouvernement a, quand vint le reflux, choisi le dimanche 16 juin pour reprendre la Sorbonne. Il savait que la riposte serait relativement faible.

Tous les efforts du Mouvement du 22 mars pour lutter contre le vedettariat en disant : tout le monde est Cohn-Bendit, n'ont pu empêcher la télévision et la presse de faire de celui-ci une vedette, même à l'intérieur du mouvement étudiant. Celui-ci s'est emparé des moyens modernes de diffusion de l'information, du haut-parleur aux antennes des postes périphériques, mais cette « contre-information » luttant contre la déformation et la sous-information caractéristiques de la société moderne n'a pas elle-même été étrangère à la manipulation. Évelyne Sullerot a montré le rôle, dans la montée du mouvement étudiant, de la « rumeur » ; il est difficile de discerner dans la manière dont certaines fausses nouvelles ont été répandues (de la marche de 10 000 ouvriers vers les barricades dans la nuit du 10 au 11 mai à l'inflation de cadavres qui a suivi les premières journées de la répression) ce qui a été proprement « bobard » et qui n'en reste pas moins caractéristique et ce qui a procédé d'une volonté manipulatrice. Les haut-parleurs qui résonnaient sans cesse à Nanterre avaient fini par prendre une allure obsessionnelle. Le mouvement a réclamé la culture au niveau le plus élevé, pour tous (certains plans de réformes de l'enseignement supérieur préparés à l'École normale supérieure supposaient qu'un étudiant de première année avait les capacités et l'acquis d'un « normalien » particulièrement brillant), mais certains faits ont été eux-mêmes aussi un témoignage de l'inculture et de l'obscurantisme contemporains. Un mathématicien se vit accuser d'être un agent de la bourgeoisie parce que les mathématiques qu'il enseignait étaient difficiles.

Le mouvement entendait donner à chacun le droit à la parole dans des conditions telles qu'il puisse réellement s'exprimer. Tel a été en tout cas le but fondamental, face aux petites exclusivités que s'attribuaient les « groupuscules », du Mouvement du 22 mars. Ainsi a fonctionné par exemple le Conseil étudiant de Strasbourg. Des observateurs ont noté que seuls les présidents de séance « n'interviennent jamais dans le contenu même des débats » et que « la seule personne qui ait le droit, accepté par tous, d'agir [c'est-à-dire d'organiser les débats et de donner la parole], soit aussi celle qui ne puisse parler de rien »... Ils remarquent aussi que « si tout doit se manifester dans l'unique registre de la verbalisation, cette verbalisation de tout demande une durée dont il faut bien avoir le loisir ». Les faits n'ont pas toujours répondu à ce schéma idéal et qui exige effectivement pour être pleinement réalisé un temps indéfini, et il est clair que la tentation était forte, lorsqu'une assemblée ne réagissait pas comme le souhaitaient deux ou trois militants activistes, de considérer qu'elle n'était pas dans des conditions telles qu'elle puisse réellement s'exprimer. C'est là poser le problème du « terrorisme » étudiant. Il semble que dans l'immense majorité des cas, la parole dans les commissions et assemblées ait été réellement libre – étant entendu que ceux qui n'acceptaient pas les principes de base du mouvement n'étaient guère tentés de venir et pouvaient fort bien être hués –, mais tout n'est pas faux dans cette remarque de Michel Crozier qui, après avoir souligné que « le plus grave défaut de notre enseignement est de rendre discussion et dialogue presque impossibles », note que certains procédés qui luttent contre cet état de choses « ne sont que le reflet de la pire tradition autoritaire et intolérante », à laquelle ils prétendent mettre un terme, à ceci près évidemment que le « reflet » est postérieur à la tradition elle-même et qu'il en est probablement l'inévitable conséquence.

Mais c'est un fait que la « démocratie directe » des assemblées d'étudiants a souvent favorisé les interventions et les manœuvres occultes. Étrange « rousseauisme » que fut celui du monde étudiant ; partant du principe de la volonté générale comme seule bonne, il développait des plans de réorganisation de l'Université et de la société tout entière conformes au schéma de Lénine dans *L'État et la Révolution*, et qui auraient immanquablement entraîné la bureaucratisation. On se préoccupait peu des garde-fous, nécessaires pourtant à une Université dont on voulait qu'elle ne soit pas le reflet de la société actuelle. Dans un projet de réorganisation de la 6e section de l'École pratique des hautes études, quelqu'un proposa un jour la création d'un « anti-conseil », organe d'imagination et de contrôle qui, tiré au sort, ferait face au conseil démocratiquement élu. Cette suggestion athénienne ne fut pas retenue. La spontanéité du mouvement faisait qu'il se méfiait de toute forme d'organisation, le résultat fut que l'organisation se faisait quand même, mais qu'elle se faisait par des groupes ou des petites féodalités qui, on le vit bien à la Sorbonne, n'avaient rien de « spontané ».

D'autres contradictions tiennent au caractère propre de la société française. Le mouvement a été foncièrement opposé au centralisme et à la tradition autoritaire héritée de Napoléon. Il a eu d'indiscutables aspects « régionalistes ». On peut même se poser la question de savoir si l'originalité d'un mouvement comme celui de Strasbourg n'est pas l'analogue structural de l'originalité de l'Alsace au sein de la communauté française, ce qui ne signifie pas bien entendu que l'« autonomie » proclamée dès le 9 mai à Strasbourg ait eu quelque chose à faire, comme certains l'ont cru en Allemagne, avec l'ancien autonomisme alsacien. Il reste qu'au signal de Paris, comme en 1830, comme en 1848, toute la province a suivi et que les étudiants ont alors découvert des problèmes qu'ils ne s'étaient jamais posés. Le mouvement a été internationaliste, ce fut même sa caractéristique la plus visible : résurrection du chant de l'*Internationale*, slogans admirables comme le « Nous sommes tous des juifs allemands » qui éclate le 22 mai, participation effective de nombreux étrangers, activités de comités comme le « Tricontinental » de la Sorbonne, appels lancés efficacement en direction des travailleurs étrangers immigrés. Mais, tant qu'il dura, s'il y eut quelques réunions publiques sur les problèmes internationaux les plus faciles à intégrer aux schémas internationalistes traditionnels (un drame comme celui du Biafra fut ignoré), il n'y eut qu'une tentative – avortée – de manifestation sur le problème vietnamien, aucune en direction par exemple de l'ambassade de Grèce ou de celle des États-Unis. Toute proposition de ce genre se heurtait à des réponses du style : réglons d'abord nos propres problèmes, réponses compréhensibles et même légitimes (il y avait si longtemps qu'on ne s'était pas occupé des problèmes français) mais où transparaissait parfois un peu du chauvinisme de la « grande nation ». Parallèlement, et bien que les femmes aient très largement participé au mouvement, celui-ci n'a pas échappé au chauvinisme masculin qui caractérise la société française. La cuisine a été faite à la Sorbonne par des filles et le mouvement ne s'est pas posé, ou guère posé, le problème de l'inégalité des filles par rapport aux garçons devant le droit aux études.

Ces contradictions se résument peut-être en une autre plus fondamentale et qui tient semble-t-il dans le caractère « apocalyptique » et « millénariste » du mouvement révolutionnaire. Celui-ci est né pour une part, à Paris comme à Berkeley, d'un refus de la domination anhistorique, réifiante de la technocratie, mais la révolution accomplie ou paraissant en voie de l'être semblait elle aussi, pour beaucoup, mettre un terme à l'histoire. Certains se plaisaient à penser que la révolution consistait simplement à « prendre cette société et à la retourner comme un gant ». Les historiens, moins sensibles que les sociologues et les psychologues au caractère proprement « social » de l'oppression qu'il s'agissait de combattre, ont été, sur ce terrain, plus lucides. Mais que d'assemblées générales ont proclamé leur souveraineté alors qu'elles étaient extraordinairement minoritaires, ont raisonné comme si elles détenaient effectivement le pouvoir alors qu'elles n'en avaient qu'un faux-semblant.

De telles contradictions symbolisent le temps extrêmement bref dans lequel le mouvement s'est trouvé inséré. C'est évidemment le processus historique lui-même qui permettra de les mieux poser, de les résoudre peut-être en attendant que d'autres se posent. Il reste, en dépit de tout, et même de l'échec, cette « transgression », cette « brèche », cette volonté de trouver un langage politique nouveau, « cette espèce d'éveil, d'attention cristallisée sur des choses qui passaient pour normales, des choses habituelles, institutionnalisées, qui, tout d'un coup, ont perdu leur caractère d'institution », cette découverte d'autrui qu'exprime l'inscription déjà célèbre de Censier : « Toi mon camarade, toi que j'ignorais derrière les turbulences, toi jugulé, apeuré, asphyxié, viens, parle-nous *. »

* Pierre Vidal-Naquet, « Introduction », *Journal de la Commune étudiante*, *op. cit.*

# Notes

## Introduction

1. Michel de Certeau, *La Prise de parole. Pour une nouvelle culture*, Paris, Desclée de Brouwer, 1968, p. 61.

2. Michelle Perrot, « Préface », *Mémoires de 68. Guide des sources d'une histoire à faire*, Paris, Verdier, 1993, p. 16.

3. Elles témoignent aussi, du même coup, de ma dette envers tou(te)s ces historien(ne)s. La bibliographie finale, réunissant tous les titres des livres que j'ai utilisés pour le présent ouvrage, est une forme de remerciement collectif.

4. Il s'agit d'un extrait de texte de Georges Séguy sur la manifestation du 13 mai 1968, et surtout des trois textes présentés en « Épilogue » écrits à l'automne 1968, avec un peu de recul, qui étaient si riches et en même temps encore si proches que nous avons cru ne pas pouvoir nous en passer – quitte à écorner un peu la règle initiale du livre.

5. *La Sorbonne par elle-même*, dossier réuni et commenté par Michelle et Jean-Claude Perrot, Jean Maitron et Madeleine Rebérioux, *Le Mouvement social*, numéro spécial, n° 64, juillet-septembre 1968, p. 295.

6. Pierre Vidal-Naquet, « Tout mouvement révolutionnaire, en même temps qu'il met en cause une société, la reflète et en accuse certains traits », « Introduction », dans Alain Schnapp et Pierre Vidal-Naquet (textes choisis et présentés par), *Journal de la Commune étudiante. Textes et documents novembre 1967-juin 1968*, Paris, Le Seuil, 1969, p. 46, p. 322.

7. Michel de Certeau, *La Prise de parole*, *op. cit.*, p. 15 : « Il a fallu le retour de l'ordre et de l'essence, pour que se relève soudain, début juin, le chiffre de tués (considérés ceux-là comme "normaux") et pour qu'un journal affiche, au retour des vacances, ce titre hallucinant : "10 000 tués prévus". »

8. Jean-Paul Sartre, « L'imagination au pouvoir. Un entretien de Jean-Paul Sartre avec Daniel Cohn-Bendit », *Le Nouvel Observateur*, 20 mai 1968.

9. Michel Dobry, *Sociologie des crises politiques. La dynamique des mobilisations multisectorielles*, Paris, Presses de la Fondation nationale des sciences politiques, 1986.

10. Jean-Louis Violeau, « Les architectes et le mythe de Mai 1968 », dans Geneviève Dreyfus-Armand, Robert Franck, Marie-Françoise Lévy et Michelle Zancarini-Fournel (dir.), *Les Années 68. Le temps de la contestation*, Paris, Complexe, 2000, nouvelle édition, 2008, p. 252 et suivantes.

11. Xavier Vigna, *L'Insubordination ouvrière dans les années 68. Essai d'histoire politique des usines*, Rennes, PUR, 2007.

12. Jean-Marc Coudray, Claude Lefort et Edgar Morin, *Mai 1968 : la brèche. Premières réflexions sur les événements*, Paris, Fayard, 1968.

13. Voir le film *Reprise*, de Hervé Le Roux (1996).

14. Voir *infra*, p. 218-219.

15. Denis Pelletier, *La Crise catholique : religion, société, politique en France, 1965-1978*, Paris, Payot, 2002 ; Gerd-Rainer Horn, *The Spirit of Vatican II. Western European Progressive Catholicism in the Long Sixties*, Oxford, Oxford University Press, 2015.

16. Ce dernier aspect fait l'objet des chapitres V, VI et VII du livre de Ludivine Bantigny, *1968. De grands soirs en petits matins*, Paris, Le Seuil, 2018 ; il est plus encore au centre de l'exposition que les Archives nationales consacrent en 2018 à « Mai 68 : L'autorité contestée », 3 mai-18 septembre 2018, site de Paris, Hôtel de Soubise et site de Pierrefitte-sur-Seine.

17. Voir son discours cité *infra*, p. 176.

18. Julien Gracq, *Lettrines*, Paris, José Corti, 1967, p. 55.

## 1. Prolégomènes

1. Michel de Certeau, *La Prise de parole*, *op. cit.*, p. 37 et suivantes.

2. Voir Alain Monchablon, *Histoire de l'UNEF*, Paris, PUF, 1983 ; Robi Morder (dir.), *Naissance d'un syndicalisme étudiant, 1946 : la charte de Grenoble*, Paris, Syllepse, coll. « GERME », 2006 ; Jean-Philippe Legois, « Les années 68 : du passé, faisons table rase », dans Jean-Philippe Legois, Alain Monchablon et Robi Morder (coord.), *Cent ans de mouvements étudiants*, Paris, Syllepse, coll. « GERME », 2007.

3. La loi Neuwirth autorisant la contraception a été votée en décembre 1967.

4. Jean-Philippe Legois, Alain Monchablon et Robi Morder, « Le mouvement étudiant et l'université : entre réforme et révolution (1964-1976) », dans Geneviève Dreyfus-Armand *et al.*, *Les Années 1968*, *op. cit.*, p. 285.

5. Sur la revue *Socialisme ou Barbarie*, voir Philippe Gottraux, *« Socialisme ou Barbarie » : un engagement politique et intellectuel dans la France de l'après-guerre*, Lausanne, Payot, 1997.

6. Serge Mallet, « L'idole des étudiants rebelles », *Le Nouvel Observateur*, 8-14 mai 1968.

7. Voir Michel Trebitsch, « Voyages autour de la révolution. Les circulations de la pensée critique, de 1956 à 1968 », dans Geneviève Dreyfus-Armand *et al.*, *Les Années 68*, *op. cit.*, p. 71 et suivantes.

8. Voir Geneviève Dreyfus-Armand et Jacques Portes, « Les interactions internationales de la guerre du Vietnam et Mai 1968 », dans Geneviève Dreyfus-Armand *et al.*, *Les Années 68*, *op. cit.*, p. 49-68.

9. *Le Monde*, 5 mai 1966.

10. Voir Laurent Mannoni, *Histoire de la Cinémathèque française*, Paris, Gallimard, 2006, p. 369 et suivantes, et aussi Antoine de Baecque, *La Cinéphilie. Invention d'un regard, histoire d'une culture*, Paris, Hachette Pluriel, 2005, p. 349 et suivantes.

11. Pierre Vidal-Naquet, « Préface », dans *Journal de la Commune étudiante. Textes et documents novembre 1967-juin 1968*, choisis et présentés par Alain Schnapp et Pierre Vidal-Naquet, Paris, Le Seuil, 1969, p. 9.

12. Cité dans Philippe Labro, Michèle Manceaux et l'équipe d'Édition spéciale, « *Ce n'est qu'un début* », Paris, Éditions et publications premières, 1968, p. 39.

## 2. Le viol de l'événement

1. Évelyne Sullerot, citée dans Philippe Labro *et al.*, « *Ce n'est qu'un début...* », *op. cit.*, p. 128.

2. En référence à la journée du 13 mai 1958 où les manifestations factieuses à Alger amènent le nom du général de Gaulle, investi officiellement le 1er juin par René Coty, comme président du Conseil de la IVe République.

3. Alain Dewerpe, *Charonne, 8 février 1962. Anthropologie historique d'un massacre d'État*, Paris, Gallimard, coll. « Folio », 2006.

4. *Le Livre noir de la répression*, Paris, Le Seuil, 1968.

5. Danièle Tartakowsky, « Les manifestations de mai-juin 1968 en province », dans René Mouriaux *et al.*, *Exploration du Mai français*, t. I : *Terrains*, Paris, L'Harmattan, 1992, p. 148-150.

6. Xavier Vigna, *L'Insubordination ouvrière dans les années 68*, *op. cit.*, p. 28.

7. André Malraux, « Discours prononcé au Parc des expositions à Paris le 20 juin 1968 », *La Politique, la culture*, Paris, Gallimard, coll. « Folio », 1996, p. 341-351.

8. Michelle Zancarini-Fournel, « La longue décennie des mouvements sociaux et la grève générale de mai-juin 1968 », dans Geneviève Dreyfus-Armand *et al.*, *Les Années 68*, *op. cit.*, p. 277.

9. Frank Georgi, *L'Invention de la CFDT, 1957-1970*, Paris, Éditions de l'Atelier/CNRS, 1995, p. 503.

10. *Ibid.*

11. Robert Escarpit, « L'écho », *Le Monde*, 19-20 mai 1968.

12. Maurice Grimaud, *Je ne suis pas né en Mai 1968. Souvenirs et carnets, 1934-1992*, Paris, Tallandier, 2008, p. 327. De Gaulle aurait dit : « Ce qui se passe a assez duré. Cette fois, c'est la chienlit et l'anarchie. Ça n'est pas tolérable. Il faut que ça cesse. J'ai pris mes décisions. On évacue aujourd'hui l'Odéon et demain la Sorbonne. À l'ORTF, vous reprenez les choses en main et vous mettez à la porte les trublions. »

13. Maurice Grimaud, *Je ne suis pas né en mai 1968*, *op. cit.*, p. 330.

14. Jean Genet, « Les maîtresses de Lénine », *Le Nouvel Observateur*, 30 mai 1968.

15. Cohn-Bendit s'exprimait dans un meeting du PSU après la manifestation unitaire du 13 mai.

16. Évelyne Sullerot dans Philippe Labro *et al.*, *« Ce n'est qu'un début… »*, *op. cit.*, p. 126.

17. Christian Fouchet, « Le ministre de l'Intérieur accuse », *Le Monde*, 26-27 mai 1968.

18. Voir Michelle Zancarini-Fournel, « Retour sur "Grenelle" : la cogestion de la crise ? », dans Geneviève Dreyfus-Armand *et al.*, *Les Années 68*, *op. cit.*, p. 443 et suivantes.

19. Pierre Vidal-Naquet, « Introduction », *Journal de la Commune étudiante*, *op. cit.*, p. 40.

20. Pour une lecture détaillée de cette manifestation, voir Frank Georgi, « Le pouvoir est dans la rue. La "manifestation gaulliste" des Champs-Élysées (30 mai 1968) », *Vingtième Siècle. Revue d'histoire*, n° 48, octobre-décembre 1995.

21. Michelle Zancarini-Fournel, « 1968 : histoire, mémoires et commémoration », *Espaces Temps*, n° 59-60-61, « Le temps réfléchi. L'histoire au risque des historiens », 1995.

22. Michel de Certeau, *La Prise de parole*, *op. cit.*, p. 75.

## 3. L'Université critique

1. *La Sorbonne par elle-même*, *op. cit.*, p. 237.

2. *Ibid.*

3. Voir Jean-Philippe Legois, Alain Monchablon et Robi Morder, « Le mouvement étudiant et l'université : entre réforme et révolution, 1964-1976 », dans Geneviève Dreyfus-Armand *et al.*, *Les Années 68*, *op. cit.*

4. Jean-Philippe Legois, « L'autogestion universitaire en mai-juin 1968 : portée et limite, discours et pratiques », dans Frank Georgi, *Autogestion. La dernière utopie ?*, Paris, Presses de la Sorbonne, 2003.

5. Voir Danièle Hervieu-Léger, *De la mission à la protestation. L'évolution des étudiants chrétiens en France, 1965-1970*, Paris, Cerf, 1973, et Denis Pelletier, *La Crise catholique*, *op. cit.*

6. Michael Seidman, *The Imaginery Revolution : Parisian Students and Workers in 1968*, New York, Bergahn Books, 2004.

## 4. Les usines occupées

1. Michelle Zancarini-Fournel, « La longue décennie des mouvements sociaux et la grève générale de mai-juin 1968 », dans Geneviève Dreyfus-Armand *et al.*, *Les Années 68*, *op. cit.*, p. 275-279.

2. Xavier Vigna, *L'Insubordination ouvrière dans les années 68*, *op. cit*, p. 17.

3. Voir Laure Pitti, *Ouvriers algériens à Renault-Billancourt de la guerre d'Algérie aux grèves d'O.S. des années 1970*, thèse d'histoire, université Paris-VIII, 2002.

4. François Le Madec, *L'Aubépine de Mai. Chronique d'une usine occupée. Sud-Aviation Nantes, 1968*, Nantes, Centre de documentation du mouvement ouvrier et du travail (CDMOT), coll. « Archives et documents », 1988, p. 115-116.

5. Xavier Vigna, *L'Insubordination ouvrière dans les années 68*, *op. cit.*, p. 54.

6. Jean de Rosière, « À Brest. Une entreprise "démocratique" se met en place à la CSF », *Le Monde*, 29 mai 1968.

7. Voir, par exemple, Sylvain Zegel, « Étudiants et travailleurs », *Les Idées de mai*, Paris, Gallimard, 1968.

## 5. La grande palabre culturelle

1. Ce que Boris Gobille nomme des formes de « relégitimations croisées » dans son article, « Les mobilisations de l'avant-garde littéraire française en mai 1968. Capital politique, capital littéraire et conjoncture de crise », *Actes de la recherche en sciences sociales*, n° 158, p. 35. Voir aussi sa thèse : *Crise politique et incertitude : régimes de problématisation et logiques de mobilisation des écrivains en Mai 1968*, thèse de doctorat sous la direction de Bernard Pudal, 2 vol., EHESS, 2003, désormais publiée : *Le Mai 68 des écrivains. Crise politique et avant-gardes littéraires*, Paris, CNRS-Éditions, 2018.

2. Voir Philippe Urfalino, « Les privilèges du théâtre », *L'Invention de la politique culturelle*, Paris, réédition Hachette Littératures, 2004.

3. Anecdote citée par Marie-Ange Rauch-Lepage, *Le Théâtre en 1968. Histoire d'une crise*, thèse de doctorat de lettres et sciences humaines sous la direction de Robert Abirached, université Paris-X, 1994, p. 189.

4. Sur Villeurbanne, voir Michel Bataillon, *Un défi en province. Planchon. Chronique d'une aventure théâtrale*, t. II : *1957-1972*, Paris, Marval, 2001.

5. Voir Antoine de Baecque et Emmanuelle Loyer, « 1968-1970. La crise », *Histoire du festival d'Avignon*, Paris, Gallimard, 2007.

6. Voir aussi le livre d'Antoine de Baecque, *Les Cahiers du cinéma. Histoire d'une revue*, Paris, Éditions de l'Étoile, 1991, vol. 2, p. 185 et suivantes.

7. *Tribune socialiste*, 23 janvier 1969.

8. Boris Gobille, « Les mobilisations de l'avant-garde littéraire française en mai 1968 », art. cité, p. 32.

9. Pour une liste exhaustive, voir Jean-Louis Violeau, « Les architectes et le mythe de Mai 68 » dans Geneviève Dreyfus-Armand *et al.*, *Les Années 68*, *op. cit.*, p. 253.

10. Voir Michelle Zancarini-Fournel et Marie-Françoise Lévy, « La légende de l'écran noir : l'information à la télévision en mai-juin 1968 », *Réseaux*, juillet-août 1998, n° 90, p. 98.

## 6. Des formes politiques nouvelles

1. Pour reprendre l'expression utilisée par Jean-Paul Sartre dans l'entretien avec Daniel Cohn-Bendit, *Le Nouvel Observateur*, 20 mai 1968. Voir *infra*, p. 145-148.
2. Michel de Certeau, *La Prise de parole*, *op. cit.*, p. 28.
3. Voir *La Sorbonne par elle-même*, *op. cit.*, p. 13.
4. Patrick Ravignant, *L'Odéon est ouvert*, *op. cit.*, p. 105.
5. Même si la thématique de la « nouvelle résistance » naît après Mai, à l'automne 1968 et dans les années qui suivent, portée presque exclusivement par la Gauche prolétarienne – successeur de l'UJCml dissoute en juin 1968. Voir Emmanuelle Loyer, « Sous les pavés, la Résistance », dans *Pourquoi résister ? Résister pour quoi faire ?*, textes édités et rassemblés par Bernard Garnier, Jean-Luc Leleu et Anne Simonin, Caen, Le Mémorial de Caen, 2006.
6. Michel de Certeau, *La Prise de parole*, *op. cit.*, p. 27.
7. Alain Jouffroy, *Le Monde*, 13 juin 1968.
8. Voir Patrick Combes, *La Littérature et le mouvement de Mai 1968*, *op. cit.*, chapitre IV.
9. *La Sorbonne par elle-même*, *op. cit.*, p. 295.

## Épilogue

1. Michel de Certeau, *La Prise de parole*, *op. cit.*, p. 44.
2. François Dosse, *Michel de Certeau, le marcheur blessé*, Paris, La Découverte, 2002.

# BIBLIOGRAPHIE

La bibliographie est, depuis longtemps, proliférante sur les événements de 68. Je ne mentionne ici que les ouvrages qui m'ont servi, directement ou indirectement. On retrouvera l'essentiel dans les notes de bas de page. Sauf exception, seuls les livres sont référencés, et non les articles – ce qui aurait considérablement allongé la liste.


Raymond ARON, *La Révolution introuvable. Réflexions sur les événements de Mai*, Paris, Fayard, 1968.

Philippe ARTIÈRES et Michelle ZANCARINI-FOURNEL (dir.), *68, une histoire collective (1962-1981)*, Paris, La Découverte, 2008.

Robert ABIRACHED (dir.), *La Décentralisation théâtrale*, t. III : *1968, le tournant*, Arles, Actes Sud, 1994.

Antoine de BAECQUE, *La Cinéphilie. Invention d'un regard, histoire d'une culture*, Paris, Hachette Pluriel, 2005.

Antoine de BAECQUE et Emmanuelle LOYER, *Histoire du Festival d'Avignon*, Paris, Gallimard, 2007.

Ludivine BANTIGNY, *68. De grands soirs en petits matins*, Paris, Le Seuil, coll. « L'Univers historique », 2018.

Michel BATAILLON, *Un défi en province. Planchon. Chronique d'une aventure théâtrale*, t. II : 1957-1972, Paris, Marval, 2001.

Pierre BOURDIEU et Jean-Claude PASSERON, *Les Héritiers*, Paris, Minuit, 1964.

Sonia BRUNEAU, *Les Cinéastes insurgés en Mai 1968. Généalogie d'une figure d'engagement collectif*, thèse de doctorat sous la direction de Sylvie Lindeperg, université Paris-III-Sorbonne nouvelle, 2008.

Michel de CERTEAU, *La Prise de parole. Pour une nouvelle culture*, Paris, Desclée de Brouwer, 1968.

Maurice CLAVEL, *Combat de franc-tireur pour une libération*, Paris, J.-J. Pauvert, 1968.

Daniel COHN-BENDIT, *Le Gauchisme, remède à la maladie sénile du communisme*, Paris, Le Seuil, 1968.

Patrick COMBES, *La Littérature et le mouvement de mai 1968 : écriture, mythes, critique, écrivains : 1968-1981*, Paris, Seghers, 1984.

Jean-Marc COUDRAY, Claude LEFORT et Edgar MORIN, *Mai 1968 : la brèche. Premières réflexions sur les événements*, Paris, Fayard, 1968.

Dominique DAMAMME, Boris GOBILLE, Frédérique MATONTI et Bernard PUDAL (dir.), *Mai-juin 1968*, Paris, Éditions de l'Atelier, 2008.

Régis DEBRAY, *Révolution dans la révolution*, Paris, François Maspero, 1967.

Charles DE GAULLE, *Discours et messages*, t. V : *Vers le terme : janvier 1966-avril 1969*, Paris, Plon, 1970.

Alain DEWERPE, *Charonne, 8 février 1962. Anthropologie historique d'un massacre d'État*, Paris, Gallimard, coll. « Folio », 2006.

Michel DOBRY, *Sociologie des crises politiques. La dynamique des mobilisations multisectorielles*, Paris, Presses de la Fondation nationale des sciences politiques, 1986.

Geneviève DREYFUS-ARMAND et Laurent GERVEREAU (dir.), *Mai 1968. Les mouvements étudiants en France et dans le monde*, Paris, BDIC, 1988.

Geneviève DREYFUS-ARMAND, Robert FRANK, Marie-Françoise LÉVY et Michelle ZANCARINI-FOURNEL, *Les Années 68. Le temps de la contestation*, Paris, Complexe, 2000 ; réédition 2008.

Jean DUBUFFET, *Asphyxiante culture*, Paris, Minuit, 1968.

Jean-Pierre DUTEUIL, *Nanterre 68. 1965-66-67. Vers le Mouvement du 22 mars*, Paris, Mauléon, Acratie, 1988.

Jean-Pierre FILIU, *La Crise de l'ORTF en mai-juillet 1968*, thèse de 3e cycle sous la direction de Jean-Noël Jeanneney, IEP de Paris, 1985.

Franck GEORGI, *L'Invention de la CFDT, 1957-1970 : syndicalisme, catholicisme et politique dans la France de l'expansion*, Ivry-sur-Seine, Éditions de l'Atelier/CNRS, 1995.

Boris GOBILLE, *Mai 68*, Paris, La Découverte, 2008.

Boris GOBILLE, *Crise politique et incertitude : régimes de problématisation et logiques de mobilisation des écrivains en mai 1968*, thèse de doctorat sous la direction de Bernard Pudal, 2 vol., Paris, EHESS, 2003 ; publié sous le titre *Le Mai 68 des écrivains. Crise politique et avant-gardes littéraires*, Paris, CNRS éditions, 2018.

Philippe GOTTRAUX, *« Socialisme ou Barbarie » : un engagement politique et intellectuel dans la France de l'après-guerre*, Lausanne, Payot, 1997.

Maurice GRIMAUD, *En mai fais ce qu'il te plaît*, Paris, Stock, 1977.

Maurice GRIMAUD, *Je ne suis pas né en mai 1968. Souvenirs et carnets, 1934-1992*, Paris, Tallandier, 2008.

Antoine GRISET et Marc KRAVETZ, « De l'Algérie à la réforme Fouchet : critique du syndicalisme étudiant », *Les Temps modernes*, avril-mai 1965 (I, II).

Nicolas HATZFELD, *Les Gens d'usine. 50 ans d'histoire à Peugeot-Sochaux*, Paris, Éditions de l'Atelier, 2002.

Danièle HERVIEU-LÉGER, *De la mission à la protestation. L'évolution des étudiants chrétiens en France, 1965-1970*, Paris, Cerf, 1973.

Gerd-Rainer HORN, *The Spirit of Vatican II. Western European Progressive Catholicism in the Long Sixties*, Oxford, Oxford University Press, 2015.

Julian JACKSON, Anna-Louise MILNE, James S. WILLIAMS (ed.), *May 68. Rethinking France's Last Revolution*, New York, Palgrave-Mac Millan, 2011.

Laurent JOFFRIN, *Mai 1968, histoire des événements*, Paris, Le Seuil, 1988.

Philippe LABRO, Michèle MANCEAUX et l'équipe d'ÉDITION SPÉCIALE, *« Ce n'est qu'un début… »*, Paris, Éditions et publications premières, 1968.

François LE MADEC, *L'Aubépine de Mai. Chronique d'une usine occupée. Sud-Aviation Nantes, 1968*, Nantes, Centre de documentation du mouvement ouvrier et du travail (CDMOT), coll. « Archives et documents », 1988.

Jean-Philippe LEGOIS, Alain MONCHABLON et Robi MORDER (coord.), *Cent ans de mouvements étudiants*, Paris, Syllepse, coll. « GERME », Groupe d'études sur les mouvements étudiants, 2007.

Walter LEWINO, *L'Imagination au pouvoir*, avec des photos de Jo Schnapp, Paris, Éditions Le Terrain vague, juin 1968.

André MALRAUX, « Discours prononcé au Parc des expositions à Paris le 20 juin 1968 », *La Politique, la culture*, Paris, Gallimard, coll. « Folio », 1996.

Laurent MANNONI, *Histoire de la Cinémathèque française*, Paris, Gallimard, 2006.

Alain MONCHABLON, *Histoire de l'UNEF*, Paris, PUE, 1983.

Robi MORDER (dir.), *Naissance d'un syndicalisme étudiant, 1946 : la charte de Grenoble*, Paris, Syllepse, coll. « GERME », 2006.

René MOURIAUX *et al.*, *Exploration du Mai français. Terrains, acteurs*, 2 tomes, Paris, L'Harmattan, 1992.

Julie PAGIS, *Mai 68, un pavé dans leur histoire. Événements et socialisation politique*, Paris, Presses de Sciences Po, 2015.

Nicolas PAS, *Sortir de l'ombre du Parti communiste français. Histoire de l'engagement de l'extrême gauche française sur la guerre du Vietnam, 1965-1968*, mémoire de DEA sous la direction de Jean-François Sirinelli, IEP de Paris, 1998.

Denis PELLETIER, *La Crise catholique : religion, société, politique en France, 1965-1978*, Paris, Payot, 2002.

Laure PITTI, *Ouvriers algériens à Renault-Billancourt, de la guerre d'Algérie aux grèves d'O.S. des années 1970*, thèse d'histoire, université Paris-VIII, 2002.

Marie-Ange RAUCH-LEPAGE, *Le Théâtre en 1968. Histoire d'une crise*, thèse de doctorat de lettres et sciences humaines sous la direction de Robert Abirached, université Paris-X, 1994.

Patrick RAVIGNANT, *L'Odéon est ouvert*, Paris, Stock, 1968.

Kristin ROSS, *Mai 1968 et ses vies ultérieures*, Paris, Complexe, 2005 ; réédition Agone, 2010.

Georges SÉGUY, *Le Mai de la CGT*, Paris, Julliard, 1972.

Michael SEIDMAN, *The Imaginery Revolution : Parisian Students and Workers in 1968*, New York, Bergahn Books, 2004.

Jean-François SIRINELLI, *Mai 68. L'événement Janus*, Paris, Fayard, 2008.

Xavier VIGNA, *L'Insubordination ouvrière dans les années 68. Essai d'histoire politique des usines*, Rennes, PUR, 2007.

Michelle ZANCARINI-FOURNEL et Marie-Françoise LÉVY, « La légende de l'écran noir : l'information à la télévision en mai-juin 1968 », *Réseaux*, juillet-août 1998, n° 90.

Michelle ZANCARINI-FOURNEL, « 1968 : histoire, mémoires et commémoration », *Espaces Temps*, n° 59-60-61, « Le temps réfléchi. L'histoire au risque des historiens », 1995.

Michelle ZANCARINI-FOURNEL, *Le Moment 68. Une histoire contestée*, Paris, Le Seuil, 2008.

Sylvain ZEGEL, *Les Idées de mai*, Paris, Gallimard, 1968.

*Ce n'est qu'un début, continuons le combat : Mouvement du 22 mars*, présentation d'Émile Copfermann, Paris, François Maspero, 1968.

*Quelle université ? Quelle société ?*, textes réunis par le Centre de regroupement des informations universitaires, Paris, Le Seuil, 1968.

*Citations du président Mao Tsé-toung*, Paris, Le Seuil, 1967.

*Le Cinéma s'insurge*, Paris, Éditions Le Terrain vague, 1968.

*Journal de la Commune étudiante. Textes et documents, novembre 1967-juin 1968*, choisis et présentés par Alain Schnapp et Pierre Vidal-Naquet, Paris, Le Seuil, 1969.

*Le Livre noir de la répression*, Paris, Le Seuil, 1968.

*Mémoires de 68. Guide des sources d'une histoire à faire*, préface de Michelle Perrot, Paris, Verdier, 1993.

*La Sorbonne par elle-même*, dossier réuni et commenté par Michelle et Jean-Claude Perrot, Jean Maitron et Madeleine Rebérioux, *Le Mouvement social*, numéro spécial, n° 64, juillet-septembre 1968.

# TABLE

## II
## L'EXTENSION DU CHAMP DES POSSIBLES

Cet ouvrage a été mis en pages par

<pixellence>

N° d'édition : L.01EHQN001013.N001
Dépôt légal : mars 2018
Imprimé en Espagne par Novoprint (Barcelone)